史苑丛稿

主　编　张兴成
副主编　杨　扬

华南理工大学出版社
SOUTH CHINA UNIVERSITY OF TECHNOLOGY PRESS
·广州·

图书在版编目（CIP）数据

史苑丛稿／张兴成主编. —广州：华南理工大学出版社，2024. 12
ISBN 978-7-5623-6604-1

Ⅰ. ①史… Ⅱ. ①张… Ⅲ. ①史籍-文献学-中国-文集 Ⅳ. ①G257. 35-53

中国版本图书馆 CIP 数据核字（2020）第 262569 号

Shiyuan Conggao
史苑丛稿
张兴成　主编

出 版 人：房俊东
出版发行：华南理工大学出版社
（广州五山华南理工大学 17 号楼　邮编：510640）
http://hg.cb.scut.edu.cn　E-mail: scutc13@ scut. edu. cn
营销部电话：020-87113487　87111048（传真）
责任编辑：付爱萍　王　倩
责任校对：洪　静
印 刷 者：广州小明数码印刷有限公司
开　　本：787mm×960mm　1/16　**印张：**15. 25　**字数：**303 千
版　　次：2024 年 12 月第 1 版　2024 年 12 月第 1 次印刷
定　　价：58. 00 元

序　言

广东第二师范学院开办历史学专业可以回溯到1993年，此年伊始，历史学专业开始招收四年制本科生，1995年招收函授本科生，2005年招收两年制专科升本科生。学校转制成功后，2013年，历史学专业在教育部备案成功，正式招收全日制普通本科生。自1993年迄今，历史学专业已培养了16届四年制本科生、15届成人本科生（业余）、5届两年制专升本本科生，有较长的本科办学历史、丰富的办学经验。除此而外，历史学专业还承担了3期省级中学历史骨干教师培训和第一期广州市历史专业骨干教师培训任务，积极服务社会，为提升广东省基础教育水平尽绵薄之力。

为适应历史学专业的办学需要，在1993年之前，我校已经成立历史教研室，彭年教授、王力平教授等实为历史教研室的元老，其后又开始陆续从各地调入并招聘专业教师：周蕴蓉教授、殷丽萍教授从南昌大学调入，郝际陶教授从东北师范大学调入，曹旅宁教授从中山大学应聘入职，他们成为我校历史学专业的中坚力量。彭年教授在秦汉史研究方面成果丰硕，郝际陶教授则在世界古典文明史研究方面颇有建树，周蕴蓉教授、殷丽萍教授以党史研究见长，曹旅宁教授主要研究秦汉史和古文献，尤在秦律研究方面有独到心得，凡此都对我校历史学专业学术传统的积淀、学术特色的形成贡献良多。

2000年后，学校调整为二级教学机构，党史专业的有生力量从历史教研室分流，郝际陶教授、曹旅宁教授调往华南师范大学工作，老一辈学者如彭年教授、王力平教授、周蕴蓉教授相继荣退，历史学专业的发展面临严峻考验。不过，值得欣慰的是，一批青年人才陆续加盟，这些青年教师大都毕业于国内知名高校，在历史学专业的重要期刊《中国史研究》《世界历史》上都刊发过文章，承担过国家社科基金项目、教育部项目、广东省规划课题，对于前辈学者奠基的学术传统都能变通厚植、开拓创新，逐次形成了自身的研究风格，兼能交互请益、相得益彰，渐具团队优势，诚为可喜。

傅公斯年有云：历史学只是史料学。此说虽不无争议，然亦切中史学肯綮，足为楷则。学校重视科研发展，遴选学科予以重点资助，历史学科以文献学幸膺其选，厕身重点培育学科之列。高者必以下为基，谁能出不由户？何莫由斯道也？庶以文献为阶陛，冀窥史学之堂奥。学科建设两年有余，遂辑同仁之文为一编，或以旧稿熔裁，或以新编入选，藉以展示学科成员研究风貌，以为学科建设阶段性总结，聊作芹献于学界，人之好我，示我周行，幸甚之至。

是为序。

张兴成

2020 年 10 月

目　录

晋宋宗室任官制度综析[1]

张兴成

晋宋时期，宗室成员通过封爵制度获得较高的社会地位，同时通过一定途径入仕，成为国家官员，从而获得相应的政治地位。晋宋宗室在国家政治生活中发挥多大作用，除了主要取决于他们担任何种类型的官职，也取决于王朝统治者制定的一些具体制度，这些制度使宗室在任官方面享有一定政治特权，并因此影响了晋宋政治进程。曹植陈审举疏云："夫能使天下倾耳注目者，当权者是矣。故谋能移主，威能慑下，豪右执政，不在亲戚。权之所在，虽疏必重；势之所去，虽亲必轻，……欲国之安，祈家之贵，存共其荣，没同其祸者，公族之臣也。"[2]虽然曹植是有感于本朝不任宗室而发，但他对于宗室任职与皇权政治关系的认识仍然富有启迪意义。

顾炎武慨乎有明疏忌宗室，而发思古之幽叹："汉唐之制，皆以宗亲与庶姓参用。入为宰辅，出居牧伯者，无代不有。……然则亲贤并用，古人之所以有国长世者，后王其可不鉴乎？"[3] 汉唐任用宗室以藩屏中央、巩固统治这种政治特点的形成与当时皇权家产制和皇位世袭制的政治体制是密切相关的。当时的政体决定了宗室成员必须作为重要的政治阶层参与到政治活动中来，以维持、巩固帝室家族的统治。同时，儒家文化中推近及远、由亲及疏的观念也潜在地促成了统治者实行亲亲用贤之道，以达到"九族既睦，平章百姓"的统治效果。

晋宋时期亦然，亲亲用贤的政治理念一直为此时统治者所认同。晋武帝诏曰："广树亲戚，将以上辅王室，下惠百姓也。"[4] 晋武帝在这份诏书中明确阐述了希望任用宗室所达成的统治预期。在另一份诏书中，晋武帝则更明确地指出，"尚贤庸勋，尊宗茂亲"是西晋立国的基本统治政策[5]。

东晋初建时，晋元帝依然想推行重用宗室的政策，晋元帝诏曰："夫王者体天理物，非群才不足济其务。外建贤哲，以树风声，内睦亲亲，以广藩屏。是以

---

①晋宋是西晋、东晋、刘宋三王朝的简称。"宗室"专指皇族，也作"宗姓""宗戚""宗子""公族"，但不包括皇室姻亲在内，特为说明。

②陈寿：《三国志》卷十九《魏志·曹植传》，北京：中华书局，1982 年，第 574 页。

③顾炎武：《日知录集释》卷九"宗室"条，黄汝成集释，栾保群、吕宗力校点。上海：上海古籍出版社，2006 年，第 550 – 552 页。

④房玄龄等：《晋书》卷三十七《司马睦传》，北京：中华书局，1974 年，第 1113 页。

⑤房玄龄等：《晋书》卷三十七《司马睦传》，北京：中华书局，1974 年，第 1086 页。

太公封齐，伯禽居鲁，此先王之令典，古今之通意也。……今公族虽寡，不逮曩时，岂得替旧章乎！”①这一统治观念无疑承袭自西晋。

刘宋时期同样意在实行重用宗室的统治政策。宋武帝诏曰：“推恩之礼，在情所同，故内树宗子，外崇后属，爰自汉魏，咸遵斯典。”② 据此，刘宋冀求对宗室与皇室姻亲兼而用之。

由上可知，晋宋之世，重用宗室的政治观念是一以贯之的，然而坐而论之，不必起而行之，从观念到政策，从政策到实施，从实施到显现政治效用，无不受到当时具体政治形势发展的影响，从而展现微妙多变的时代特点。学界对此早有讨论。陈寅恪在《罢州郡武备与封建制度》中说：“自分封制实行，州郡兵罢除后，在地方上，只是封国有军队，而州郡只有武吏……州郡由皇帝控制，封国属于诸王。八王之乱所以乱到西晋灭亡，就是因为皇帝控制的州郡无武备，而封国则有军队。”③ 杨光辉对此加以辨析，指出：“（西晋）‘悉去州郡兵’却是从未实行的设想。”④ 陈寅恪另外又指出：“晋代天师道之传播于世胄高门，本为隐伏之势力，若渐染及于皇族，则政治上立即发生巨变。西晋赵王伦之废惠帝而自立，是其一例，前已证明。东晋孙恩之乱，其主因亦由于皇室中心人物早成天师教之信徒……故南朝元嘉太初之际宫廷之惨变，实天师道传入皇族中心所致，而其主动之人固与滨海地域有关系也。”⑤ 这一观点发人深思。唐长孺在《西晋分封与宗王出镇》一文中对西晋宗室分封、诸王就国、宗王出镇这三项统治政策作了分析，认为宗王出镇是当时最为有效的统治措施。⑥ 此结论卓然可信，但西晋宗室不仅出镇，而且内综朝权，他们通过担任王朝各个方面的重要职务，以各种方式深刻地影响了当时的政治格局。祝总斌在《两汉魏晋南北朝宰相制度研究》一书中对晋宋宗室担任尚书省官员、中书省官员、门下省官员的情况进行了深入讨论，观点精辟。⑦ 张金龙的《魏晋南北朝禁卫武官制度研究》一书则全面讨论了晋宋宗室与禁卫军权的问题，相关论点特具发覆之功。⑧ 以上研究构成了本文

---

①房玄龄等：《晋书》卷三十七《司马承传》，北京：中华书局，1974 年，第 1104 页。

②沈约：《宋书》卷四十一《后妃传》，北京：中华书局，1974 年，第 1280 页。

③《陈寅恪魏晋南北朝史讲演录》第二篇《罢州郡武备与封建制度》之“分封诸王”，万绳楠整理。合肥：黄山书社，1987 年，第 43 页。关于西晋分封制与八王之乱的关系，参见杨光辉：《西晋分封与八王之论》，载《中国史研究》1989 年第 4 期；陈苏镇：《司马越与永嘉之乱》，载《北京大学学报》1989 年第 1 期。相关研究观点参见景有泉、李春祥：《西晋“八王之乱”爆发原因研究述要》，载《中国史研究动态》1997 年第 5 期。

④杨光辉：《晋武帝“悉去州郡兵”辨疑》，载《社会科学战线》1984 年第 3 期，第 163 页。

⑤陈寅恪：《天师道与滨海地域之关系》，收于《金明馆丛稿初编》，北京：三联书店，2001 年，第 7 – 14 页。

⑥唐长孺：《西晋分封与宗王出镇》，收于《魏晋南北朝史论拾遗》，北京：中华书局，1983 年，第 123 页。

⑦祝总斌：《两汉魏晋南北朝宰相制度研究》，北京：中国社会科学出版社，1998 年。

⑧张金龙：《魏晋南北朝禁卫武官制度研究》，北京：中华书局，2004 年。

讨论的重要基础，[①] 本文以此为起点，全面分析宗室成员任职情况及转迁特点等，希望由此深入理解当时的政治变迁，深化相关研究。基于此，本文对宗室成员任职类型、职务转迁等加以全方位考察，冀以清楚地看到宗室成员是以哪种方式、以何种途径、在多大程度上影响了当时政治格局的变动，庶几由此揭示此一时期政治发展特点，进而对此一时期的政权结构进行有益探讨。

（一）晋宋宗室成员任官类型考察

晋宋时代相近，官制损益无时不有，但行政系统连续性依然很强，可以统合对待。兹将晋宋官员分为八公、诸将军、尚书八座丞郎、中书省官员、门下省官员、集书省官员、秘书寺官员、诸卿及其属官、禁卫武官、兰台官员、东宫官员、地方都督、地方行政长官、公府僚佐、军府僚佐、其他官员等，并据《晋书》《宋书》《南史》《建康实录》《二十五史补编》等列表统计考察晋宋宗室担任以上诸官的任职情况（表1），在此基础上进行量化分析，结合当时政治形势的发展变化，总结其在任官方面的规律和特点，并对其形成原因进行分析。

表1　晋宋宗室任职情况统计

职官	朝代									
	西晋			东晋			刘宋			备注
	爵位	任职人数	任职时间	爵位	任职人数	任职时间	爵位	任职人数	任职时间	
八公	王爵22人	36人次，22人	88年3个月[②]	王爵8人	15人次，8人[③]	92年9个月[④]	王爵13人	25人次，13人[⑤]	70年1个月[⑥]	

①还可参考陈长琦：《南朝时代的幼王出镇》，载《华南师范大学学报》1996年第1期。李琼英：《刘宋时期宗室内乱原因之我见》，载《许昌师专学报》2001年第1期。鲁力：《魏晋封建主张及相关问题考述》，载《武汉大学学报》2004年第2期。鲁力：《“八王之乱”成因新见》，载《武汉大学学报》2005年第4期。鲁力：《东晋的“五马”与谯王》，载《武汉大学学报》2007年第4期。王家范：《重评明末“封建与郡县之辨”》，载《华东师范大学学报》2000年第4期。鲁力博士论文《魏晋南朝宗王问题研究》、硕士论文《刘宋宗王出镇述论》，唐春生博士论文《南朝宗王属吏研究》等相关章节对此问题也有相关研究。

②武帝时期，担任八公者只有8人次共5人，任职时间只有25年6个月；永熙元年（290年）至永康元年（300年）四月赵王伦废贾后，这一时期宗室成员中担任八公者共有6人次共5人，任职时间为12年10个月；永康元年（300年）四月至西晋结束，这一阶段，宗室成员担任八公者22人次共有15人，任职时间为49年11个月。

③其中担任相国、丞相者2人次，担任上三公者7人次，担任大将军、大司马者2人次，担任三公者4人次，担任八公职位同时录尚书事者5人次共4人。

④咸康五年（339年）七月以前宗室担任八公者4人次共2人；咸康五年七月至永和八年（352年）七月前唯有司马岳1人任司徒2年8个月；永和八年（352年）七月以后至东晋结束，宗室担任八公者共有10人次共5人。

⑤单为三公者3人次；以八公、相国、丞相而为都督、刺史者13人次；以八公、相国、丞相而为文官者9人次。

⑥其中元嘉三十年（453年）四月以前任职者10人次，元嘉三十年四月以后任职者15人次。

续表

职官	朝代									
	西晋			东晋			刘宋			备注
	爵位	任职人数	任职时间	爵位	任职人数	任职时间	爵位	任职人数	任职时间	
诸将军	王27人，公3人，世子2人，无爵1人	44人次，33人①		王爵13人，世子2人②，无爵1人	32人次，15人③		王爵10人；侯爵1人；无爵者2人	15人次，13人	25年9个月，1人任职时间无考④	
尚书八座丞郎	王15人，公1人，世子1人⑤	28人次，16人⑥		王5人，世子1人	11人次，6人⑦		王爵8人，侯爵3人，世子1人，3人无考	27人次，15人⑧	至多75年3个月⑨	
中书省官员	王爵2人	3人次，2人	2年5个月	王3人，世子1人	4人次，4人⑩		王爵者9人，无爵者2人	16人次，11人⑪		

①其中，任职者以骠骑、车骑、卫将军及诸大将军开府位从公者6人次，如司马攸任骠骑将军且开府等；任二品将军者12人次，如司马亮任抚军大将军等；任三品将军者25人次，如司马澹任前将军等。武帝时期，任职者10人次；惠帝永熙以后至永康元年（300年）四月废贾后前，任职者14人次；永康以后至西晋结束，任职者20人次。

②司马冲在东海世子时曾任中军将军，加散骑常侍，后封东海王，爵位分别计算。

③元帝、明帝时期任职者4人次；成帝咸和初至简文帝时期任职者18人次，孝武帝宁康初至东晋结束共有10人次任职。以大将军开府位一品者6人次，二品将军10人次，三品将军16人次。其中，任诸将军兼带职事官者6人次，任诸将军加侍中、散骑常侍者12人次。

④元嘉三十年（453年）四月以前任职者5人次，实际4人；元嘉三十年四月以后任职者9人次，实际8人。1人失考。

⑤司马越在任尚书右仆射时为陇西王世子，后别封为东海王。

⑥武帝时宗室成员任职尚书省者8人次；永熙以后至永康初废贾后前，宗室成员任职尚书省者10人次；永康初至西晋结束，任职尚书省者10人次。

⑦东晋时期，宗室担任八座者只3人次，担任录尚书事、录尚书六条事者有8人次。元帝、明帝时期任职者只有司马漾1人；成帝咸和元年至简文帝时期任职者只有司马昱1人；孝武帝宁康元年至东晋结束任职者4人。其中，除司马昱、司马道子任职时间较长外，其余诸人任职时间都很短。

⑧担任录尚书事者5人次，任职时间24年3个月；任尚书令者5人次，任职时间共9年11个月；任尚书仆射者8人次，共5人，任职时间总计15年8个月；任尚书者9人次，任职时间共25年5个月。。

⑨其中，元嘉三十年四月以前任职者7人次，实际6人任职，任职时间共32年2个月。元嘉三十年四月以后任职者19人次，实际14人任职，任职时间约43年1个月。

⑩东晋宗室任中书监、令者各1人，担任中书侍郎者2人。元帝、明帝时期无一人任职；成帝咸和元年（326年）至简文帝时期，任职者共3人。其中，司马昱兼领中书监长达25年；孝武帝宁康元年（373年）至东晋结束，任职者只有司马元显1人，任职时间很短。

⑪担任中书令者6人次；担任中书监者7人次；担任中书侍郎者3人次。单任中书省官员者6人次，以他职领中书省官员或任中书省官员又兼任其他职务者10人次。元嘉三十年四月以前任职者3人次，元嘉三十年四月以后任职者11人次，任职时间不可考者2人次，其任职时间大概也在元嘉三十年四月以后。

续表

职官	朝代									
	西晋			东晋			刘宋			备注
	爵位	任职人数	任职时间	爵位	任职人数	任职时间	爵位	任职人数	任职时间	
门下省官员	王25人，公5人、侯1人，世子3人①，3人无爵	49人次，36人		王23人，世子2人，1人无爵	31人次，26人②		王爵7人，侯爵6人，世子1人，无爵6人	30人次，20人③		
集书省官员④							王爵5人，世子1人，无爵4人	11人次，10人⑤		
秘书寺官员	王1人，无爵者1人	3人次，2人		王爵6人	6人次，6人		王爵8人，侯爵3人，无爵3人	17人次，14人		
诸卿及其属官	王5人，公3人，世子1人	12人次，9人⑥		王爵6人	8人次，6人		王爵9人，侯爵1人，世子1人	14人次，11人		

①司马越拜骑都尉、散骑侍郎时为陇西王世子。

②担任散骑省官员者共有25人次，担任门下省官员者共有6人次。元帝、明帝时期，只有3人次担任过散骑省官员，1人次担任过门下省官员；成帝咸和元年（326年）至简文帝在位期间共有11人次担任过散骑省官员，4人次担任过门下省官员。其中，穆帝即位之前，只有3人次担任过散骑省官员，仅有1人次担任过门下省官员；孝武帝宁康元年（373年）至东晋结束，共有10人次担任过散骑省官员，2人次担任过门下省官员。

③担任侍中者21人次，担任黄门侍郎者9人次。

④两晋时期，散骑省属于门下三省之一，从刘宋开始，散骑省成为独立且平行于门下省的机构，称为集书省。

⑤担任散骑常侍者1人，担任散骑侍郎者4人，担任给事中种4人，担任奉朝请者2人。其中以他职兼任散骑省官员或以散骑省官员兼任他职者2人。

⑥武帝时期，任职者有4人，其中3人为诸卿系宿卫武官；惠帝永熙元年（290年）至永康元年4月废贾后前，任职者有3人；惠帝永康以后至西晋结束，任职者有2人。

续表

职官	朝代									
	西晋			东晋			刘宋			备注
	爵位	任职人数	任职时间	爵位	任职人数	任职时间	爵位	任职人数	任职时间	
禁卫武官	王22人，公1人，世子4人，①失考2人	46人次，28人		王爵12人，世子2人	20人次，14人②		王爵15人，侯爵10人，无爵3人	60人次，28人③		
兰台官员				王爵2人，无爵1人	3人次，3人					
东宫官员	王爵6人	7人次，6人		王爵1人	1人次，1人		王爵4人，侯爵5人，无爵6人	20人次，15人		
地方都督	王爵33人，公1人	57人次，34人	198年④	王爵3人，世子1人，2人无爵	9人次，6人		王爵34人，侯爵2人，1人失考	94人次，37人	226年6个月⑤	
地方行政长官	王爵5人，公1人	8人次，6人		王爵8人，伯爵1人，世子1人，7人无爵	21人次，17人		王爵33人，侯爵8人，世子2人，无爵，无爵17人，追谥1人	127人次，61人		
公府僚佐、军府僚佐	王爵1人，无爵1人	2人次，2人		王爵3人，无爵4人	7人次，7人		无爵1人	1人次，1人		

①司马越先为陇西王世子，后别封为东海王。

②元帝、明帝时期，任职者9人次；成帝即位至简文帝在位期间，46年中只有司马无忌1人次担任屯骑校尉；孝武帝宁康以后至东晋结束共有10人次任职，其中担任游击将军者4人次，担任二卫将军者3人次，担任禁卫军长官者3人次。

③担任领军、护军者共18人次。担任左、右卫将军者14，担任四军将军者8次，担任五校尉者12人次，担任骁游、左中郎将、羽林监等8人次。担任禁卫武官者31人次，以他职兼任或以禁卫武官兼任他职者29次。

④晋武帝时期任职者32人次，任职时间为98年11个月，晋惠帝以后至西晋结束，任职者32人次，任职时间为99年1个月。

⑤元嘉三十年四月以前宗室任都督者49人次，任职时间为146年1个月；元嘉三十年四月以后宗室任职者45人次，任职时间为80年5个月。

续表

职官	朝代									
	西晋			东晋			刘宋			备注
	爵位	任职人数	任职时间	爵位	任职人数	任职时间	爵位	任职人数	任职时间	
其他官员①	王爵4人	4人次，4人		王爵3人	3人次，3人		侯爵1人，无爵1人	3人次，2人		
总计	王爵168人，公爵15人，侯爵1人，世子11人，无爵或爵位失考者8人②	299人次，200人		王爵96人，伯爵1人，世子10人，无爵或爵位失考者16人	171人次，122人		王爵155人，侯爵40人，世子6人，追谥1人，无爵或失考49人	460人次，251人		

分析表1可知，晋宋宗室任官呈现如下时代特点：

（1）从晋宋宗室任职人次、任职人数来看，由西晋而东晋、由东晋而刘宋呈现由高到低、由低到高的变化态势，这表明晋宋宗室参与国家政治的广度和深度同样经历了这样一种发展历程，由图1可以更直观地观察出这一历史特点。

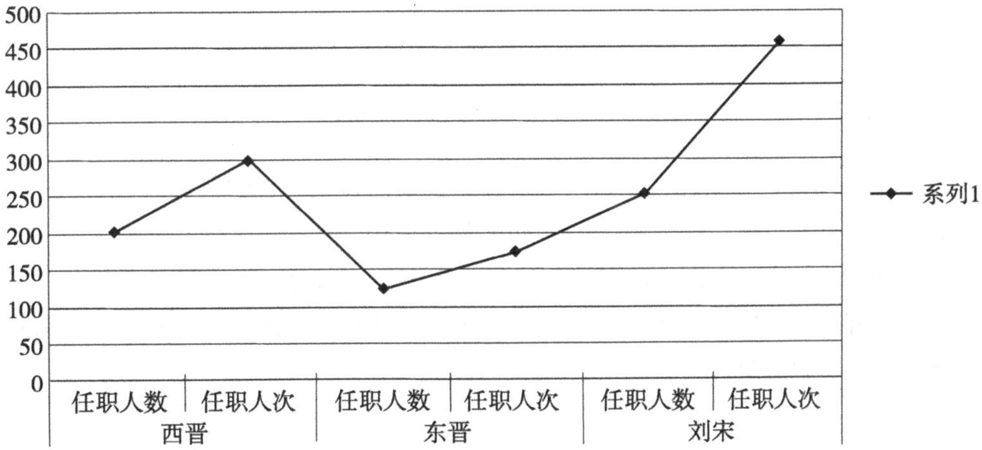

图1　晋宋宗室任职人次、人数情况

①包括特进、左右光禄大夫、光禄大夫。

②有3人先为世子，后封为王，故一人有先后爵位不同，分别统计。

（2）从晋宋宗室任职者所拥有的爵位情况来看，由西晋而刘宋，拥有王爵、公爵、王国世子身份者任职比例较大。值得注意的是，刘宋时期呈现侯爵和无爵者任职比例增加的趋势。晋宋时期，拥有高爵者大都为皇子、皇弟，拥有侯爵或无爵者大都为宗室疏属，从这一历史背景出发来观察，可知晋宋帝室近亲参政率较高，而宗室疏亲则相对而言仕宦机会较少，而在刘宋后期，宗室远亲仕进的范围有扩大的趋势。参考图 2 可以很清楚地看到这一政治现象。

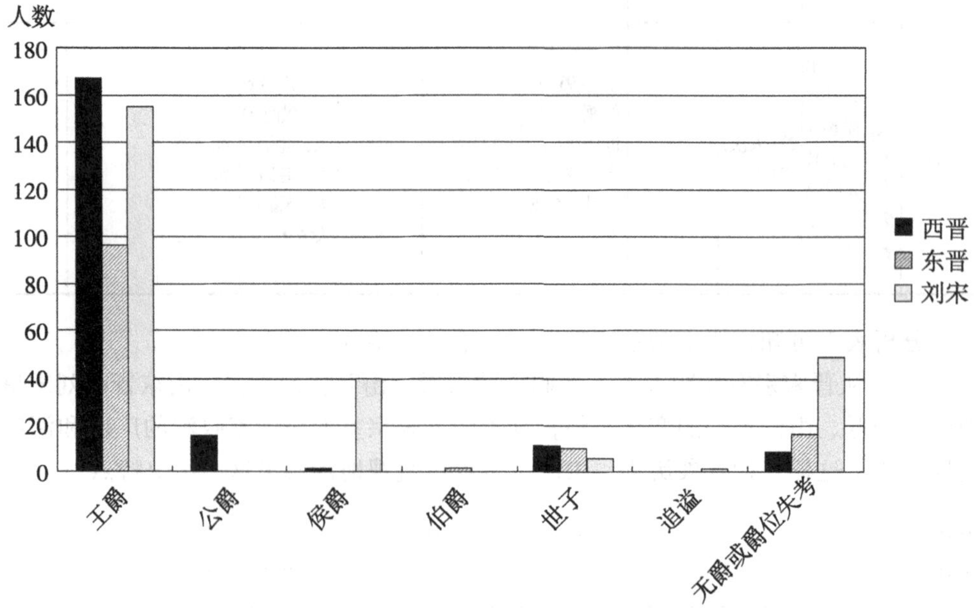

图 2　晋宋宗室任职者拥有爵位情况

（3）从晋宋宗室所任官职与所拥有爵位的对应关系来观察，可以看出：晋宋宗室拥有高爵者往往担任公卿、诸将军、尚书八座、门下省官员、中央禁卫军长官、地方军政长官，也即高爵者大都担任军政要职。高爵与高官形成一种对应关系，更显著地反映出晋宋政权的贵族性特征，参考图 3、图 4、图 5 可以更真切地体会这一历史现象。

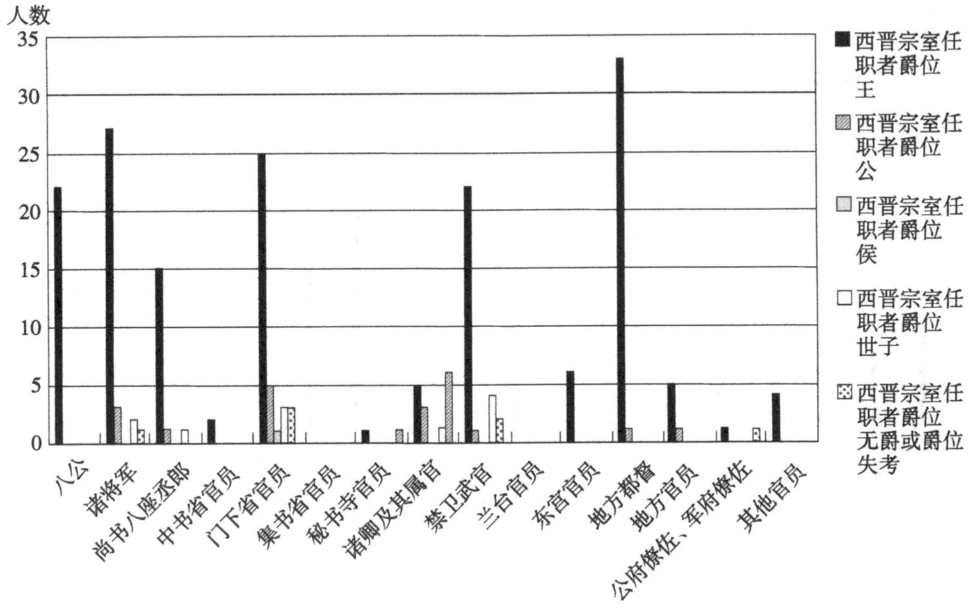

图 3　西晋宗室所任官职与所拥有爵位的对应关系

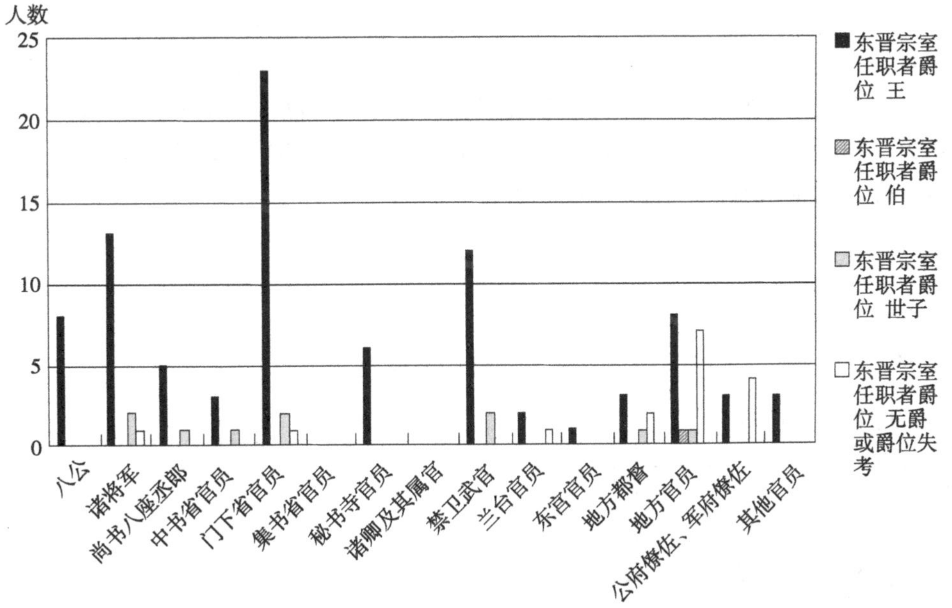

图 4　东晋宗室所任官职与所拥有爵位的对应关系

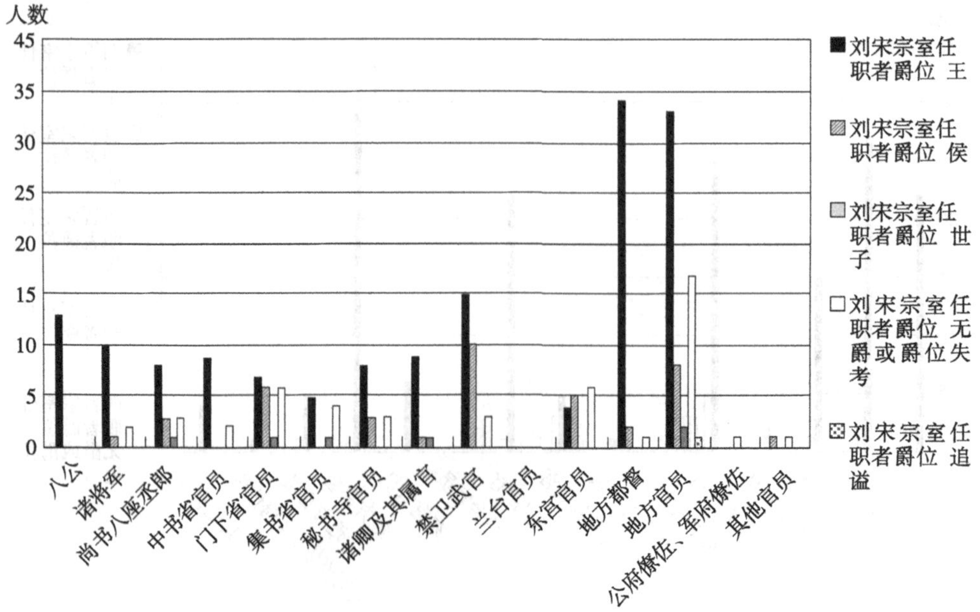

图5　刘宋宗室所任官职与所拥有爵位的对应关系

（4）结合图6、图7、图8来看，晋宋宗室担任各类官员情况如下：西晋宗室多担任八公、诸将军、尚书八座丞郎、门下省官员、禁卫武官、地方都督，也即西晋宗室任官主要担任职事官；东晋宗室主要担任诸将军、门下省官员、禁卫武官、地方行政长官，相较西晋，东晋宗室担任散职者渐次增多；刘宋宗室多担任八公、尚书八座丞郎、门下省官员、禁卫武官、地方都督、地方行政长官，与西晋一样，刘宋宗室任官主要担任职事官。

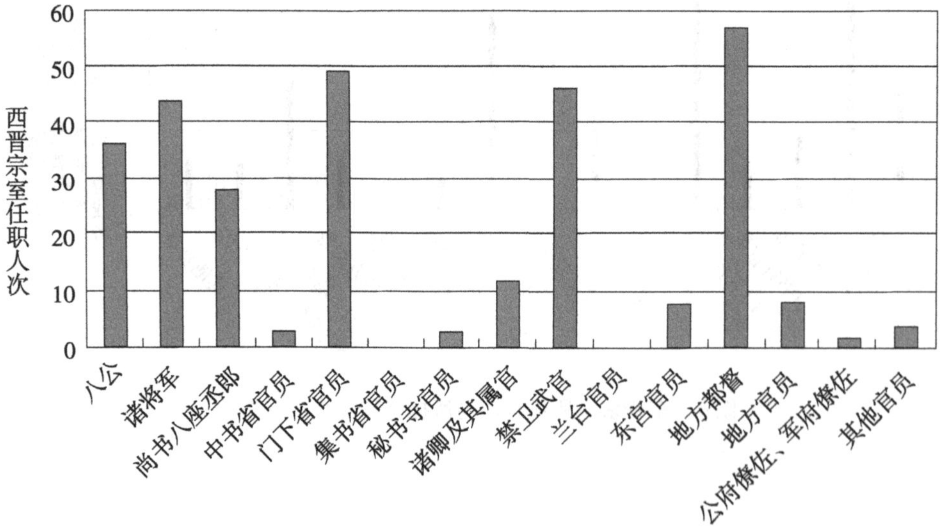

图6　西晋宗室任职人次

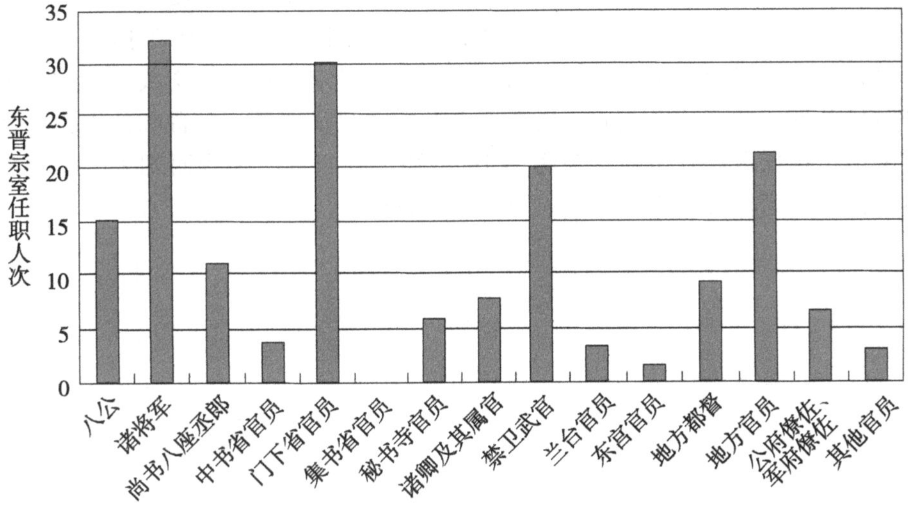

图 7　东晋宗室任职人次

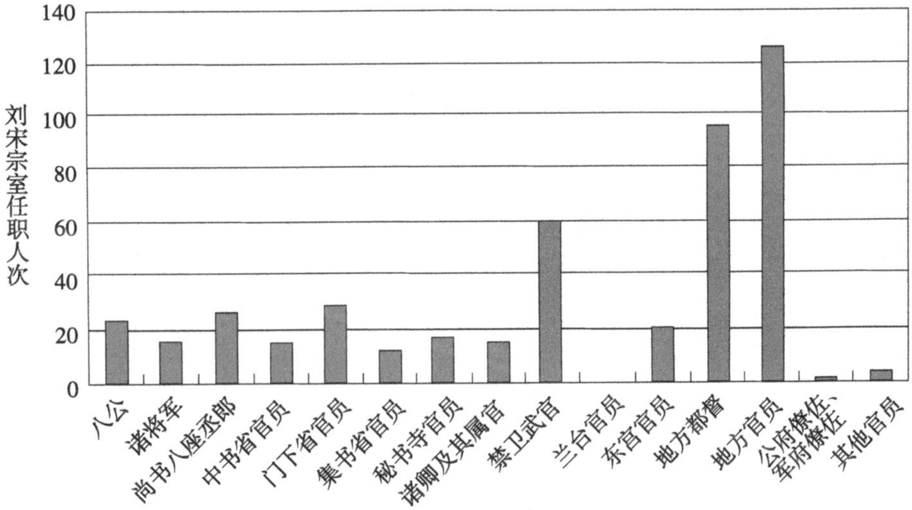

图 8　刘宋宗室任职人次

这正反映出晋宋不同历史时期的宗室政策：西晋宗室通过介入决策环节、掌握中央军事权力和地方军事权力的方式参与政治，宗室成员往往能仕至高位[①]；东晋后期，宗室多有担任中央禁卫军事长官和地方官员者，这是孝武宁康以后皇权有所加强后实行的宗室政策，东晋大部分时间，宗室都只能担任优游无事的散号将军和散骑省官员，对实际政治发展所起影响有限；刘宋时期，宗室亦通过介入决策环节、掌握中央军事权力和地方军事权力的方式参与政治，与西晋有所不

①张兴成：《两晋宗室最高官位考析》，载《苏东学刊》2002 年第 1 期。

同的是，刘宋宗室更多担任地方行政长官，介入地方政治的程度更深、更广。

（5）由图9、图10可以看出：晋宋宗室担任中央官员者多于担任地方官员者，这自然受当时内官重而外官轻的风气影响。晋宋宗室担任文武官员的情况则呈现时代差异：西晋担任武职官员者多于担任文职官员者，东晋和刘宋担任文职官员者多于担任武职官员者。参考图10可知，由西晋、东晋而刘宋，宗室成员基本不担任公府僚佐、军府僚佐、州郡佐官属吏。

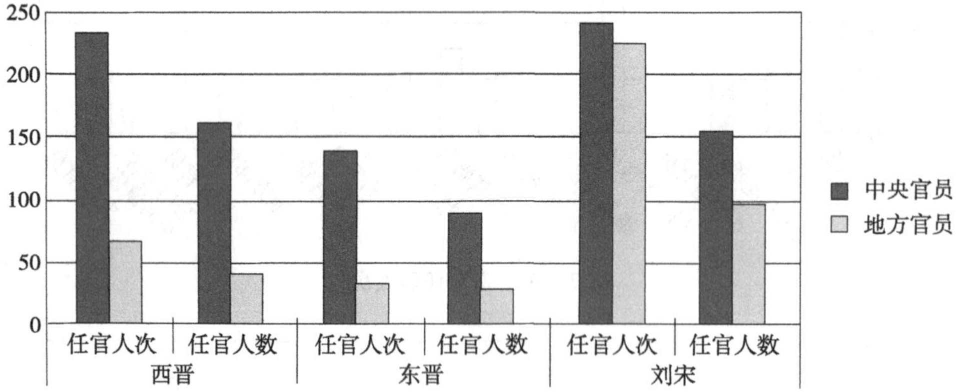

图9　晋宋宗室担任中央官员与地方官员情况

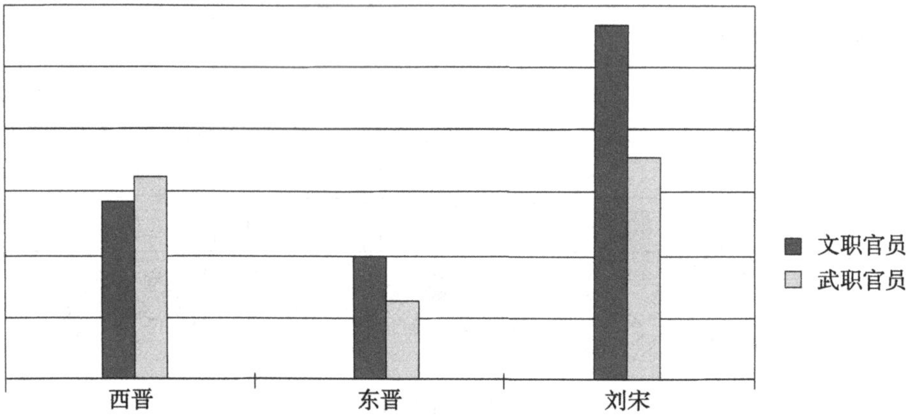

图10　晋宋宗室担任文武官员任官人次

（二）晋宋宗室任官的具体制度和转迁特点

晋宋时期，宗室成员起家入仕具有时代特点，即起家年龄低、起家官品高且主要通过吏部选拔直接入仕。除此之外，两晋宗室成员起家官通常是清显之官，宗室成员大都由这些清显之官入仕，日后容易充任高官，这与当时官职中有“清官”、仕途中有“清途”观念日益明确的时代特点有关。[①] 刘宋宗室成员起家官多以武职官员、地方官员为主，以文职官员起家者倒在少数，但对稳定王朝的统治和实现王朝“宗子维城”的统治政策却是最有利的，这与刘宋王朝当时采取的其他政策倾向也是相一致的，目的都是维持刘氏统治绵延久长。

那么，宗室成员转变为国家官员后，是否仍然存在一些特殊的制度保证宗室阶层在仕宦上拥有更多的政治特权呢？《晋书》卷五十九《河间王颙传》载：“石函之制，非亲亲不得都督关中”，[②] 由此可知，西晋的关中都督一职是只允许帝室近亲担任的。《北堂书钞》卷六十四载武帝诏曰：“关中内屏京畿，外藩河右；北捍戎狄，南镇巴汉。宜任懿亲，以静西土。”[③] 这条诏书的内容更加可以印证“石函之制”确实存在。西晋时期，除了愍帝时麴允以佐命功臣担任雍州刺史以外，大部分时间关中都督由司马亮、司马骏、司马泰、司马柬、司马肜、司马伦等帝室近亲担任，表明这一制度是真正得到贯彻执行的。晋武帝诏曰：“邺城守事宜速有人，又当得亲亲有文武器任者。高阳王珪，今来之国，虽当出为蕃辅，以才干事，亦古之制也。其以珪为督邺城守事、北中郎将。”[④] 晋武帝选任邺城督将的原则即是：一则需有文武才干，更重要的是人选必须是宗室成员。虽然没有史料可以说明邺城督将必须由宗室成员担任也是“石函之制”，但事实上西晋51年中，其中41年，都督冀州诸军事（督邺城守附）主要由宗室成员司马遂、司马肜、司马珪、司马权、司马泰、司马伦、司马颙、司马颖、司马炽、司马模、司马虓、司马腾等担任的，也即事实上宗室成员垄断了这一职务。当然，即使是所谓“石函之制”也会有所变通。《晋书》卷五十九《河间王颙传》载：“石函之制，非亲亲不得都督关中，颙于诸王为疏，特以贤举。”[⑤] 司马颙本身也是宗室，只不过是宗室疏属而已，他是因为有才干方才被任命为关中都督的，这一制度上的灵活性只限于此。也即任用宗室近亲出镇关中是西晋立国的一项基本统治政策，这便是皇权家产制在职官制度上的表现。

逮之东晋，现有史料看不到具体制度保证宗室成员在任官上的政治特权。降之刘宋，情况如何呢？《宋书》卷六十八《刘义宣传》载：“初，高祖以荆州上流形胜，地广兵强，遗诏诸子次第居之。谢晦平后，以授彭城王义康。义康入相，次江夏王义恭。”[⑥] 可见，宗室特别是皇子、皇弟王担任荆州都督在刘宋初

---

①张兴成：《西晋的宗室仕进制度》，载《北京师范大学学报》2000年第3期。

②房玄龄等：《晋书》卷五十九《河间王颙传》，北京：中华书局，1974年，第1620页。

③虞世南著、孔广陶校注：《北堂书钞》卷六十四。清光绪南海孔氏三十有三万卷堂校注重刊，孔忠愍侯祠堂旧校影宋原本。

④李昉：《太平御览》卷二百四十一引《晋起居注》载“晋武帝太始二年诏”，北京：中华书局，1960年，第1142页。

⑤房玄龄等：《晋书》卷五十九《河间王颙传》，北京：中华书局，1974年，第1620页。

⑥沈约：《宋书》卷六十八《刘义宣传》，北京：中华书局，1974年，第1798页。

期就以诏令的形式固定为制度，成为刘宋时期的基本统治政策。故而刘宋60年中，三分之二的时间内宗室成员一直次第担任荆州都督，牢牢控制上游，以藩屏中央，对刘宋王朝的稳定和延续起了相当重要的作用。不止于此，《宋书》卷七十八《刘延孙传》载："先是高祖遗诏，京口要地，去都邑密迩，自非宗室近戚，不得居之。"① 由此可知，与把"荆州都督须宗室至亲担任"确定为制度一样，刘宋初期，南徐州都督由宗室近戚担任也在刘宋初期以遗诏的形式确定为一项制度。② 这一制度为刘宋以后的统治者所遵循，故而刘宋60年中，宗室成员担任南徐州都督达49年1个月，约占刘宋统治时期的六分之五。由宗室出任荆州都督、南徐州都督的制度规定构成了刘宋职官制度的独特风貌，从此点观察，刘宋宗室在任官上的政治特权相较西晋有所扩大。

由上可知，虽然西晋、刘宋时期在一些攸关政权生死存亡的地方军事长官人选上确实形成一些制度，以保证这些职务主要由宗室近亲担任，即使如此，这些制度也有变通。而在大部分国家官员的选任上并不存在一些具体的制度来保证宗室的任官特权，宗室成员仍须同其他庶姓官员一样仕宦，那么，宗室成员在任职迁转上是否又别有特点呢？试讨论如下。

据《晋书》及万斯同《晋将相大臣年表》可以查得西晋宗室任官情况80例，其中能构成较为完整的任官转迁序列者有52例，参考图11，细绎而后可以看出西晋宗室任官转迁的几个特点：

（1）门下省官员如侍中、黄门侍郎、散骑常侍、散骑侍郎等是宗室官员迁入、迁出的重要官职，有36位宗室官员的转迁是依此途径③。

（2）西晋宗室的任官迁转很多情况下表现为将军号的升降，尤其表现在宗室官员交替担任地方都督的过程之中，有35位宗室官员按照此一路径转迁。

（3）禁卫军职也是西晋宗室官员迁入、迁出的重要官职，有27位宗室官员的转迁可以说明这一点。

（4）尚书八座及录尚书事通常是西晋宗室官员迁入或迁出的重要官职，有16位宗室官员的转迁体现这一特点。

（5）诸卿及其属官如国子祭酒、冗从仆射等也是宗室官员转迁时常任的官职，有13位宗室官员的任官经历可以说明此点。

---

①沈约：《宋书》卷七十八《刘延孙传》，北京：中华书局，1974年，第2019页。

②沈约：《宋书》卷七十八《刘延孙传》，北京：中华书局，1974年，第2020页："旧京树亲，由来常准。卿前出所有别议，今此防久弭，当以还授小儿。"可知，非皇室近亲出任南徐州都督大都有特殊的政治背景，只是权宜之计。

③以侍中、散骑常侍作为加官者不计入。

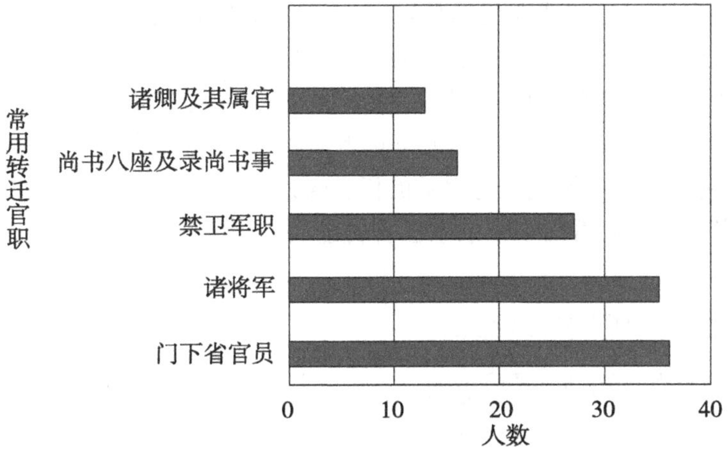

图 11　西晋宗室官员转迁事例

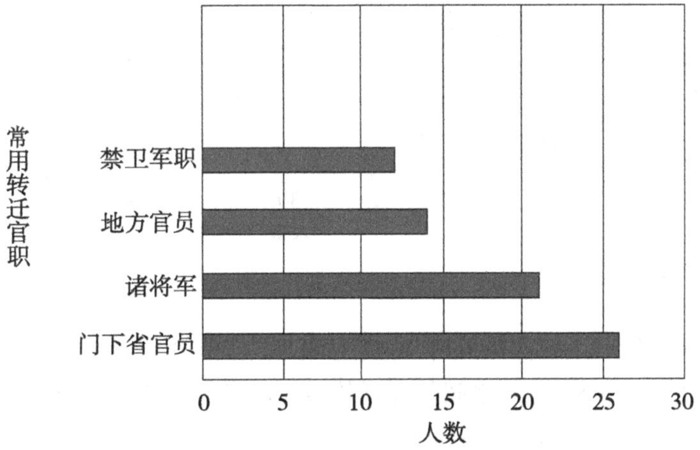

图 12　东晋宗室官员转迁事例

据《晋书》及万斯同《东晋将相大臣年表》可以查得东晋宗室任官情况 49 例，其中能构成较为完整的任官转迁序列者有 29 例，参考图 12，可以看出东晋宗室任官转迁的几个特点：

（1）与西晋较为相近的是门下三省官员如散骑侍郎、黄门侍郎、散骑常侍等依然是东晋宗室官员迁入、迁出的重要官职，可以考出有 26 位宗室官员通过此职转迁。①

（2）诸将军同样也是东晋宗室官员经常迁入或迁出的重要官职，有 21 位宗室官员通过此一途径转迁。

①以侍中、散骑常侍作为加官者不计入。

（3）东晋时期，禁卫武职仍然是宗室官员迁入或迁出的重要官职，有12位宗室官员通过此类职务转迁。值得注意的是，地方官员开始较多作为宗室官员迁入或迁出时所但任的官职，有14位宗室成员通过此一职务转迁任官。

据《宋书》及万斯同《宋将相大臣年表》《宋方镇年表》可以查得刘宋宗室任官情况95例，其中能构成较为完整的任官转迁序列者有58例，参考图13，结合相关史料考察，可以看出刘宋宗室任官转迁的几个特点：

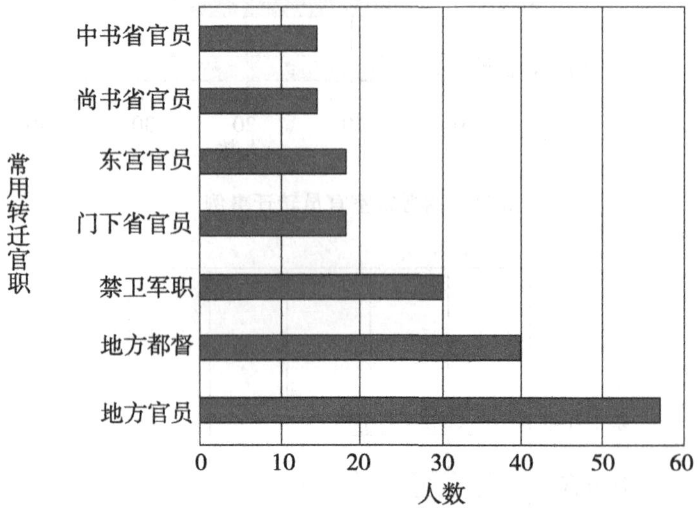

图13　刘宋宗室官员转迁事例

（1）刘宋时期，宗室官员在中央禁卫军职（30例）、地方军事长官（40例）、地方行政长官（57例）之间的互迁构成了转迁的常态。相较西晋，刘宋宗室官员更为频繁而连续地交替担任地方都督，构成了此一时期宗室官员转迁的显著特色。

（2）刘宋时期，门下省官员如侍中、黄门侍郎等（18例），东宫官员等（18例），尚书省官员如八座等（13例），中书省官员如中书令等（13例）亦是宗室官员迁入或迁出时较多担任的官职。

（3）刘宋时期，宗室官员转迁的周期相较两晋而言缩短，大致的转迁周期在三年左右，这在一定程度上使刘宋宗室官员仕至朝官要职的周期也相应变短。①

综括上述，可以看出，晋宋时期，诸将军（包括散号将军和担任都督时授予的将军号）、门下省官员、禁卫军职是宗室官员转迁时常担任的官职；西晋和刘宋时期，尚书省官员也是宗室官员转迁时常任的职务；在东晋和刘宋时，宗室官

---

①张兴成：《晋宋宗室考黜略论》，载《上海师范大学学报》（哲学社会科学版）2011年第1期，第127－136页。

员在迁入或迁出时则担任地方官员的情况比较多，尤其是在刘宋一朝。

晋宋宗室官员转迁的这些历史特点的形成，一方面与上文所论当时王朝特定的制度有关，如西晋有“石函之制”、刘宋则规定在荆州上流和京口要地皆以宗戚近属担任都督；另一方面也与当时具体的政治背景密切相关。如西晋时，“（晋武）帝重兵官，多授贵戚清望，济以武艺号为称职。”[①] 西晋宗室多任军职与此不无关系。另外，西晋一直是重视内官、轻视外官，当时人都不愿意出任地方官员，大都喜欢担任朝官。《晋书》卷四十六《李重传》：“于时内官重，外官轻，兼阶级繁多。”[②] 又《晋起居注》：“今之士大夫多不乐处宰牧，而好内官”，[③] 可以更清楚地说明这一点。西晋时期，除了个别宗室成员如司马腾因为立志要锻炼自己的才干，故而愿意担任地方官员，[④] 在大部分时间，宗室官员除担任地方都督外，担任地方行政长官者较少。

东晋孝武帝宁康以前，宗室成员基本不转任州刺史和郡国守相，宁康以后，迁任这些职务者增多，且多任重要郡国守相，这与东晋政治形势的发展是紧密相关的。孝武帝即位之前，庶姓高门势力强大，他们迭居方镇，兼统郡国，通过表请的方式对郡国守相的人选加以干预，他们的督府僚佐也大都“帖带”统内郡国守相，通过这种方式掌握地方政权，并进一步干预中央朝权，当时权去公族，宗室成员担任郡国守相者自然不会太多。孝武帝宁康以后主威独运、皇权复振，因此，宗室成员担任地方官员者增多，且多担任重要州刺史和郡国守相。

刘宋时期，宗室官员转迁任职州刺史、郡国守相者大多加授军号领兵置府，徒任单车刺史、无军号之郡国守相者反而寥寥无几。这说明宗室成员出任地方官员除了行使监察权、治民权外，同时拥有治军权。值得注意的是，刘宋宗室成员担任重州刺史、京尹、要郡太守、双头郡太守者较为普遍，其中担任扬州刺史者 12 人次，任职时间为 35 年 1 个月；担任丹阳尹者 7 人次；担任双头郡太守者 21 人次。扬州是刘宋立国根本，刺史位任机要，关乎盛衰，通常由宰相兼带扬州，丹阳是王畿所在的核心区域，直接关系京师安全，职任清重。诸州刺史分统万里，号为方伯，得失所系。从所见材料分析来看，刘宋宗室出任重州刺史、京尹、要郡太守、双头郡太守的概率很高，在当时地方豪族把持地方政治、掌握大量私人武装的政治背景下，任用宗室分处方面要任，可以在一定程度上克服由于潜在的地方武装势力强大而存在的分裂倾向，有效发挥“宗子维城”的政治作用，保证王朝的统一和皇权的强大，由此更好地保证

---

①房玄龄等：《晋书》卷四十《杨济传》，北京：中华书局，1974 年，第 1181 页。

②房玄龄等：《晋书》卷四十六《李重传》，北京：中华书局，1974 年，第 1312 页。

③李昉：《太平御览》卷二百二十《职官部一八・中书侍郎》，北京：中华书局，1960 年，第 1048 页。

④李昉：《太平御览》卷二百四十二《职官部四〇・冗从仆射》引傅畅《晋诸公赞》：“司马腾，字元迈，文献王泰之第三子也。性沉壮，起家为冗从仆射。滕意欲业官以自显，出为郡守。”此处司马腾作司马滕，本是一人。

刘宋国祚绵延长久。

后论

晋宋任官类型及转迁特点讨论既竟，那么，观照上述，如何理解晋宋宗室与政治变迁的关系呢?《晋书》卷六十二《祖逖传》载："晋室之乱，非上无道而下怨叛也。由藩王争权，自相诛灭，遂使戎狄乘隙，毒流中原。"① 可见西晋末年时人即认为八王之乱是导致西晋灭亡的重要原因，而关于宗王如何造成西晋覆亡则莫衷一是。② 对于东晋的灭亡，唐代纂修《晋书》的史臣有一段较有代表性的议论。《晋书》卷六十四史臣曰："道子地则亲贤，任惟元辅，耽荒曲糵，信惑谗谀。遂使尼媪窃朝权，奸邪制国命，始则彝伦攸斁，终乃宗社沦亡。元显以童丱之年，受栋梁之寄，专制朝廷，陵蔑君亲，奋庸琐之常材，抗奸凶之巨寇，丧师殄国，不亦宜乎！斯则元显为安帝之孙强，道子实晋朝之宰嚭者也。"③ 可知史臣仍然把东晋的灭国归咎于宗王，陈寅恪从道教视阈对此加以深入解析。④ 至于刘宋亡国与宗室的关系，沈约、裴子野史论最为典型。沈约论曰："太祖经国之义虽弘，隆家之道不足……开端树隙，垂之后人。太宗因易隙之情，据已行之典，翦落洪枝，不待顾虑。既而本根无庇，幼主孤立，神器以势弱倾移，灵命随乐推回改。"⑤ 裴子野论曰："太宗保字螟蛉，剿拉同气，既迷在原之天属，未识父子之自然。宋德告终，非天废也。"⑥ 可知亲历宋齐禅代者皆认为刘宋亡国之因在于对待宗室处置乖方。陈寅恪更深刻地指出刘宋内乱直接改变南北对峙的格局，最终使北朝取得政治军事优势，降至杨隋，南并于北，遂成一统局面。⑦

本文全面考察晋宋宗室任官情况及转迁特点后认为，理性观察和深入解析晋

---

①房玄龄等：《晋书》卷六十二《祖逖传》，第1694页；李昉：《太平御览》卷四百六十二："建兴初，祖逖进说曰：'晋室之乱，非上无道而逃民怨叛也，由藩王争权，自相诛灭，遂使戎狄乘隙，毒流中原。'"

②房玄龄等：《晋书》卷五十九《八王传》"序"及"史臣曰"、《晋书》卷六十四"史臣曰"，第1590页、第1626－1627页、第1741页，另参司马光：《资治通鉴》卷八十九愍帝建兴四年"干宝论曰"，北京：中华书局，1956年，第2835－2837页。今人研究则参看景有泉、李春祥：《西晋"八王之乱"爆发原因研究述要》，载《中国史研究动态》1997年第5期。

③房玄龄等：《晋书》卷六十四，第1741页。

④陈寅恪：《天师道与滨海地域之关系》，收于《金明馆丛稿初编》，北京：三联书店，2001年，第7－14页。

⑤司马光：《资治通鉴》卷一百三十三《宋纪十五》"明帝泰始七年"条，北京：中华书局，1956年，第4161页。

⑥司马光：《资治通鉴》卷一百三十三《宋纪十五》"明帝泰始七年"条，北京：中华书局，1956年，第4161页。参见萧子显：《南齐书》卷三十五《长沙王晃传》，北京：中华书局，1972年，第624页："宋氏若不骨肉相图，他族岂得乘其衰弊，汝深戒之"。

⑦陈寅恪：《论隋末唐初所谓"山东豪杰"》，收于《金明馆丛稿初编》，北京：三联书店，2001年，第260页。

宋宗室与政治变动的历史维度实在政体视阈，具而论之：晋宋时期，地方都督军权与治民权离合程度直接关涉中央与地方关系的政治平衡，如若宗室充任地方都督复综地方行政权力，兼统府州，遂成“实质性封建”，所谓“实质性封建”，其实就是马端临所说的对受封者“付之兵民之任”①，这即晋宋宗室内乱频仍的体制性症结所在，细论如下。

严耕望的研究揭示出如下历史事实：“魏晋南朝之世，都督与刺史之关系，及此种关系演变之过程，可略述如次：……二、西晋之世，二者间之关系，形式上仍同于魏，但都督对于治所之州刺史之控制力加强，且时有侵夺刺史治民之权者；三、西晋末叶，以都督兼领治所之州刺史，俾事权统一。此为一大进步之改革；四、此次改革之后，都督除完全控制本州军民刑政外，对于其他属州亦以统府之地位有指挥督察征调物力之权，但此等州刺史仍有半独立之地位，都督不能完全控制。”② 明乎此，可以更深入析读晋宗室与政治发展的关系。

检索万斯同《晋方镇年表》、秦锡圭《补晋方镇表》、吴廷燮《晋方镇年表》、③《晋书》可以看出，西晋一朝有26例地方都督兼领督府所在州的事例，④其中有3例是承制任命或自为都督刺史——高密王司马略、东平王司马楙和范阳王虓，遥领1例，另外2例虽已任命而辞疾不行。其中，晋武帝太康元年以前任职都督兼刺史者15例，宗室5例，庶姓大臣10例。这15例中实际任职者只有12例，其中有6例即青州都督兼领青州刺史，其他有5例也是边镇都督兼领刺史，只有司马伷以征虏将军监兖州诸军事、兖州刺史，是任职内地军镇而兼领刺史，但他是在曹魏末年即任此职，有魏晋禅代的特殊政治背景。如此可以认为太康元年以前都督兼任刺史大都在边镇，内地军镇基本不以都督兼领刺史。太康二年（281）至元康九年（299）这19年无一都督兼任刺史。⑤ 惠帝永康以后至西晋结束，任职都督兼刺史者共有11例，大都在内地军镇任职都督兼刺史，其中庶姓5例，宗室6例（分别是司马腾、司马略、司马颙、司马虓、司马楙、司马越），这6位宗室诸王全部参与了八王之乱，而司马越正是凭借其昆弟司马腾、司马略和从兄弟司马虓的有力支持而最后胜出。八王中司马冏虽然不是以都督而

---

①马端临：《文献通考》卷二百七十五《封建考十六》“按语”，北京：中华书局，1986年，第2183页中：“今欲并建，则凡王侯受封之地，必尽废内史之官，即付之兵民之任而后可”。

②严耕望：《魏晋南北朝地方行政制度》（上）第二章“都督与刺史”，收于《中国地方行政制度史》。上海：上海古籍出版社，2007年，第110页。

③万斯同：《晋方镇年表》、秦锡圭：《补晋方镇表》、吴廷燮：《晋方镇年表》，收于《二十五史补编》，北京：中华书局，1955年，第3385－3451页。

④严耕望只考出晋武帝泰始年间都督兼任刺史者4例。严耕望：《魏晋南北朝地方行政制度》（上）第二章“都督与刺史”，上海：上海古籍出版社，2007年，第89页。

⑤唐长孺：《西晋分封与宗王出镇》《魏晋州郡兵的设置和废罢》，收于《魏晋南北朝史论拾遗》，北京：中华书局，1983年，第123－150页。

兼任刺史，而当其起兵之初，豫州刺史何勖即共同出兵，形成政治联盟①，这也是司马冏起兵能胜利的重要保证。司马颖能在三王举义时立下大功，也与当时与冀州刺史李毅结成政治同盟有重要关系，李毅正是司马颖的讨逆前锋。② 如上所论，西晋末期，宗室诸王或以都督兼领刺史，或以都督而与当州刺史结成政治军事同盟，形成显著的军事优势，并有有力的后勤保障，这正是一种"实质性封建"所带来的地方政治势力急剧扩张，直接改变了当时中央、地方的军事力量对比。八王之乱，其实就是几股由于"实质性封建"而形成的地方军事力量的博弈，西晋之亡，不亡于徒有其表的形式封建③，乱亡的主因在于西晋末期地方军事行政制度措置不当而导致的针对宗室诸王的"实质性封建"。

刘宋的内乱也与宗室诸王的"实质性封建"有关。刘义宣之乱，因其"地胜兵强"④，刘义宣的强盛，一方面与其"在镇十年，兵强财富"有关，另一方面也与孝武帝即位后的措置失当密切相关。《宋书》卷六十八《南郡王义宣》载："二十一年，乃以义宣都督荆，雍，益，梁，宁，南、北秦七州诸军事，车骑将军，荆州刺史，持节，常侍如故。……世祖即位……于是改授都督荆，湘，雍，益，梁，宁，南、北秦八州诸军事，荆、湘二州刺史，持节、侍中、丞相如故。"⑤ 刘义宣原为荆州都督兼领荆州刺史，本身坐拥强镇，孝武帝即位后刘义宣留任荆州都督，而都督区由七州增为八州，所兼领刺史由荆州刺史而进领湘州刺史，意味着其所拥有的地方行政权扩大，本身可调用的财政物力大为增加，故而一受蛊惑，即便起兵，当时"上即位日浅，朝野大惧。上欲奉乘舆法物，以迎义宣"⑥，从孝武帝的反应也可以推知刘义宣之乱的严重程度，而这一切均来自刘义宣担任荆州都督而兼领荆、湘二州刺史而获得的强大军事优势和雄厚的物力保证。晋安王子勋之乱亦如此：义嘉之乱，一方面从继承制度而言，前废帝死后，太子母弟刘子尚被赐死，刘子勋以次当立为帝，具有法统上的合理性，故而刘子勋一起兵，"四方并响应，威震天下。是岁四方贡计，并诣寻阳"⑦；另一方面，也与刘子勋本身为江州都督兼领江州刺史有关，这一点从刘休范之乱即可看得很清楚。《宋书》卷七十九《桂阳王休范传》载："泰始五年，征为中书监、中军将军、扬州刺史，常侍如故。明年，出为使持节、都督江、郢、司、广、交五州，豫州之西阳、新蔡、晋熙，湘州之始兴四郡诸军事，征南大将军，江州刺

---

①房玄龄等：《晋书》卷五十九《司马冏传》，北京：中华书局，1974 年，第 1606 页。

②房玄龄等：《晋书》卷五十九《司马颖传》，北京：中华书局，1974 年，第 1615 页。

③祝总斌：《"八王之乱"爆发原因试探》，收于《中国古代政治史研究》，见《材不材斋文集：祝总斌学术研究论文集》，西安：三秦出版社，2006 年，第 152 – 159 页。

④沈约：《宋书》卷七十四《臧质传》，北京：中华书局，1974 年，第 1915 页。

⑤沈约：《宋书》卷六十八《南郡王义宣》，北京：中华书局，1974 年，第 1798 – 1799 页。

⑥沈约：《宋书》卷七十九《竟陵王诞》，北京：中华书局，1974 年，第 2026 页。

⑦沈约：《宋书》卷八十《晋安王子勋传》，北京：中华书局，1974 年，第 2060 页。

史。寻加开府，仪同三司，未拜，改授都督南徐、徐、南兖、兖、青、冀六州诸军事，骠骑大将军，南徐州刺史，持节、常侍、开府如故。未拜，以骠骑大将军还为江州，进督越州诸军事”①，刘休范起兵，“虏发百姓船乘，使军队称力请受，付以先解榜板，合手装治，二三日间，使悉整办”②，这样快速装备军队，与刘休范任职江州都督并兼领江州刺史既绾军事、复综民权的政治身份是紧密联系的，“休范驰兵象魏，矢及君屋”③，当时形势十分危机，台城几陷，可见其军队的战斗力之强和威慑力之大。总结以上三例刘宋宗室内乱的制度成因，均与宗室诸王任职都督兼领刺史而形成的“实质性封建”的地方政治格局有关，地方军政权力分别归集于若干个宗室诸王，往往在皇权交接的关节点激成滔天动乱，不仅影响刘宋一朝兴衰，甚至深刻地影响了南北对峙的政治格局。

东晋太元、隆安时期，会稽王司马道子及其世子元显当政时期“政刑谬乱”、兵乱荐臻，刘宋元嘉前期因彭城王刘义康执政而出现君、相之争，这又如何解释呢？这是由决策权、行政权、军权相对集于宗室重臣一身的体制性缺陷造成的，这一任职模式与太元、隆安时期暂时伸张了的皇权政治或在刘宋时期已经重新恢复的皇权政治存在深刻的政治矛盾，故而必然导致朝政紊乱或激烈的政治军事冲突。以录尚书事而兼领扬州刺史本是东晋门阀运转政权的重要模式，东晋一朝，王导、庾冰、何充、桓温均是以此方式运转朝权的，这是门阀政治的重要制度特征之一。终东晋一朝，只有司马道子、司马元显父子既为扬州总录，又或任都督中外诸军事，或任都督十六州诸军事掌握军权，可谓空前绝后、绝无仅有。《晋书》卷六十四《简文三王传》载：“及谢安薨，诏曰：‘……（道子）可领扬州刺史、录尚书、假节、都督中外诸军事。卫府文武，一以配骠骑府。’……郡守长吏，多为道子所树立。既为扬州总录，势倾天下，由是朝野奔凑。……帝益不平，而逼于太妃，无所废黜，乃出王恭为兖州，殷仲堪为荆州，王珣为仆射，王雅为太子少傅，以张王室，而潜制道子也。道子复委任王绪，由是朋党竞扇，友爱道尽。”④ 晋孝武帝不能从制度上防微杜渐，限制和改变司马道子集相权、行政权、军权于一身的状况，而措置不当，以王恭等地方都督牵制司马道子，最终酿成中央地方反复发生军事冲突，桓玄趁势而起，终覆晋祚。刘宋前期，元嘉君、相之争，根本原因也与刘义康集相权、行政权、要州军权于一身有关，这一状况必然与皇权政治产生根本性的冲突。《宋书》卷六十八《彭城王义康传》载：“六年，司徒王弘表义康宜还入辅，征侍中，都督扬、南徐、兖三州诸军事，司徒，录尚书事，领平北将军、南徐州刺史，持节如故。二府并置佐领兵，与王

①沈约：《宋书》卷七十九《桂阳王休范传》，北京：中华书局，1974年，第2045－2046页。
②沈约：《宋书》卷七十九《桂阳王休范传》，北京：中华书局，1974年，第2046页。
③沈约：《宋书》卷七十九《桂阳王休范传》，北京：中华书局，1974年，第2052页。
④房玄龄等：《晋书》卷六十四《简文三王传》，北京：中华书局，1974年，第1732－1735页。

弘共辅朝政。弘既多疾，且每事推谦，自是内外众务，一断之义康。……九年，弘薨，又领扬州刺史……既专总朝权，事决自己，生杀大事，以录命断之。凡所陈奏，入无不可，方伯以下，并委义康授用。由是朝野辐凑，势倾天下。"① 由上可知，刘义康既为总录，又领扬州刺史，总揽朝权，同时兼领扬、南徐、兖三州都督，又领南徐州刺史，掌控近畿要州地方军政大权，"其故府上佐刘湛则协助其执掌宫内禁卫军权"，② 由此处疑畏之地，"自是主相之势分，内外之难结矣"③。宋文帝果断废黜刘义康，改变了自东晋以来高级门阀以录尚书事兼领扬州刺史专断朝权的政治模式惯性，自后刘义恭虽录尚书事，但再不刺扬州，孝武帝即位后不久就废除了录尚书事的制度，甚至一度废除了原扬州刺史的建制，而以扬州六郡为王畿，改东扬州为扬州，目的正是加强皇权，从制度上加以调整，防患于未然。从刘宋后期再无因君、相之争而出现政治内难来看，这一调整方向是成功的。

参考图 1 可以看出，从整个东晋来看，宗室成员任官大多数时间都处于低靡状态。东晋宗室任官人数较少，所任官职品秩不高，任职时间也不长，担任重要职务者更少。东晋宗室成员担任文职者多于任武职者，任职者大都职任闲散，真正侍从皇帝左右、充当秘书咨询官员、参与政治决策者并不多，直接处理中央政务或具体执行中央行政事务者也很少，且其权力的行使经常受到当时高级门阀士族政治势力的掣肘，因此，宗室藩辅王室的作用并不能有效发挥，不能对庶姓政治势力的膨胀加以制衡，故而东晋皇权不振、门阀当权，而当高级门阀衰落之后，低级士族乘势而起，终于亡晋成宋。④ 刘宋时期，宗室成员参与中央决策的机会较多，而具体担任中央执行机构官员的人数则很少。宗室成员担任州郡牧守等地方官员者人数多，任职频繁，而且多出任要州刺史、双头郡太守。这对于镇静地方、藩屏中央起到了重要作用。值得注意的是，刘宋宗室在元嘉三十年（453 年）四月以前宗室任都督者为 49 人次，任职时间为 146 年 1 个月，元嘉三十年四月以后宗室任职者为 45 人次，任职时间为 80 年 5 个月。也即刘宋宗室在孝武帝以后任职地方都督的人次有递减的趋势，而任职时间更是趋于锐减，而且多以幼王出任，以上佐为行事。这是由于多次宗室内乱导致刘宋统治者骨肉相残，帝室近亲屠戮殆尽。及至元徽以后，"萧道成任中领军，开始了对朝政的专断，后以其世子萧赜为领军将军，在控制禁卫军权基础上顺利实现了篡宋建齐的

①沈约：《宋书》卷六十八《彭城王义康传》，北京：中华书局，1974 年，第 1790 页。

②张金龙：《魏晋南北朝禁卫武官制度研究》第四编第十二章"小结"，北京：中华书局，2004 年，第 483 页。

③沈约：《宋书》卷六十八《彭城王义康传》，北京：中华书局，1974 年，第 1791 页。

④祝总斌：《试论东晋后期高级士族之没落及桓玄代晋之性质》，载《北京大学学报》（哲学社会科学版）1985 年第 3 期，第 77 - 90 页。

政治革命”,[1] 而此时的刘宋宗室亲贤凋零，在不断的内乱中耗尽了元气，已经无力回天，南朝的政权统治由此开始了不断转移的政治命运。因此，从家天下的角度出发，宗室阶层作为一支政治力量，必须在适应皇帝独制的官僚政治体系的理性原则下参与国家政权统治，这对于延续朝代国家的政治统治，无疑是很有必要的。

①张金龙：《魏晋南北朝禁卫武官制度研究》第四编第十二章“小结”，北京：中华书局，2004 年，第 484 页。

刘宋王国职官制度考析

张兴成

《历代职官表》卷六十九《王府各官》“历代建置宋齐梁陈”条案：“魏晋以降，王国之官，大抵依仿汉制。宋皇子虽非都督，亦置记事参军，自此以降，诸王既置国官，又别置府僚，后世王府官实始于此。”这个判断基本符合历史事实，刘宋以后，皇子、皇弟王府官、国官的发展按照各自的趋势表现出不同的历史形态，同时又互相关联，呈现出一种比较复杂的发展态势，对当时及以后的职官发展有很大的影响。因此，笔者认为，对刘宋王国职官制度作出进一步的考察和研究，对职官制度发展史乃至政治制度发展史的研究很有意义。

刘宋王国制度基本沿袭西晋相关制度，其王国职官组织系统也可划分为两个子系统，即王国政务官系统与诸王事务官系统。《通典》卷三十一《职官十三·历代王侯封爵·宋》载：

> 宋氏一用晋制，唯大小国皆有三军。自明帝以后，皇子、皇弟虽非都督，亦置记室参军。小号将军为大郡边守置佐吏者，又不置长史，余则同矣。……王国有师，自内史、相、记事以下，官多与晋同。凡郡县内史、相并于国主称臣，去任便止。孝武孝建中，始革此制，不得追敬，不得称臣，止宜云下官而已。

从中至少可以看出以下几点：

（1）刘宋王国职官制度大体承袭两晋制度，这是基本的方面。

（2）刘宋王国职官制度相较晋制又有发展，特别是孝武帝和明帝以后，不仅在涉及王国职官的仪制上有所变化，而且许多具体的王国官职或增或减，或省或并，和晋制相比又有不同，呈现出新的面貌。这是差异的方面。

那么，刘宋王国职官系统具体构成如何呢？相较晋制发生了哪些变化呢？这些变化与当时政治形势的发展有何具体的联系呢？这种变化反过来又对当时政治格局的变动起到了什么影响呢？刘宋王国职官制度对南北朝后期的相关制度又有何种影响呢？这些正是本文需要具体探讨并试图予以解决的问题。

如上所说，刘宋王国职官系统同两晋一样可以划分为两个子系统，其中王国政务官系统及其职能完全沿袭晋制，基本没有变化，故不作过多讨论①。此处仅关注其变异之处，《宋书》卷六十一《刘义恭传》载有司奏曰②：

> 藩国官，正冬不得跣登国殿，及夹侍国师傅令及油戟。公主妃主传令，不得朱服。……郡县内史相及封内官长，于其封君，既非在三，罢官则不复追敬，不合称臣，宜止下官而已。③

分析上述材料可知：

（1）刘宋王朝在孝武帝以前沿袭晋制，诸王封国内的郡县内史、相等官员对于国主要称臣，在礼制上讲是一种君臣关系，对于天子则是陪臣，这是汉晋制度的延续。

（2）孝武帝以后，特别是刘义宣叛乱平息之后，为防止诸王政治势力的过分膨胀以致影响王朝统治的稳定，在仪制上进行了改变，规定封国（郡县）内史、相等官员与藩国诸王的官员由君臣关系变为上下级关系，藩国官员从对天子的陪臣关系转变为名义和事实上的君臣关系，从中体现了王朝统治者加强中央对地方控制、防止地方割据和地方分裂势力过分发展的政治意图。

除以上所述刘宋王国政务官与晋制有所差异外，其他一遵晋制，故从略，不赘述。兹重点讨论诸王事务官系统官员。

《宋书》卷四十《百官志・下》载刘宋王国职官时说：

> 宋氏以来，一用晋制，虽大小国，皆有三军。晋制，典书令在常侍下、侍郎上；江左则侍郎次常侍，而典书令居三军下矣。

从中可知，刘宋王国职官承袭晋制，其对晋制的改变主要体现在两个方面：

（1）晋制规定，三军将军的设置根据王国规模的不同而有变化，大国可以设立上军将军、中军将军、下军将军，而小国则只设立上军将军。在刘宋时期则规定，凡王国，不论大小，均可以设立三军将军。

---

①严耕望先生对此做了深入研究，参见严耕望《中国地方行政制度史》上编卷中《魏晋南北朝地方政治制度》上册第五章下“东晋南朝郡府僚佐”条：“即东晋、宋世之郡吏略承汉、魏、晋之旧制也。”台湾中央研究院历史语言研究所专刊之四十五。

②相关史料见于《宋书》卷四十二《刘邕传》：“先是郡县为封国者，内史、相并于国主称臣，去任便止。至世祖孝建中，始革此制，为下官致敬。”又《通典》卷三十一《职官十三・历代王侯封爵・宋》：“初，江夏王义恭为孝武所忌，忧惧，故奏革诸侯厅事，不得南向坐；国官正冬不得跣登国殿及夹侍。”

③《宋书》卷十八《礼志五》：“宋孝建元年，丞相南郡王义宣，二年，雍州刺史武昌王浑，又有异图。世祖嫌侯王强盛，欲加减削。其年十月己未，大司马江夏王义恭、骠骑大将军竟陵王诞表改革王车服制度，凡九条，表在《刘义恭传》。”可知，宗禁二十四条的制定时间在孝建二年，即公元455年。

（2）晋制规定，典书令的班位在侍郎下，典午南渡后，典书令的班次开始有所变化，则侍郎的班位上升，次于常侍，而典书令的班位则降在三军将军之下，刘宋典书令班位亦当如此。

当然，刘宋王国职官相对于晋制的变化不止于此，但总的来讲，大都是关于官员员数、官阶和班位的局部、细微的调整，从总体来讲，王国职官的组织结构、官员构成、员数品阶等主要方面基本没有变动。故根据《宋书》卷四十《百官志·下》、《通典》卷三十七《秩品二·宋官品》、《唐六典》卷二十九《诸王府公主邑司·亲王国》，同时参考《晋书》卷二十四《百官志》及其他相关史料，可将刘宋时期诸王事务官系统恢复如表1。

表1　刘宋时期诸王事务官系统

<table>
<tr><th colspan="3" rowspan="2"></th><th rowspan="2">员数</th><th rowspan="2">品级</th><th colspan="3">属官</th><th rowspan="2">备　注</th></tr>
<tr><th>名称</th><th>员数</th><th>品级</th></tr>
<tr><td colspan="2" rowspan="3">诸王辅导官员</td><td>师</td><td></td><td>六品</td><td></td><td></td><td></td><td></td></tr>
<tr><td>友</td><td>一人</td><td>六品</td><td></td><td></td><td></td><td></td></tr>
<tr><td>文学</td><td></td><td>六品</td><td></td><td></td><td></td><td></td></tr>
<tr><td rowspan="4">诸王宿卫及财政官</td><td rowspan="4">王国三卿</td><td>郎中令</td><td>一人</td><td>六品</td><td>侍郎</td><td></td><td></td><td></td></tr>
<tr><td rowspan="2">中尉</td><td rowspan="2">一人</td><td rowspan="2">六品</td><td>中尉司马</td><td>一人</td><td></td><td rowspan="2">王国无论大小皆有三将军，外置司马一人①</td></tr>
<tr><td>王国将军</td><td>三人</td><td></td></tr>
<tr><td>大农</td><td>一人</td><td>六品</td><td></td><td></td><td></td><td></td></tr>
<tr><td colspan="2">诸王谋议官员</td><td>左右常侍</td><td></td><td></td><td></td><td></td><td></td><td></td></tr>
<tr><td rowspan="6">诸王内勤事务官员</td><td rowspan="6">诸杂署令长丞</td><td>典书令</td><td></td><td></td><td>治书</td><td></td><td></td><td></td></tr>
<tr><td>典卫令</td><td></td><td></td><td></td><td></td><td></td><td></td></tr>
<tr><td>学官令</td><td></td><td></td><td></td><td></td><td></td><td></td></tr>
<tr><td>庙长</td><td></td><td></td><td></td><td></td><td></td><td></td></tr>
<tr><td>牧长</td><td></td><td></td><td></td><td></td><td></td><td></td></tr>
<tr><td>食官长</td><td></td><td></td><td></td><td></td><td></td><td></td></tr>
<tr><td rowspan="4">其　他</td><td rowspan="4">诸杂署令长丞</td><td>詹事</td><td></td><td></td><td></td><td></td><td></td><td></td></tr>
<tr><td>侍读博士</td><td></td><td></td><td></td><td></td><td></td><td></td></tr>
<tr><td>射师</td><td></td><td></td><td></td><td></td><td></td><td></td></tr>
<tr><td>世子师</td><td></td><td></td><td></td><td></td><td></td><td></td></tr>
</table>

①《宋书》卷四十《百官志·下》："宋氏以来，一用晋制，虽大小国，皆有三军。"《陈书》卷二十八《后主十一子传》："江左自西晋相承，诸王开国，并以户数相差为大小三品。大国置上、中、下三将军，又置司马一人；次国置中、下二将军；小国置将军一人。余官亦准此为差。"可见，大国在三军将军外还另设司马一人。

下文分述诸王事务官员的职掌、人选及任职条件。

一、诸王辅导官员：师、友、文学

1. 师

刘宋时期，改王“傅”为“师”①。王师的职能是辅导、教育诸王②。《宋书》卷七十三《颜延之传》：“太宗即位，诏曰：‘延之昔师训朕躬。’”颜延之曾经以金紫光禄大夫领湘东王师③，从太宗的诏书来看，颜延之确实尽到了训导湘东王刘彧（即后来的太宗）职责，他担任王师并非徒有其名，虚受俸禄，而是履行了自己的职责，并在任职的过程中与湘东王“情契兼款”，故而湘东王在即位称尊后对颜延之下诏褒奖，在申述师恩后将颜延之第三子拔擢为中书侍郎以答谢师恩④。又《宋书》卷六十一《刘义真传》载，张约之上书谏诤执政废徙刘义真时提到，如果能加强对庐陵王的训导教育则可以使他改过自新，“选保傅于旧老，求四友于髦俊，引诱情性，导达聪明。凡人在苦，皆能自厉，况王质朗心聪，易加训范”。从中也可以看出王师的职掌是对诸王“引诱情性，导达聪明”，对诸王加以训导和约束，使他们能够履正处中。刘宋时期，王师的任职方式比较特别。通常情况下，王师都是由职事官或散官兼领，很少出现王师由一人单任。《宋书》卷五十三《庾炳之传》载：“迁吏部尚书，领义阳王师。”吏部尚书是中央要职，主管官员的任免，庾炳之正是以吏部尚书兼领王师。这样的例子还有很多。如王球以尚书仆射领王师⑤，谢庄以中书令兼领王师⑥，王延之以中书令兼领王师⑦，何尚之以尚书左仆射兼领王师⑧。这些都是以职事官兼任王师的例子，比较这几条史料还可以看出，以上数人都是以非常显赫的职事官兼领王师的，如尚书仆射是尚书省的长官，位处朝右，与尚书令一起总揽政事；而中书令则是喉舌之官，出纳诏命，位任机要。这是第一种情况。第二种情况是王师通常由散官兼任。《宋书》卷五十三《张永传》载：“后废帝即位，进右光禄大夫，加侍中，领安成王师，加亲信二十人。”从中可以看出，张永是以右光禄大夫兼领王师的。《宋书》卷三十九《百官志·上》载：“自左光禄大夫以下，养老疾，无职事。”

---

①《宋书》卷四十《百官志·下》：“师即傅也，景帝讳师，改为傅。宋世复改曰师。”

②《唐六典》卷二十九《诸王府公主邑司·亲王府》“傅”条：“宋、齐、梁、陈皆为师。……王傅掌傅相训导，而匡其过失。”唐时王傅是沿袭晋宋制度而设立的，从其职掌也大略可见刘宋王师职掌。

③《宋书》卷七十三《颜延之传》：“世祖登祚，以为金紫光禄大夫，领湘东王师。”

④《宋书》卷七十三《颜延之传》。

⑤《宋书》卷五十八《王球传》：“会殷景仁卒，因除尚书仆射，王师如故。”

⑥《宋书》卷八十五《谢庄传》：“顷之，转中书令，常侍、王师如故。”

⑦《南齐书》卷三十二《王延之传》：“转侍中，秘书监，晋熙王师。迁中书令，师如故。”

⑧《宋书》卷六十六《何尚之传》：“二十五年，迁左仆射，领汝阴王师，常侍如故。”

可知左光禄大夫、右光禄大夫、光禄大夫（包括金紫光禄大夫）均是散官，是朝廷为优崇功臣等而安排的职位。刘宋时期以大夫兼领王师的例子很多。如王偃以金紫光禄大夫、右光禄大夫兼领王师①，王敬弘以金紫光禄大夫兼领王师②，殷穆以右光禄大夫兼领王师③。

综合分析上述两种情况，能说明什么问题呢？王师由职位显赫的职事官兼领，这可以说明朝廷对王师人选的重视，那么王师由散官兼领又怎么解释呢？是不是朝廷对一部分皇子恩宠有加，故这部分皇子的师由朝廷重臣兼任，另一部分皇子受冷遇，故他们的师则由散官兼任？这种解释是不符合历史实际的。如江夏王刘义恭是宋高祖刘裕的爱子，他的师曾经由王敬弘担任，而王敬弘当时正是以金紫光禄大夫也即散职兼领王师的。故而王师或由重臣担任或由散职兼任，与皇帝对皇子宠爱与否无关。在王师由散职兼任这一种情况中，有一点要特别注意：这些散职通常是大夫官，主要是左光禄大夫、右光禄大夫、金紫光禄大夫，这些官职虽然是散官，但不是一般的散官，这一类散官通常礼遇很高，品秩也很高，一般授予功臣或声望很高的老臣，有时这一类散职作为朝廷重用大臣的过渡职位。在刘宋时期，通常许多要职官员，如禁卫军长官、尚书台长官需要转迁新职，在等待新的任命的时期通常被任命为大夫类的散职作为过渡，在朝廷重大人事调整完成后，他们马上由大夫类散职转迁要职，这类情况很多。更值得关注的是，这类官员在担任大夫类散职时兼领王师，在担任要职后依然兼领王师。如《宋书》卷八十五《谢庄传》载："及（太宗）即位，以庄为散骑常侍、光禄大夫，加金章紫绶，领寻阳王师，顷之，转中书令，常侍、王师如故。"谢庄由金紫光禄大夫转迁中书令要职，他在担任金紫光禄大夫时兼领王师，升迁中书令的时候依然兼领王师。这样的例子还很多④。由此可见，王师由重臣兼领或由大夫类散职官员兼领，二者并不矛盾，都反映了朝廷在王师选任上的一种政治意图，即以位望宠贵者兼任王师，在加强诸王教育的同时，可以借此抬高王国官的政治地位和政治声望，同时也可以提高诸王的政治声望和政治地位。

王师是由要职官员或声望很高的大夫类散职官员兼领，在刘宋时期，这些职位通常是授予社会声望很高、德行足称、家门阀阅显赫的高门士族。《宋书》卷六十六《王敬弘传》载："复除庐陵王师，加散骑常侍，自陈无德，不可师范令王，固让不拜。……太祖即位，又以为散骑常侍、金紫光禄大夫，领江夏王师。"

---

①《宋书》卷四十一《后妃传孝武文穆王皇后传》："世祖即位，以后父，授金紫光禄大夫，领义阳王师，常侍如故。迁右光禄大夫，常侍、王师如故。"

②《宋书》卷六十六《王敬弘传》："太祖即位，又以为散骑常侍、金紫光禄大夫，领江夏王师。"

③《宋书》卷五十九《殷穆传》："太祖即位，为金紫光禄大夫，领竟陵王师，迁护军，又迁特进、右光禄大夫，领始兴王师。"

④《宋书》卷五十八《王球传》："迁光禄大夫，加金章紫绶，领庐陵王师。……十七年，球复为太子詹事，大夫、王师如故。未拜，会殷景仁卒，因除尚书仆射，王师如故。"

王敬弘是江左高门琅邪王氏的子弟，少以清尚知名，“神韵冲简，识宇标峻，德敷象魏，道蔼丘园”①，他是以德行冲粹而以光禄大夫兼领王师的。又《宋书》卷七十三《颜延之传》载：“世祖登祚，以为金紫光禄大夫，领湘东王师。”颜延之在江左“文章之美，冠绝当时”，他是以才学知名，故以金紫光禄大夫兼领王师。从上述可知，王师的选任是比较严格的，通常由德业醇厚、才优学富且社会声望很高的要职或大夫类散职官员兼领。

2. 友

友，职掌侍从诸王。《唐六典》卷二十九《诸王府公主邑司·亲王府》“友”条载：“魏晋诸王，置友一人，宋、齐因之，品第六，进贤一梁冠，绛朝服。……友掌陪侍游居，规讽道义。”唐朝王国官中王友一职是承袭晋宋之制而设置的，其职掌是“陪侍游居，规讽道义”，参考晋制中王友的职掌也是陪侍诸王，刘宋王国友的职掌也应当是侍从诸王。

刘宋时期，王友的选任是比较严格的。《宋书》卷六十一《刘义真传》载：“选保傅于旧老，求四友于髦俊。”从中可知王友是从“髦俊”中选拔出来的。“髦俊”又是特指哪一个阶层的士人呢？《宋书》卷六十二《王微传》载：“微少好学，无不通览，善属文，能书画，兼解音律、医方、阴阳术数。……始兴王友。父忧去官。”王微是侨旧高门琅邪王氏子弟，由王微担任王友一职来看，王国的友通常是由门第高、才学好的世族子弟担任。又《宋书》卷八十七《萧惠开传》载：“少有风气，涉猎文史，家虽贵戚，而居服简素。初为秘书郎，著作并名家年少……徙汝阴王友，又为南徐州别驾，中书侍郎。”从萧惠开担任王友的例子来看，王国的友既要是名家子弟，同时又要有才学。又《宋书》卷八十四《孔觊传》载：“好读书，早知名。……召为通直郎，太子中舍人，建平王友，秘书丞，中书侍郎。”孔觊也是会稽著姓子弟，从孔觊担任王友的事例来看，王友的选任也同样注重门第和才学。综合上述，可见王友一职的人选比较华重。许多高门子弟愿意担任，更是反映出王友在刘宋时期属于清美之官。

王友除履行侍从诸王的职责外，在特殊的情况下也承担王国其他事务工作。《宋书》卷五十九《何偃传》载：“元嘉十九年，为丹阳丞，除庐陵王友，太子中舍人，中书郎，太子中庶子。时义阳王昶任东宫，使偃行义阳国事。”从中可知，藩国国王有很多来自封国的文书需要处理。由于何偃得到义阳王刘昶的信任，故而刘昶委托他处理义阳国的文书事务。这种情况属于制度在特殊条件下的变异，不是恒制。

3. 文学

文学，职掌以文义参侍诸王。《唐六典》卷二十九《诸王府公主邑司·亲王

①《宋书》卷六十六《王敬弘传》。

府》“文学”条载：“魏氏诸王，始有文学员，晋、宋、齐、梁、陈皆因之。……友掌雠校典籍，侍从文章。”唐王国文学一职也是承袭晋宋而设，其职掌也大致相沿不变。参考晋制中王国文学的职掌，刘宋时期王国文学应是以文义参侍诸王为其职掌。

刘宋时期，王国文学的人选也是非常清重的。《宋书》卷五十八《谢弘微传》载：“太祖镇江陵，宋初封宜都王，以琅邪王球为友，弘微为文学”。又《宋书》卷八十五《谢庄传》载：“转太子舍人，庐陵王文学。”谢庄是谢弘微的儿子，陈郡谢氏是高门士族，谢弘微、谢庄父子二人前后担任王国文学，可见王国文学人选既注重门第又注重才学，属于华选。《宋书》卷六十三《沈睦传》载：“又与弟西阳王文学勃忿阋不睦，坐徙始兴郡，勃免官禁锢。”沈勃是吴兴沈氏子弟，是江南望族。从中可知，王国人选的范围也包括江南高门子弟。

王国文学一职声望不错，王国文学是清美之官，还可以从以下事例看出。《宋书》卷五十九《殷淳传》载：“淳少好学，有美名。少帝景平初，为秘书郎，衡阳王文学。”殷淳以秘书郎为王国文学，可见王国文学是比秘书郎更好的清美之官，而且殷淳是因为好学、有美名而转迁为此职，可见，王国文学为时人所重。《南齐书》卷三十三《王僧虔传》载：“僧虔弱冠，弘厚，善隶书。……除秘书郎，太子舍人。退默少交接，与袁淑、谢庄善。转义阳王文学。”王僧虔由秘书郎转任义阳王文学，可知，王国文学必然是清美之官。因王僧虔是高门子弟，以秘书郎这样的清显之官起家，其转迁必然也是清官。这是门阀制度下官吏任职升迁的一般规律[①]。

王国文学也可以不在国王左右，而可以身兼国职而承担其他工作。《宋书》卷十《顺帝纪》载：“武陵王文学刘候入值殿省，参侍文义。”武陵王文学刘候虽为国官，却可以因为特殊的才能而去参侍皇帝，这也属于制度的一种变通。

观照上述可知，师、友、文学三职在当时声望不错，王师以德望贞粹、位任宠贵的人兼任，友、文学则一般由侨旧高门士人充任，而且对才学的要求也很高，反映出此职为时人所重视。

二、诸王宿卫及财政官员：王国三卿

1. 郎中令

郎中令，王国上卿[②]，负责诸王宿卫工作[③]。除此之外，郎中令还负责国庙

---

①《南齐书》卷三十二《何戢传》：“解褐秘书郎，太子中舍人，司徒主簿，新安王文学，秘书丞，中书郎。”何戢由秘书郎官起家而至新安王文学，可见王国文学是清美之官。

②《宋书》卷八十七《殷琰传》：“除海陵王国郎中令，不拜。”

③刘宋国官中郎中令沿袭晋制而来，其职掌大同小异，晋制，国官郎中令负责诸王宿卫工作。参见张兴成：《西晋王国职官制度考述》，载《中国史研究》2001 年第 4 期。

的主祭工作。《宋书》卷十七《礼志四》载："通关博议，以爰议为允。令便立庙。庙成作主，依晋陵王例，先暂祔庐陵孝献王庙。祭竟，神主即还新庙。未立后之前，常使国上卿主祭。"从中可知，郎中令在前一任国王去世后，新的国王没有册封之前可以代替国王主持国庙祭祀工作①。郎中令一职一般也是由才学之士担任②。

由于刘宋诸王大抵幼年即带将军号出镇地方或担任其他武职，一般情况下府职中均有防阁将军、白直队主、夹毂队主等担任警卫，故而国官中原先担任宿卫任务的郎中令、中尉、典卫令等官的职能逐渐被府职中的内侍武职代替，位任相应减轻。因此，刘宋时期关于郎中令、中尉等原先担任诸王安全事务的官员活动的史料就非常有限，这与职官制度的变化也是一致的。

郎中令的属官有侍郎③。侍郎在王国官中有特殊的位置。《通典》卷五十八《嘉礼三·宋》"皇太子纳妃"条载："于太极殿西堂叙宴，二宫队主副、司徒征北镇南三府佐，杨、兖、江三州纲，彭城、江夏、南谯、始兴、武陵、庐陵、南丰七国侍郎以上，诸二千石在都邑者，并在会。"可见，王国侍郎在王国官中是一个分水岭，侍郎以上的官员能够得到朝廷的特别礼遇，侍郎以下的官员相应就属于职任卑微的内勤事务官员。侍郎通常作为士人的起家官。王素、沈伯玉、萧赜、王玄载、周颙、陶季直、范述、鲍照等都以王国侍郎作为起家官④。《鲍照集序》载："（鲍照）家世贫贱，少有文思，宋临川王爱其才，以为国侍郎。"结合王玄载、周颙、陶季直等人的家世背景来考察，从中可知，一般情况下，国侍郎是作为次门士族士人的起家官，当然，也有如旧吴高门吴兴沈氏士人沈伯玉、兰陵萧氏萧赜、琅邪王氏王素等也以国侍郎起家，但这毕竟是少数。尽管国侍郎的人选在门第方面相较师、友、文学有所降低，但是国侍郎的任选在才学方面的

---

①《通典》卷五十二《吉礼十一·宋》："殇及无后庙祭议"条："七年十一月，有司奏：'晋陵国刺：孝王庙依庐陵等国例，一岁五祭。二国以王有衡阳王服，今年内不祠。寻国未有嗣王，三卿主祭。应同无服者之例与否？'……爰议以为：'……谓宜立庙作主，三卿主祭依旧。'"从这条史料看，三卿一起主持祭祀，参考晋制可知，由于郎中令位为上卿，通常主祭工作应由上卿负责，其他二卿辅佐上卿完成此项工作。

②《南齐书》卷三十四《虞玩之传》："玩之少闲刀笔，汎涉书史，……泰始中，除晋熙国郎中令，尚书起部郎，通直郎。"

③《宋书》卷九十三《王素传》："初为庐陵国侍郎，母忧去职。服阕，庐陵王为江州，亲旧劝素修完旧居。"

④《宋书》卷九十三《王素传》："素少有志行，家贫亲老。初为庐陵国侍郎。"《宋书》卷一百《自序》："（沈伯玉）温恭有行业，能为文章。少除世祖武陵国侍郎，转右常侍。"《南齐书》卷三《武帝纪》："初为寻阳国侍郎，辟州西曹书佐，出为赣令。"《南齐书》卷二十七《王玄载传》："玄载解褐江夏王国侍郎、太宰行参军。"《南齐书》卷四十一《周颙传》："解褐海陵国侍郎。"《梁书》卷五十二《陶季直传》："及长好学，淡于荣利。起家桂阳王国侍郎，北中郎镇西行参军，并不起。"《梁书》卷五十三《范述传》："起家宋晋熙王国侍郎。"《鲍氏集》卷九《解褐谢侍郎表》，上海涵芬楼套版影印毛斧季校宋本（四部丛刊本），下引同。

要求还是很高的。《宋书》卷一百《自序》载："（沈伯玉）温恭有行业，能为文章。少除世祖武陵国侍郎，转右常侍，南中郎行参军，自国入府，以文义见知，文章多见《世祖集》。"可见侍郎还是需要有文义的士人担任。鲍照则更是因为文学方面的才能而被刘义庆赏识，方以临川王国侍郎起家的。

侍郎的任职有一定的期限，《鲍氏集》卷九《侍郎满辞阁》："臣所居职限满，今便收迹金闺，云路从兹自远。"但任官周期具体多长则无从考知。侍郎可以侍从诸王左右，也可以在担任国侍郎的同时兼任其他职务或以国侍郎的身份处理王国其他事务。《宋书》卷八十四《邓琬传》载："江夏国侍郎、幢主张涣力战没阵。"这是侍郎以国官兼任武职领兵作战的例子。还是《宋书》卷八十四《邓琬传》载："时湘东国侍郎虞洽为太宗督国秩，在湘东，劝太守颜跃发兵应朝廷，跃不从。"这是国侍郎处理与其本职并无关联的其他事务的例子。

2. 中尉

刘宋时期，王国官中也设有中尉。《唐六典》卷二十九《诸王府公主邑司·亲王国》"尉"条载："汉诸王国，有王尉。魏、晋、宋、齐、梁、陈、北齐并有中尉，隋因为尉，皇朝因之。"中尉在职员令中和礼制上与军州郡国都尉一样。《宋书》卷十八《礼志五》载："奋武护军、安夷抚军、护军、军州郡国都尉，奉车、驸马、骑都尉、诸护军、将兵助郡都尉、……王国中尉、宜禾、伊吾都尉、监淮南津都尉，银印，青绶。五时朝服，五冠。"[①] 根据记载王国中尉的礼遇甚至高过郎中令和大农[②]，但实际上王国中尉的地位呈下降趋势[③]。

王国中尉还有司马一人。《陈书》卷二十八《后主十一子传》载："江左自西晋相承，诸王开国，并以户数相差为大小三品。大国置上、中、下三将军，又置司马一人；次国置中、下二将军；小国置将军一人。余官亦准此为差。"可见，大国在三军将军外还另设司马一人。由于史料缺乏，关于中尉司马的具体情况也无从详考。

按照晋制，王国中尉下辖王国将军，刘宋时期这种统属关系大致保持不变，毕竟在这一时期，王国中尉与郎中令、大农合称王国三卿，并且官品第六，仍然有相当的政治地位。

刘宋时期，王国将军的设置有一个显著的变化。《宋书》卷四十《百官职下》载："宋氏以来，一用晋制，虽大小国，皆有三军。"王国将军仍由朝廷除

---

①《通典》卷六十三《嘉礼八·宋》："军州郡国都尉……王国中尉、宜禾、伊吾都尉、监淮南津都尉，银印，青绶。"

②《宋书》卷十八《礼志五》："王郡公侯郎中令、大农，铜印，青绶。朝服，进贤两梁冠。

③《梁书》卷四十八《沈峻传》："（梁）初为王国中尉，稍迁侍郎，并兼国子助教。时吏部郎陆倕与仆射徐勉书荐峻曰……"在萧梁时期，沈峻由王国中尉升迁国侍郎，可见在这个阶段，王国中尉的政治地位已经低于国侍郎，这种地位的下降不是突然出现的，所以有可能从刘宋时期王国中尉的地位已经处于下降时期，王国中尉的活动很少见诸史料记载。

授。《南齐书》卷二十五《垣崇祖传》载："刺史刘道隆辟为主簿，厚遇之。除新安王国上将军。"王国将军一般选任次门子弟担任，如垣崇祖"族姓豪强"，由此而任王国将军。《宋书》卷七十七《柳元景传》载："元景少便弓马，数随父伐蛮，以勇称。会荆州刺史江夏王义恭召之，道产谓曰：'久欲见屈，难辄相留，乖意以为惘惘'。服阕，补江夏王国中军将军，迁殿中将军。"柳元景在当时也属于次门，他"少便弓马""以勇称"，可见王国将军的人选除注重门第以外，也注重勇力。但不限于此，才学、德行也是王国将军的一个选任标准。《宋书》卷九十三《关康之传》载："少而笃学，姿状丰伟。……元嘉中，太祖闻康之有学义，除武昌国中军将军，蠲除租税。……弟双之为臧质车骑参军。"从中可知，关康之以次门兼有学义而担任王国将军。《宋书》卷九十一《范叔孙传》载："世祖贵其义行，莫有呼其名者。世祖孝建初，除竟陵王国中军将军，不就。"范叔孙则主要以义行选为王国将军，可见门第和才学并非选任所考虑的主要标准，这是王朝优待有义行者以移风易俗，属于制度的特殊方面。

王国将军也可以作为次门子弟的起家官。《南齐书》卷三十八《萧景先传》载："父敬宗，始兴王国中军。景先少遭父丧，有至性，太祖嘉之。及从官京邑，常相提携。解褐海陵王国上军将军，补建陵令，迁为新安王国侍郎，桂阳王国右常侍。"萧景先为兰陵萧氏，在刘宋时期属于次门，父子俱为王国将军，而萧景先则更是以王国将军作为起家官。

按照晋制，王国置军。刘宋时期是否置军由于史料缺乏无从查考。

3. 大农

大农由朝廷任命①。参考晋制中大农的职掌，刘宋时期大农也应该负责王国国秩出入方面的事务②。大农的资力、位望和人选也不错。《宋书》卷一百《自序》载："（沈璞）好学不倦，善属文……濬既年长，璞固求辞事，上虽听许，而意甚不悦。以璞为濬始兴国大农，寻除秣陵令。"沈璞是江南著姓吴兴沈氏子弟，本身很有才学，很受宋文帝信任，他担任王国大农，说明此职声望不低。《宋书》卷一百《自序》载："与濬诏：'沈璞累年主簿，又经国卿，虽未尝为行佐，今故当正参军耶。若尔，正当署余曹兼房任，不尔便宜行佐正署中兵，恐于选体如不多耳。'乃为正佐。"沈璞从大农转迁幕府正佐，可见此职资力不轻。

---

①《宋书》卷一百《自序》："寻转武陵国詹事，又转大农，母老解职。"

②《唐六典》卷二十九《诸王府公主邑司·亲王国》"大农"条："晋诸王国置大农，与郎中令、中尉为三卿。宋、齐、梁、陈、北齐王国皆有大农。隋置一人，皇朝因之。"唐代大农沿袭汉晋制度，刘宋则也是承袭晋制，有一致性。

三、诸王谋议官员：左右常侍

参考晋制，左右常侍的职掌应该是侍奉左右、献可替否①，但在刘宋时期，由于政治形势的变化等原因，王国常侍的职任又呈现新的特点。《宋书》卷一百《自序》载："张邵临郡，又命为主簿，除南平王左常侍。太祖引见，谓曰：'吾昔以弱年出蕃，卿家以亲要见辅，今日之授，意在不薄。王家之事，一以相委，勿以国官乖清涂为罔罔也。'"从中至少可以看出以下几点：

（1）常侍之官可以总理王国事务（并非封国政务，而是王国与国王相关的日常事务）。

（2）常侍一官有很好的升迁前景。

（3）在当时包括常侍在内的国官还是被时人认为与清涂相隔，时人并不认为担任国官有很好的仕宦前景。

（4）王国常侍的地位比较重要，宋文帝授予沈璞这个职位有很深的政治意图。又《宋书》卷九十五《索虏传》载："乃分为五军……武陵国常侍杜幼文五人，各领其一。"可知，王国常侍不一定侍奉在国王的身边，也可以领兵作战，同时身兼国僚之职。

刘宋时期，王国常侍通常是由次门子弟担任。如萧鸾、刘休、王谌、刘瓛、萧谌、江祏、虞愿、韦睿、江淹等或以王国常侍起家，或由他职转迁王国常侍②。高门士族不愿担任王国常侍。《南齐书》卷四十二《王晏传》载："宋大明末起家临贺王国常侍，员外郎。"王晏是高门琅邪王氏子弟，他担任王国常侍也是例外，因而受到到捻嘲笑。《太平御览》卷六百五十一《刑法部十七》"收赎"条③载：

---

①张兴成：《西晋王国职官制度考述》，载《中国史研究》2001年第4期。

②《南齐书》卷六《明帝纪》："宋泰豫元年，为安吉令，有严能之名。补武陵王左常侍，不拜。"萧鸾是兰陵萧氏，属次门。《南齐书》卷三十四《刘休传》："休初为驸马都尉，奉朝请，宋明帝［湘］东国常侍。好学谙忆，不为帝所知。"从刘休父祖任官来看，刘休属于次门。《南齐书》卷三十四《王谌传》："又为州迎从事，湘东王国常侍，镇北行参军，州、国、府主皆宋明帝也。……谌有学义，累为帝蕃佐。"王谌，从其父祖任官来看，也是次门。《南齐书》卷三十九《刘瓛传》："少笃学，博通五经。……除邵陵王郡主簿，安陆王国常侍。"从其父祖任职看，刘瓛属于次门。《南齐书》卷四十二《萧谌传》："父仙伯，桂阳国下军。谌初为州从事，晋熙国侍郎，左常侍。"萧谌为兰陵萧氏，属于次门。《南齐书》卷四十二《江祏传》："宋末，解褐晋熙国常侍。"这也是王国常侍可以作为起家官的例子。从其父祖任官来看，江祏属次门。《南齐书》卷五十三《虞愿传》："元嘉末，为国子生，再迁湘东国常侍，……明帝立，以愿儒吏学涉，兼藩国旧恩，意遇甚厚。"虞愿，会稽著姓子弟，但却不能列入高门士族。《梁书》卷十二《韦睿传》："后为晋平王左常侍。"京兆韦氏为次门。《梁书》卷十四《江淹传》："寻举州秀才，对策上第，转巴陵王左常侍。"江淹为寒门。

③《四部丛刊》三编子部《太平御览》，上海涵芬楼影印中华学艺社借照日本帝室图书寮京都东福寺东京岩崎氏静嘉堂文库藏宋刊本。

齐书曰：到捴永明元年为御史中丞，车驾幸丹阳郡宴饮，捴恃旧，酒后狎侮同列，……王晏既贵，雅步从容。又问曰："王散骑，复可故尔。"晏先为国常侍，转员外散骑郎。此二职清华所不为，故以此嘲之。

由此可见，"清华"即所谓"膏腴之族"，也就是高级士族，因为"门地高华"，一般不会担任王国常侍。因此到捴便对王晏身为高门却担任国常侍的经历大加嘲谑。故而高门担任王国常侍都有特殊的原因，一般情况下是不会担任此职的。《南齐书》卷三十六《谢超宗传》载："好学，有文辞，盛得名誉。解褐奉朝请。新安王子鸾，孝武帝宠子，超宗以选补王国常侍。"谢超宗是陈郡谢氏子弟，属高级士族，他担任王国常侍是特殊情况。《宋书》卷八十《萧子鸾传》载："母殷淑仪，宠倾后宫，子鸾爱冠诸子，凡为上所盼遇者，莫不入子鸾之府国"。由此可见，谢超宗担任新安王国常侍是孝武帝为提高萧子鸾的政治地位和政治声望而特意安排的，谢超宗也是在当时得到孝武帝的赏识而担任此职的。

虽然刘宋时期王国常侍是由次门子弟担任的，但选任依然很严格。《南齐书》卷三十四《刘休传》载："休初为驸马都尉，奉朝请，宋明帝［湘］东国常侍。好学谙忆，不为帝所知。"刘休因为才学担任湘东国常侍。又《南齐书》卷三十四《王谌传》载："又为州迎从事，湘东王国常侍，镇北行参军，州、国、府主皆宋明帝也。……谌有学义，累为帝蕃佐。"王谌也是因为有学义而担任国常侍的。《南齐书》卷三十九《刘瓛传》载："少笃学，博通五经。……除邵陵王郡主簿，安陆王国常侍。"刘瓛更是因为"博通五经"而被朝廷除授为王国常侍的。《南齐书》卷五十三《虞愿传》载："元嘉末，为国子生，再迁湘东国常侍……明帝立，以愿儒吏学涉，兼藩国旧恩，意遇甚厚。"虞愿是以国子生的资格转迁王国常侍，从中也可看出此职的选任标准比较注重儒学。《梁书》卷十四《江淹传》载："寻举州秀才，对策上第，转巴陵王左常侍。"江淹是以秀才对策上第而转任巴陵王左常侍的，可见此职也经常选任以文义见长的士人。

四、诸王内勤事务官员及其他官员

（一）诸王内勤事务官员：诸杂署令长丞

1. 典书令

刘宋因循晋制，设立典书令。诸王国在一般情况下有很多文书需要处理。《宋书》卷七十二《刘休仁传》载："休仁由来自营府国兴生文书，二月中，史承祖赍文书呈之，忽语承祖曰：'我得成许那，何烦将来。'"可见，封国的日常文书需要送给国主批阅。那么，文书的保管等工作则是由典书令来负责的。典书令和治书负责更具体的文书事务①。典书令是由朝廷任命的，典书令的人选并不严格，可以由寒人充当。《宋书》卷九十四《戴法兴传》载："武陵国典书令董元嗣，与法兴、明宝等俱为世祖南中郎典签。"典签一般由寒人担任，士族不会担任。由此可知，担任武陵国典书令的董元嗣也是寒人，可见典书令的人选要求并不高，一般平民知书者即可担任②。

2. 学官令

刘宋时期，王国设立学官令③。《宋书》卷八十三《吴喜传》载："初出身为领军府白衣吏。……因此涉猎《史》《汉》，颇见古今。……事平，世祖以喜为主书，稍见亲遇，擢为诸王学官令、左右尚方令。"吴喜出身是吏，社会身份很低，遭际时遇，被孝武帝拔擢为王国学官令，当然他本身也涉猎史学，有一定的文化素质。《宋书》卷九十四《李道儿传》载："本为湘东王师，稍至湘东国学官令。"李道儿也是由寒人出身且担任学官令的，可见学官令人选要求不高④。

3. 典卫令

刘宋时期沿袭汉晋设置典卫令⑤。《宋书》卷七十五《王僧达传》："僧达诈列死亡，寄宣城左永之籍，注以为己子，改名元序，启太祖以为武陵国典卫令……"王僧达将军户朱灵宝改名左元序并重注民籍，推荐他担任武陵国典卫令，可见典卫令的人选要求也不高。

典书令、学官令、典卫令在刘宋合称国三令，其人选要求不高，还可以从另外一个侧面得到说明。《宋书》卷八十四《邓琬传》载："时军旅大起，国用不足，募民上米二百斛……上米七百斛，钱二十万，杂谷二千斛，同赐荒郡除；若与署诸王国三令在家，亦听。"王国三令与诸令史等职可以通过上米、纳钱等方式获得署任，在这道诏书中令史与王国三令是相提并论的。令史都是由寒人担任的，由此也可以大致看出王国三令的用人标准。但王国三令毕竟是王国官，仍然地位高于一般民户。《宋书》卷九十五《索虏传》载："又以兵力不足，尚书左

---

①《宋书》卷十八《礼志五》："王公侯诸署令、长、司理、治书、公主家仆，铜印，墨绶。"

②《宋书》卷七十五《王僧达传》："及出为宣城，灵宝已长，僧达诈列死亡，寄宣城左永之籍，注以为己子，改名元序，启太祖以为武陵国典卫令，又以补竟陵国典书令。"朱灵宝原先是军人，军户的地位远远低于民户，王僧达通过欺诈的手段给朱灵宝改注民籍，并推荐他担任竟陵国典书令，所以这对于他是一项罪名，如果朱灵宝原先就是民籍，王僧达不会因此得罪。从中也可看出典书令可由寒人充任。

③《唐六典》卷二十九《诸王府公主邑司·亲王国》"学官长"条："晋、宋、齐、梁、陈王国并有学官令，隋有学官长，皇朝因之。……学官掌教授内人事。"

④相近史料见《资治通鉴》卷一百三十《宋纪十二》"明帝泰始元年条"："时三王久幽，不知所为。湘东王彧主衣会稽阮佃夫、内监始兴王道隆、学官令临淮李道儿与直阁将军柳光世及帝左右琅邪淳于文祖等谋弑帝。"

⑤《唐六典》卷二十九《诸王府公主邑司》"典卫"条注："汉诸王国有卫士长，主卫士侍卫。晋诸王国有典卫令，宋、齐、梁、陈、北齐并有。隋王国有典卫八人，皇朝因之。……典卫掌守卫居宅事。"

仆射何尚之参议发南兖州三五民丁，父祖伯叔兄弟仕州居职从事及仕北徐、兖为皇弟、皇子从事，诸皇弟、皇子府参军督护，国三令以上相府舍者，不在发例，其余悉倩暂行征。”可见在兵役征发时候，国三令拥有免征的特权，这说明国三令还是能够得到一定程度的政治和经济方面的优待。

按照晋制，王国官中尚有典祠令一职。不过从诏书中只是提到国三令，结合有关史料的考察可知，在刘宋时期，典祠令一职是被省并了。

以上所列诸王事务官均可考实，此外，尚有部分诸王事务官在传世资料中很难找到直接材料证明此类官职在当时确实设置，只能通过侧证及其后时代王朝王国职官制度中相类材料推断。另外还有不见于《宋书·百官志·下》却能在文献中找到直接材料证实确实设置过的诸王事务官，兹并加考述，论列如下。

1. 食官长

刘宋王国职官中设立食官长一职。《唐六典》卷二十九《诸王府公主邑司·亲王国》“食官长”条载：“宋、齐、梁、陈、北齐王国并有食官长，隋亲王国有食官长、丞各一人，皇朝因之。……掌营造膳食事。”唐代亲王国中“食官长”是沿袭刘宋制度而设，由此可以推断刘宋食官长也是负责诸王膳食的。

2. 牧长

刘宋因袭晋制也设置牧长。《唐六典》卷二十九《诸王府公主邑司·亲王国》“厩牧长”条载：“晋宋王国置牧长，南齐、北齐为厩牧长，隋置长、丞各一人，皇朝因之。……掌知畜牧牛马事。”唐代厩牧长是承袭刘宋牧长而设置的，其职掌也应大致相似。

3. 庙长

刘宋因袭晋制，大概也设置庙长①，可以从相关史料侧面得到证实。《通典》卷五十二《吉礼十一·宋》“殇及无后庙祭议”载：“七年十一月，有司奏：‘晋陵国刺：孝王庙依庐陵等国例，一岁五祭。二国以王有衡阳王服，今年内不祠。寻国未有嗣王，三卿主祭。应同无服者之例与否？’……爰议以为：‘……谓宜立庙作主，三卿主祭依旧。’”可以看出诸王死后建有国庙，国庙每年有五次祭祀，庙长应该是负责这类事务的。

（二）其他官员：詹事、侍读博士、射师、世子师

1. 詹事

刘宋王国官中存在詹事一职。《宋书》卷一百《自序》：“寻转武陵国詹事，又转大农，母老解职。”詹事一职在刘宋史料中少见，一般只有中宫和东宫才有詹事官，王国官中有詹事仅此一见。

---

①《宋书》卷十八《礼志五》：“王公侯诸署令、长、司理、治书、公主家仆，铜印，墨绶。”

2. 侍读博士

侍读博士，又叫侍书[①]、侍读[②]。《宋书》卷六十一《刘义真传》载："侍读博士蔡茂之问其故。"从中可知，侍读博士一职在刘宋初期就已经设立，但不知道这一制度是刘宋时期才产生的还是继承东晋制度，需要进一步考察。侍读博士的人选标准不高。《宋书》卷九十四《恩倖传》载："鲁郡巢尚之，人士之末，元嘉中，侍始兴王濬读书。亦涉猎文史，为上所知，孝建初，补东海国侍郎，仍兼中书通事舍人。""人士之末"的巢尚之"侍始兴王濬读书"，因为皇帝的赏识最后才被拔擢为王国侍郎，可见侍读博士职位卑微。侍读博士一般负责诸王的学业。《宋书》卷九十四《徐爰传》载："世祖崩，公除后，晋安王子勋侍读博士咨爰宜习业与否？爰答曰：'居丧读丧礼，习业何嫌。'少日，始安王子真博士又咨爰，爰曰：'小功废业，三年丧何容读书。'其专断乖谬皆如此。"从中可知，侍读博士也涉及诸王的教育工作。

3. 射师

刘宋时期，诸皇子又有射师。《宋书》卷九十四《杨运长传》载："除为宣城郡吏。素善射，太宗初为皇子，出运长为射师。"杨运长以郡吏而作射师，可见此职地位很低[③]。

4. 世子师

刘宋王国官中有世子师一职。《宋书》卷九十四《阮佃夫传》载："永光中，太祖又请为世子师，甚见信待。"阮佃夫担任世子师，可见此职由寒人充任。《宋书》卷九十四《王道隆传附道迄传》载："兄道迄，涉学善书，形貌又美。……始兴王以为世子师。以书补中书令史。"王道迄以涉学善书担任世子师，可见此职需要一定的文化素养。

此外，按照晋制，王国官中还有世子庶子、世子文学、陵长、典医丞、典府丞、谒者、中大夫、舍人等官，刘宋是否遵承晋制，继续设立这些官职，由于史料缺乏，无从考察，只好付之阙如。

除王国官外，封国按规定还有一定数目的国吏提供劳役。《宋书》卷四十二《刘邕传》载："南康国吏二百许人，不问有罪无罪，递与鞭，疮痂常以给膳。"刘邕不过是南康郡公就有国吏二百许人，一般王国国吏的数目至少在此以上。国吏从事的工作极其琐碎。《宋书》卷五十三《庾炳之传》载："国吏运载樵荻，无辍于道。"可见，王国有国吏从事杂役。《宋书》卷五十七《蔡兴宗传》载："国秩吏力，终以不受。"可见按照制度，王国应该是有吏力配给的。庶姓封公侯者按制度规定都有相当数量的国吏配给，在宗室受到重用的刘宋，其王国国吏的

①《宋书》卷八十四《邓琬传》："子勋典签谢道遇、斋帅潘欣之、侍书褚灵嗣等驰以告琬。"
②《梁书》卷五十一《陶弘景传》："未弱冠，齐高帝作相，引为诸王侍读，除奉朝请。"
③《宋书》卷九十一《卜天与传》："太祖以其旧将子，使教皇子射。"

配给当更优裕。

余论

综合考察刘宋王国职官制度，可见以下的特点和规律：

(1) 王国职官中“官”与“事”出现了一定程度的分离。王国文学、王国侍郎、王国常侍等官可以不在国王左右，而可以身兼国职承担其他工作。如武陵王文学刘候虽为国官，却可以因为特殊的才能而去参侍皇帝；江夏国侍郎张涣以国官而兼领幢主领兵作战；湘东国侍郎虞洽为太宗督国秩；武陵国常侍杜幼文也在担任国职的同时领兵作战。他们并不一定按照职员令的规定在国王身边服务，而可以根据自己的才能担任其他职务或处理与自己职掌没有联系的事务。刘宋时期呈现的这种一定程度的“官”与“事”的分离说明王国官与国王的隶属关系逐渐变得松散，越来越从紧密的君臣关系中脱离出来，变成一种在礼制上或形式上的相关联性，这从一个方面反映出刘宋皇权的复振。

(2) 王国官员的任命、人选要求根据不同官员而有变化。王国官中随品阶的不同、职务性质的不同而在人选和任官标准上呈现出一种级差。如王国官中的辅导之官师、友、文学三职属于清美之官，故而以高门士族充任，人选要求严格。王国常侍、侍郎、王国将军等职，则主要从次门中选任，注重德行、才学、财力。王国三令等职则从寒人中选任，人选要求并不严格。至于射师等甚至从郡吏中选任。

(3) 王国官的品阶、人选由于偶然性因素的介入而呈现差异。《宋书》卷七十二《刘宏传》载：“少而闲素，笃好文籍。太祖宠爱殊常，为立第于鸡笼山，尽山水之美。建平国职，高他国一阶。”从中可知，王国官的品秩在特定的情况下会呈现出一种等差。又如高门士族一般不会担任王国常侍，但高级士族陈郡谢超宗曾担任过新安王国的常侍，这与萧子鸾特别受到孝武帝宠爱有关，这是王朝任官人选上的一种变例①。

①《宋书》卷八十《萧子鸾传》：“子鸾爱冠诸子，凡为上所盼遇者，莫不入子鸾之府国。”

晏安澜与宣统二年广东盐务调查

吕　霞

宣统二年五月十六日（1910年6月22日）《申报》登载了这样一则消息：

> 盐政处提调晏安澜前后出京赴淮、粤等处调查盐务，民怨沸腾，道路以目。现闻有运动泽尚，奏请赏加三品卿衔之消息。既发大财，又将升官，其喜可知矣。①

消息虽短，却反映出两种截然不同的态度。《申报》评论者之“喜”可谓竭尽讽刺之能事。作为盐政处提调，晏安澜受命南下调查盐务，本为职责之内的事，在工作中确也恪职尽守。但是，社会舆论为何对其如此苛刻？而盐政处为何对此表示欣赏？广东盐务清查工作中晏安澜究竟经历怎样的抉择？而结果又是否真如其所愿？这些，正是本文所要探讨的问题。

一、晏安澜南下

盐政关系国计民生。就作为产盐区之一的广东而言，如何根除盐政弊端是“在其位，谋其政”的官员一直面临的主要问题，历朝历代也有相应的举措与途径。但是，盐政作为滋生潜规则的重要温床，其弊端颇有“你方唱罢我登场”的架势，很难有一劳永逸的解决之道。虽然清末新政的兴起为解决制度与社会问题提供了新的思路，但盐政问题反而有愈发严重的趋势。究其原因，不外乎“近年以来，国家行一新政，地方办一公益，筹款之法皆以盐务为大宗。科则加而又加，成本重之又重”②。

然而，无论盐政负担如何“重之又重”，为应对左支右绌的财政却又不得不“加而又加”。而如何“加”，如何在盐政这块有限的蛋糕中分割到更多利益，是中央盐政机关和地方大员共同面临的难题。为打赢盐务“分割战”，双方彼此拉

①《京师近事》，《申报》1910年6月22日，第1张第5版。

②金兆丰：《镇安晏海澄（安澜）先生年谱》，沈云龙主编：《近代中国史料丛刊》第491册，台北：文海出版社，1970年，第197页。

锯而又相互试探。宣统元年（1909）末，刚刚署任两广总督的袁树勋便将目光投向了弊端丛生但似乎又孕育着增值空间的盐务，以筹措新政资金、筹抵赌饷等诸多缘由，上呈《奏报遵旨续陈改良广东盐务充抵赌饷事》一折，提出了新商“承盐加饷”案。[①] 这一方案的主要特点有四：

第一，认缴数额庞大。广东盐课岁入往年为330万两左右，而新商承办盐务认缴饷项为原先的三倍多，计1020万两。同时预缴200万两按饷以示诚信。

第二，添招新商办理盐务。袁树勋认为，“承办各商，多半有旧商在内。惟承饷既巨，不能不添入新商”[②]，以厚积商力。

第三，明确规定最高限价。袁树勋在奏折中声称，“省垣零售市价即至盐缺价昂，至多不得过五分六厘。其余以道路之远近，运费之轻重类推”[③]。

第四，以盐饷筹抵赌饷。袁树勋改良盐政的出发点为解决广东禁赌问题。通过商人承盐之饷来筹抵赌饷，“筹款多则多减赌饷，筹款少则少减赌饷。饷则递减以至于无，赌则递禁以至于绝”[④]。

以上四点是袁树勋盐务改良的创新之处，最符合其改革的初衷，“一曰化私为公，以裨盐政；二曰以公济公，以抵赌饷；三曰兼顾民食，不令盐价较从前为过昂”[⑤]。袁树勋的试探似乎抢得先机。但是，当其还没有从这洋洋4000余字的奏折中缓过神来，盐务处后发制人，于宣统二年（1910）初派出以晏安澜为代表的调查小组前往广东，以了解广东盐务运行的实际状况。在攸关国计民生的盐政问题上，盐政处之所以派出晏安澜为代表，当有如下三方面的原因。

第一，晏安澜的个人资历足以胜任。晏安澜（1851—1919），字海澄，又字海臣，号虚舟，陕西镇安人，光绪三年（1877）进士。历任户部山东司主事员外郎、度支部榷司郎中兼司长、右参议丞、盐务处提调等职，从事盐务工作“先后

---

①袁树勋在《奏报遵旨续陈改良广东盐务充抵赌饷事》奏折中，详细胪陈商人承盐包饷的方法和优势：一、商办愈于官办；二、商办只设公所，不立公司；三、预缴按饷，以备不虞；四、承办三个月后按月缴足全饷，即一律禁赌；五、商人取具殷实保结，并所缴按饷分存官银钱局及大清分银行以资证信；六、承办各商仍由旧商组织，而不得不添招新商；七、预定相当之价以免妨民食；八、严杜洋股以完全商办；九、仍徇旧时引地，不致浸灌他省；十、商办自商办，仍无碍于官筑盐田及商办盐田。朱批奏折，宣统元年十一月二十七日，档号：04/01/35/0541/058。

②袁树勋：《覆粤绅邓华熙等书》，收于《湘潭袁氏家集》，沈云龙主编：《近代中国史料丛刊续编》第201册，台北：文海出版社有限公司，1979年，第156页。

③袁树勋：《奏报遵旨续陈改良广东盐务充抵赌饷事》，朱批奏折，宣统元年十一月二十七日，档号：04/01/35/0541/058。

④袁树勋：《奏报遵旨筹办粤省赌饷情形事》，朱批奏折，宣统元年八月二十四日，档号：04/01/35/0588/043。

⑤袁树勋：《电陈军机处代奏改良粤省盐务筹抵赌饷折》，收于《湘潭袁氏家集》，沈云龙主编：《近代中国史料丛刊续编》第201册，台北：文海出版社有限公司，1979年，第117页。

垂三十年，谙禹筴术，纠剔利病，莫不精尽”，[①] 其所著《两淮盐法要录》《沿海产盐州地理志》等书籍，对盐务“历来沿革，如数家珍，而利病所在，尤能洞澈无疑”，令“同曹咸敛手叹服焉”。[②] 不仅同僚如此，时任盐政处督办的载泽，对晏安澜的能力也颇为信任，肯定其“老成练达，才学优长”，“总核精密，实为臣部必不可少之人”。[③]

第二，晏安澜有实地考察盐务的经历。宣统元年，盐政处曾派晏安澜前往江苏、浙江、河南、安徽、江西、湖南、湖北七省考察盐务。在对七省进行的为时约六个月的盐政考察中，晏安澜不仅对七省盐务运行中的弊端，如盐商囤积居奇、高抬市价、盐里掺沙等劣行十分了解，而且对普通民众食盐困难，乃至无盐可食的境地亦有相当同情。调查之后，针对各省盐务存在的总体问题，晏安澜提出了一系列改弦更张的举措，要求政府加强对各省盐政的统一控制。这一建议对正力图通过盐政改革以支持政治、军事等各方面改革的清朝中央政府来说，无疑具有较大的吸引力，更何况还契合了政府事权归一、加强集权的心态。此后盐政处对各省盐务事权的重新设计，基本上沿袭了晏安澜在这一调查报告中的思路。

第三，盐政处对袁树勋的方案将信将疑，需要老成练达之人作出明智判断。袁树勋提出的新商“承盐加饷”方案对盐政处来说，似乎有点“反其道而行之”的意味。作为全国盐政总枢纽的盐政处也正筹备自上而下的改革计划，袁树勋所要求的盐务归地方新商办理的提议与后者力图实行中央统一控制的规划相冲突。但是，盐政处之所以反复思量袁树勋的建议，最关键的还是因为这1020万两的筹款。单就盐政改革的目的而言，袁树勋与盐政处虽然有“白猫”“黑猫”之分，但毕竟殊途同归，都为抓住财政这只“老鼠”。所以，在“此财用匮乏之际，以广东一省盐务，一经更章，岁入骤增陆百余万”，[④] 即使是对心心念念要集权的中央来说，也具有相当大的诱惑力。

但是，盐政处本身对这一诱惑也存在着一定疑惑：新商身家是否殷实？旧商生业是否无碍？公所包办是否毫无流弊？认缴抵饷是否确有现款？各埠盐价是否不致抬高？他省引地是否无虞？浸灌洋盐、洋股是否无虑？搀入盐□盐田是否无损利益？[⑤] 这些问题的答案，仅仅身居庙堂之上是无法获得的。所以，盐政处在

①金兆丰：《镇安晏海澄（安澜）先生年谱》，沈云龙主编：《近代中国史料丛刊》第491册，台北：文海出版社，1970年，第25页。

②宋伯鲁：《原任四川盐运使镇安晏海澄先生行状》，卞孝萱、唐文权编：《民国人物碑传集》，北京：团结出版社，1995年，第292页。

③《度支部奏郎中晏安澜请以参议候补片》，《政治官报》第442号，光绪三十四年十二月二十五日，第15页。

④《督办盐政处会奏粤盐改章关系重要拟请派员确查折》，《政治官报》第852号，宣统二年二月初六日，第4页。

⑤《督办盐政处会奏粤盐改章关系重要拟请派员确查折》，《政治官报》第852号，宣统二年二月初六日，第4页。

左右权衡、集体会商之后，决定派以右参议晏安澜为首的，包括两淮副监理官梁致广，盐政处主事李思浩、谢宗清，七品京官查凤声等人在内的调查小组前往广东，切实了解广东盐务改章的利益得失情况。

二、盐务清查

宣统二年二月初五日（1910 年 3 月 15 日），以晏安澜为首的调查小组启程南下广东。对盐政处而言，晏安澜的南下寄托着其重整地方盐务规制与重揽盐课岁入的希望；对袁树勋来说，新商“承盐加饷”的改革计划因晏安澜的南下而变数骤增。但对晏安澜而言，广东盐务调查只是其考察、规划、整顿全国盐务工作的一环。因此，尽管随行人员认为“粤俗故强悍，重以党舆分立，办理稍有不协，易滋事”，“咸惴惴有戒心”，[①] 但晏安澜并未受到任何影响。

盐务清查工作毕竟纷繁复杂，涉及“征税之如何整顿，运销之如何分配，煎盐之如何改良，盐场之如何清理，盐商之如何取缔，洋盐、私盐之如何销灭”[②]，千头万绪中似乎难以着手。更何况，晏安澜此次南下，在盐政处的常规工作并没有人员接替，用于调查的时间仅仅只有 20 天。但是，晏安澜毕竟有先期的考察经验，在南下途中就对广东盐务的大致情形进行了周密考量，安排好小组人员职责分工及盐务清查工作的流程，所以到达广州之后，调查小组即能在最短的时间内依照事先规划，按部就班地投入调查。

盐务小组的调查工作确也兢兢业业，“先谒袁督，次见司道府县暨盐官，又次见士绅暨咨议局议员。其新、旧商陈宝琛、孔昭鋆等亦皆延见。询新、旧商所拟办法，验新商所缴按饷，旧商所缴股本。并调阅各署局案牍、各商埠簿记”，“凡盐关、盐卡、盐船、盐店靡不循行勘察”[③]。经过不遗余力地博访周咨，调查小组对新商、旧商双方的章程提案、经济实力、工作情况等都有所了解。但是，了解毕竟只是初步的，要在这么紧凑的时间内全部了解盘根错节的盐务工作，的确有困难，也不现实。所以，在调查过程中，晏安澜在尽量覆盖足够广泛的“面”的基础上，也注重“点”的清查——引起社会舆论强烈反响的问题和盐政处迫切关注的问题。这些重点清查的工作主要涉及以下五个方面：

第一，最高限价问题。限价者，“虚拟一数以为之准，可以及乎此数，亦可

---

①金兆丰：《镇安晏海澄（安澜）先生年谱》，沈云龙主编：《近代中国史料丛刊》第 491 册，台北：文海出版社，1970 年，第 202 页。

②《敬告盐政处》，《申报》1910 年 3 月 11 日，第 1 张第 6 版。

③金兆丰：《镇安晏海澄（安澜）先生年谱》，沈云龙主编：《近代中国史料丛刊》第 491 册，台北：文海出版社，1970 年，第 202 - 203 页。

以不及此数，但不得过于此数”[1]。在新商“承盐加饷”建议中，袁树勋对盐斤最高限价“虚拟”出一明确数额，为五分六厘。这意味着，只要盐斤价格不高于五分六厘，不管现时差价如何都符合限价规定。这就为实际操作中的“涨价”提供了合理存在的空间，因为最高限价比现实价格高出太多。晏安澜在调查中的发现也从侧面论证了“限价”可能变成“涨价”的观点。

表1　宣统二年（1910）广东省城现时盐价与“限价”后盐价表

种类	现时售价/斤	涨幅/斤	最高限价/斤
生盐	银三分二厘	银二分四厘（钱三十余文）	银五分六厘
熟盐	银三分六厘	银二分（钱二十余文）	银五分六厘

资料来源：《奏查覆粤盐新商加饷窒碍难行请仍令旧商照旧办理折》，清度支部辑：《督办盐政处宣统元二两年奏案》，《稀见明清经济史料丛刊》第1辑第46册，第252页。

由表1可以看出，无论是生盐、熟盐，广东省城的盐价尚有不少空间以待“限价”。而这些空间，对于即将承担1020万两巨饷的新商而言，都是营利的源头。况且，这只是省垣定价，加以关税、运费和商人所获利息，实际销售价格当在此之上。这一由“最高限价”而衍生的“盐斤加价”，无疑将使民众食盐更为困难，也无怪会遭到来自舆论非同寻常的抗议。

第二，认缴数额问题。新商“承盐加饷”由原来的330万两增加至1020万两，增幅不可谓不大。袁树勋称这一增额将从整顿盐务积弊而来。且不要说如何在清末芜杂的新政中抽丝剥茧地整顿盐务，即便是整顿成效显著，款额是否有如此之多也令人怀疑。一旦处理不慎，难免鸡飞蛋打。盐政处对此感叹道：“新商包盐承饷为数至一千万两，设或力小任重，半途中辍，彼时旧商已散，新商复逃，匪特筹抵赌饷巨款无著，即盐务岁入三百余万之常款亦不可保。大局败隳，其将何以收拾？”[2] 外界既然如此不看好，为何新商敢夸如此海口？当时关注广东“承盐加饷”案进展的有心人士参照新商盐务办理章程对改章前后的销售额进行了比较（见表2）。

---

①《奏查覆粤盐新商加饷窒碍难行请仍令旧商照旧办理折》，收于清度支部辑：《督办盐政处宣统元二两年奏案》，于浩辑：《稀见明清经济史料丛刊》第1辑第46册，北京：国家图书馆出版社，2009年，第250页。

②《督办盐政处会奏粤盐改章关系重要拟请派员确查折》，《政治官报》第852号，宣统二年二月初六日，第4页。

表 2　宣统二年（1910）广东省城现时销售与改章后销售表

项目	类别	数目	单价	总价
现时销售	官盐	五百万担	二两三四钱	一千二百万两
	私盐	五百万担	一两五六钱	八百万两
改章后销售预期	成本	七百五十万担	九厘五	七百万两
	售价		五分六厘	四千二百万两
	利润			三千五百万两

说明：改章后的销售预期没有官盐和私盐之分。袁树勋在“承盐加饷”案中指出，缉私由新商负责，私盐将会得到有效控制。

资料来源：《中国时事汇录：续记粤商承办全省盐饷事》，《东方杂志》第 7 年第 1 期，第 19－20 页。

由表 2 可知，新商即便上缴饷项 1020 万两，仍有 2000 余万两的净收入。当然，这只是理论上的推断，但为最大限度地获得利润，新商即便不将盐价定在五分六厘这一最高限价上，在现时盐价的基础上有所上调肯定毫无疑问。对这一“限价”，晏安澜也持否定意见，并据之认为，由新商承办盐务，普通民众的负担将更加沉重。所以，在综合比对新商、旧商的盐价标准，评估社会的可接受性之后，晏安澜提出新的认饷数额，“初年加至五百八十万两，次年加至六百二十万两，以后销数或增，复用递进之法，分年递加至七百八十万两为止”①。

第三，赌饷与规费问题。筹抵盐饷是为了解决赌饷问题，这是袁树勋盐务改良的初衷。在袁树勋之前数任两广总督的努力下，广东地方与清朝中央盐务机构已然达成这样的共识：无论筹得何款先行用于赌饷。但是，晏安澜在确定盐饷数额的同时，却在有意无意中忽略了这一点，提出新增盐饷“尽提归公”，而“仅以无从核实之规费约抵赌饷”②。这一提法引起了广东各阶层的广泛不满。难道说广东在京官员、士绅、地方舆论、民众与袁树勋相争的结果，就是便宜了晏安澜这个“渔翁”？

晏安澜的想法也没有错，“规费一项，最为盐务之蠹，必须彻底清查，悉数裁提以肃法纪”③。在调查期间，晏安澜也特别重视对盐务规费的清查。只可惜虽然费心费力，但在离开时，晏安澜对广东盐务规费情形也只是“略知梗概，究未彻底清查”。在回到盐政处后，晏安澜依然没有放弃，上奏请旨要求袁树勋“将盐务各项规费上至督署，下至场官，旁及于各府、州、县各官暨绅士、书差，

①《会奏遴员派充两广盐政公所正副监督并酌拟改公所章程折》，《稀见明清经济史料丛刊》第 1 辑第 46 册，第 282－283 页。

②《旅京粤人大不满于盐政处》，《申报》1910 年 8 月 21 日，第 1 张第 4 版。

③《奏查覆粤盐新商加饷窒碍难行请仍令旧商照旧办理折》，《稀见明清经济史料丛刊》第 1 辑第 46 册，第 262 页。

凡私行取给于盐商之款，未经提归公项造报开支者，切实逐款查明，合盘托出”①。

但是，作为盐务中最为不清不楚的问题，身在其中的袁树勋可能也“不识庐山真面目”。或即便有所了解，也绝无将盐务规费让与盐政处的道理。新增盐价由盐政处拨归公用、盐务规费作为筹抵赌饷之额的提法已经使袁树勋大为不满，更何况这一提法参考了他之前提出的整顿盐务积弊的思路，倒也有被“以牙还牙”的意味。所以，在答复盐政处要求彻查规费的奏折中，袁树勋干脆明言拒绝：“盐弊窟穴甚深，无论在官在商，仍恐非一朝所能厘剔。”② 盐政处对此也无可奈何，加之社会舆论强烈抗议，盐政处不得不同意新增盐价首先用于筹抵赌饷。

第四，缉私与官权问题。与盐斤加价、认筹巨饷和赌饷、规费问题相比，缉私与官权问题并没有引起社会舆论的广泛重视，但却是盐政处关注的焦点。广东海岸线绵长，港口众多，私盐泛滥问题一直比较突出。袁树勋对此也很重视，其在奏折中对如何管理私盐也提出了自己的看法。他认为，盐务缉私“归商人承办，而一切缉私之员由商公举，而官为之委派，以专责成，以昭大信，较之旧缉私似已可恃。且规费既除，则情面自破，官不容隐，商自不能为奸，非特可以缉私，更无从私藏军火，视官办时尤易得力”③。

这一想法看似公正可行，但对以晏安澜为代表的盐政处来说，下放官权以支持商人缉私而产生的弊端更显而易见，“缉私统带及兵轮管带均由该商选举请委，则缉私用人之权夺；旗程运照豫给空白，由商人自行填发，则督抚运司之权亦夺。有一新商而上下各官吏对于盐务皆同虚设，亦复成何政体?”④ 不得不说，在这一问题上，袁树勋考虑得不够周详，甚至有些天真。虽然盐务的任何一方面都不是小问题，需要投入大量的财力、物力和人力，但这毕竟是政府为维持正常的社会秩序所必须付出的统治成本。很显然的是，被新政困扰的袁树勋不愿再面对这一问题，或者说无力解决。在他所规划的新商“承盐包饷”方案中，政府只需坐享商人所缴之款，与盐务相关的运销、征收、缉私等问题皆由商人具体落实的想法，从表面上来看似乎能为政府解压，但实际上，袁树勋的这一做法已经落

---

①金兆丰：《镇安晏海澄（安澜）先生年谱》，沈云龙主编：《近代中国史料丛刊》第491册，台北：文海出版社，1970年，第225页。

②《署理两广总督袁树勋奏查明广东盐务规费情形折》，《政治官报》第1048号，宣统二年八月二十五日，第10页。

③《奏报遵旨续陈改良广东盐务充抵赌饷事》，朱批奏折，宣统元年十一月二十七日，档号：04/01/35/0541/058。

④金兆丰：《镇安晏海澄（安澜）先生年谱》，沈云龙主编：《近代中国史料丛刊》第491册，台北：文海出版社，1970年，第214－215页。

入“少数盐商将全国之盐趸购，虽弊窦丛生，然国家甚省事，可以不劳而得税”[①] 的旧窠臼，颇有饮鸩解渴之患。

其实，官权下放、职权侵占只是问题之一，更为严重的是缉私装备尤其是军火问题。一旦由商人缉私，对军火的控制难度将大为增加。而且，军火私运贩卖可能会成为威胁性更大的社会问题，“万一勾串劣弁私运军火贩卖内地，隐患固不忍言，更恐其以搜私为名，到各属村庄任意搜索讹诈，吞噬流弊尤在意中”[②]。因此，晏安澜坚决否定了袁树勋将缉私之权下放给新商的建议，提出“官场一切仍旧，任保护之责，而不侵销运之权。出纳操纵，仍由官为之主”[③]。

第五，盐务由谁办理的问题。这是调查的核心问题，也是最终归宿。按照袁树勋的设想，此次盐务由旧商组织，新商为“添招”，以达厚积商力的目的。但实际上，袁树勋在咨询意见、商议办法或制定章程时，基本与陈宝琛等新商联系，无形中忽视了世代从事盐政的旧商。赖以为生的基业遭人觊觎，且无法分一杯羹，这不能不引起旧商的不满，因此旧商频频抗议“新商包承盐饷，志在诓骗，并无真实财产”[④]。不仅如此，旧商还联合广东、广西两省在京官员、华人华侨以及商人团体向盐政处施压，盐政处也因之不得不再三电告晏安澜慎重行事。在经过多方调查与征求意见后，晏安澜对广东盐务运行的实际状况基本了然于心。

在晏安澜看来，新商“承盐包饷”存在“一、加饷太多；二、限价太贵；三、垄断太甚；四、隐患难防；五、侵夺官权”“五可虑”[⑤] 以及旧商不配合，另起炉灶需时尚久，耗费甚多会影响盐课，难以解决原有积压这“四难行”之处。在否定新商方案的同时，晏安澜认为盐务由旧商办理有六点值得称道，分别是递增饷数、分认饷款、办理仍旧、法定核价、兼办坐配和严密缉私等。[⑥] 不难见，晏安澜心中盐务办理的天平倾斜到了旧商那边。所以，结果是显而易见的。广东新商“承盐包饷”案“经政府议定，粤盐仍归旧商，岁加二百万两，以抵番摊饷，不敷一百万饬粤督另筹”[⑦]。也就是说，兜兜转转一圈，袁树勋非但没有能为新商争取到“承盐包饷”的权利，而且不得不为旧商承包所不足的款项埋单，可谓搬起石头砸了自己的脚，而且是很痛的一脚。

---

①沧江：《改盐法议》，《国风报》1910 年第 6 号，第 10 页。

②《粤京官奏参粤商包盐流弊》，《申报》1910 年 3 月 10 日，第 1 张第 5 版。

③《三记粤商承办全省盐饷事》，《东方杂志》1910 年第 2 期，第 40 页。

④《度支部派员确查粤盐改章利弊》，《国风报》1910 年第 5 号，第 2 页。

⑤《盐政处处置粤盐办法》，《国风报》1910 年第 17 号，第 1 页。

⑥金兆丰：《镇安晏海澄（安澜）先生年谱》，沈云龙主编：《近代中国史料丛刊》第 491 册，台北：文海出版社，1970 年，第 208－219 页。

⑦《专电：电二》，《申报》1910 年 5 月 14 日，第 1 张第 4 版。

三、事与愿违

《奏查覆粤盐新商加饷窒碍难行请仍令旧商照旧办理折》是晏安澜调查广东盐务之后的报告。在总结时晏安澜指出："此次广东盐务筹议加饷，在商则新旧交讧，在绅则左右分袒。众口纷纭，莫衷一是。然就盐法而论，则尚以旧商所拟加饷办法较为妥协。"[①] 其实，晏安澜作如是结论大略也可推知。宣统元年调查七省盐务时，晏安澜曾说："今日而言盐务，不当归目前之小效，而当务根本之远图。不必求新增之款项，而当保固有之课厘。"[②] "保固有之课厘"可以看作是晏安澜盐务改革的指导思想，相对趋于保守稳健。在调查广东盐务时，晏安澜其实抱着相同的认知，其调查报告也围绕着这一思想而成，"妥协"二字可见真章，这是其一。

其二，盐务由旧商办理是盐政处督办大臣载泽乃至盐政调查小组的倾向性选择。在袁树勋提出新商"承盐加饷"方案不久，面对旧盐商的抗议，载泽曾"电饬广东盐运司丁乃扬，示谕旧盐商各安本业，勿为流言所惑"[③]。可见载泽对旧商态度的倾斜。所以，晏安澜在广东咨议局答复会议上安慰旧盐商说："此次之所以舍多取少者，实不欲破坏盐商世业，煞费苦心，诸多棘手，尚望各位维持。"[④] 不仅载泽与晏安澜偏向旧商，南下广东的调查小组成员大体也有如此偏向。如与晏安澜一起出席广东咨议局答复会议的两淮副监理官梁致广，"系现时连阳埠堂商，即所谓旧盐商也。其人为晏安澜所最赏识之人。去腊广东京官为包盐事联名出奏，其奏稿即梁致广所起草"[⑤]。因此，广东盐务归旧商办理不足为奇。

但奇怪的是，晏安澜南下广东的直接目的为调查袁树勋"承盐加饷"方案的可行性，因为这一方案遭到社会各阶层的反对，"粤省自包盐抵赌定议以来，省绅争之，华侨争之，同乡京官争之"[⑥]。按理说，晏安澜的调查报告否定了袁树勋的提议，理应受到社会舆论的赞同。退一步而言，晏安澜的盐务工作报告即便不完美，但相形之下却比袁树勋的方案更为脚踏实地。但实际并非如此，在晏安澜的调查结果公布之后，社会舆论对袁树勋的不满似乎在一夕之间转移至晏安澜身上，而且言辞更趋激烈。这种不满不仅针对其工作，还有其品行。

对晏安澜盐务工作的不满。揆诸舆论，社会对晏安澜工作的攻击，并非仅局

---

①《奏查覆粤盐新商加饷窒碍难行请仍令旧商照旧办理折》，《稀见明清经济史料丛刊》第1辑第46册，第263－264页。

②金兆丰：《镇安晏海澄（安澜）先生年谱》，沈云龙主编：《近代中国史料丛刊》第491册，台北：文海出版社，1970年，第198页。

③《度支部对于川粤盐务风潮之办法》，《申报》1910年1月29日，第1张第5版。

④《广东谘议局协会决议办理事类报告书》，《清代稿钞本》第49册，广州：广东人民出版社，2007年，第448页。

⑤《京师近事》，《申报》1910年3月10日，第1张第6版。

⑥《敬告粤官绅》，《申报》1910年3月11日，第1张第6版。

限在调查广东盐务这一点上，还延伸至其在盐政处的用人与行政等诸方面。如“自盐政处设立以来，所用之人皆系晏安澜所援引，把持公事，闻者侧目。闻一切事宜非经晏安澜之许可，虽泽公亦无如之何”①，“提调晏安澜贪鄙性成，原无盐务之学识。揽权纳贿通国皆知，而督办大臣方倚之为手足，未识何故”②。尽管其中也有肯定晏安澜的声音：“晏参议官户部山东司二十余年，盐务向归山东司主政，故晏君之于盐法几为专家之学。”③ 但就舆论整体导向而言，这些微弱的声音很快被淹没在否定性批评的汪洋大海之中了。

对晏安澜品行的怀疑。粤商“承盐加饷”的承办者由新商改为旧商，是晏安澜与小组调查会商的结果，也是晏安澜权衡利益、左右比较后的慎重选择，虽然这种选择也带着一定的主观色彩。但在舆论看来，晏安澜之所以推荐旧商承办盐务，是因为接受了贿赂。所以报刊中不乏“人言啧啧，咸谓其席卷甚巨”④，“在盐政处大权独揽，凡运动盐运使及盐务等差缺必须馈赠多金，其赴广东、两淮调查盐务，官商多有馈送，满载而归”⑤ 的言论。晏安澜受贿与否尚无确切佐证，惟其去世后师友回忆其为官尚清廉，“准约省素，家无货积。服官数十年，租屋而居，无一椽之庇”⑥。

无论是对晏安澜工作能力的不满，还是对其品行的怀疑，似乎都有点出乎晏安澜的意料，颇有“事与愿违”之感。但面对“京师报界攻讦”，晏安澜倒也颇为大度，“处之泰然。昨饬该处委员将各报诋骂之论说、纪事剪出汇订，以备观览”。⑦ 这可以算是晏安澜独特的自嘲之法了。但是，自嘲是一方面，晏安澜究竟为何遭遇舆论攻击，细细反思，有几点值得注意。

第一，晏安澜在广东的盐务调查并没有改变广东盐务由商包办的实质。晏安澜的调查结果虽与袁树勋设想的方案迥然不同，但对普通民众来说，新商、旧商承办性质一样。为达到筹饷目标，盐斤加价势在必行，食盐成本必然因之增加。晏安澜任用旧商，看上去似乎比新商明智，但毕竟没有解决潜在的盐斤加价的危险，旧商取代新商只不过是换汤不换药而已。

第二，晏安澜的盐务方案被采用，意味着广东盐务需要按照新的章程进行改革。广东盐务虽然仍由旧商承办，但较之于前，在办理章程、实施办法等方面变化不少。以盐饷总数为例，改革之前每年承饷数额为 330 万两，改革之后则每年至少需交纳 580 万两，这些负担都理所当然地转嫁至普通民众身上。对已在清末

①《京师近事》，《申报》1910 年 10 月 6 日，第 1 张第 6 版。
②《赵侍御揭参盐政处》，《国风报》1910 年第 22 号，第 9 页。
③《度支部派员确查粤盐改章利弊》，《国风报》1910 年第 5 号，第 2 页。
④《京师近事》，《申报》1910 年 7 月 5 日，第 1 张第 5 版。
⑤《京师近事》，《申报》1911 年 3 月 9 日，第 1 张第 5 版。
⑥《原任四川盐运使镇安晏海澄先生行状》，《民国人物碑传集》，第 294 页。
⑦《京师近事》，《申报》1910 年 8 月 19 日，第 1 张第 6 版。

新政中浸淫十年的民众而言，“改革”也许已经成为他们心目中的敏感词：每有新政，民众都要为之疲于奔命，而国家政策的推行似乎也陷入了越推行越难行的泥淖，改革也由起初的阵痛变成了长久折磨人的慢性哮喘。

第三，晏安澜的调查结果符合盐政处的利益诉求，而与地方背道而驰。广东盐务亟需改良，作为地方政府代表的袁树勋与作为中央盐政机构代表的晏安澜分别提出新商“承盐加饷”方案与“旧商办理”这两大方案，后一方案终被采纳，这意味着在广东盐务改良中，清朝中央政府占据了上风。从国家政权统治的角度而言，这无可厚非。但宣统年间，中央权贵集团集权手段的出台日趋密集，盐政处也盲目跟风：“各省盐务，无论新旧正杂，一切款项应由督办盐政大臣核明，咨报度支部候拨，外省不得擅动。改制宗旨即是注重此点。”① 这无疑挤占了各省原本就狭隘的财政空间，招致督抚的不满也在情理之中。

但是，从实质上而言，地方督抚的不满并不是对盐务弊端的否定，也不是对盐政改革的反对，而是对盐政处企图借改革的名义达到再次集权中央这一目的的不满。作为国家大宗财政收入来源的盐政，无论中央政府抑或地方，都想借此分一杯羹以应付晚清左支右绌的财政状况。而盐政处的集权，则有目的、有针对性地在地方原本就小的蛋糕中又分割去了一大半。作为地方最高行政长官的总督，已然习惯了财权在握的便利，当然不会拱手相让。所以，尽管从长远来看，晏安澜的盐务改革规划是国家盐务积弊能得以有效整顿的不二之选。但是，由于这一规划与太平军兴之后逐渐形成的财权下移、督抚控制地方财政大权的现状相背离，这就注定了晏安澜会首当其冲受到攻击，而其所设想的盐政改革方案终成一纸空文，直至民国肇始，他任四川盐运使时方得一展抱负。

著名史学家陈旭麓曾说：“一切改革的推进都必然会碰到来自既得利益和传统文化这两方面的阻力。”② 的确如斯。透过广东盐务改革的错综复杂还可以看到，尽管广东地方与中央政府都深刻认识到盐政改革为必行之举，但是，由于既得利益者的反对，由于立场不同而产生的利益纠葛，在无形中影响了改革的进行。时至清末，地方督抚“虽令不从”已成难改之事实，中央骑虎难下的集权挣扎成效似乎也并不显著。况且，在权贵集权与地方争权的博弈之中，时不时受到来自第三方即社会舆论的广泛制约——在攸关民众切身利益的改革方面，他们也不得不相应地顾及民众意愿，并在一定程度上尊重民意，尽管有些时候代表民意的报刊并不总能恰如其分地表达其政治立场与利益所在。但无论怎样，这些都是中国一步步跋涉前行的时代印记。

（原文发表于《中国社会经济史研究》2017 年第 1 期）

---

①曾仰丰：《中国盐政史》，北京：商务印书馆，1998 年，第 124－125 页。

②陈旭麓：《近代中国社会的新陈代谢》，上海：上海人民出版社，1992 年，第 255 页。

袁树勋与宣统年间粤商“承盐加饷”方案

吕　霞

盐政关系国计民生。作为国家财政体系重要组成部分的盐政，在中国传统社会中，一直发挥着稳定经济、安定社会的关键作用。但是，利之所至，弊亦随之。与盐政相伴而生的盐政弊端一直悬而未决，似乎已成为固有顽疾。就作为产盐区之一的广东而言，如何根除或减少盐政弊端也是“在其位，谋其政”的官员需要思考的主要问题。为保国家大宗财政岁入，历朝历代修修补补式的盐政改革方案不断衍生，颇有“你方唱罢我登场”的架势，但难有一劳永逸的解决之道。① 宣统元年，署任两广总督袁树勋也因时就势，搭上盐政改革的末班车，提出整顿广东盐务弊端的系统办法，这就是新商“承盐加饷”方案。袁树勋的这一方案不仅遭到来自广东、广西地方士绅与民众的反对，同时遭受广东、广西在京官员乃至海外华人华侨的抗议，终难达初衷。本文通过对袁树勋“承盐加饷”奏折的解读，结合舆论报道，剖析上至盐政处、下至地方官绅等各利益阶层的反应，冀望了解辛亥革命前夕广东地方政治运行的窘境以及近代中国社会转型的步履维艰。

一、被理想化的方案

宣统元年十一月二十七日（1910 年 1 月 8 日），经数月酝酿，袁树勋于该日上呈《奏报遵旨续陈改良广东盐务充抵赌饷事》一折，针对广东盐政弊端，提出了新商“承盐加饷”方案。在奏折中，袁树勋详细胪陈了新商“承盐加饷”的方法和优势：一、商办愈于官办；二、商办只设公所，不立公司；三、预缴按饷，以备不虞；四、承办三个月后按月缴足全饷，即一律禁赌；五、商人取具股

①学术界涉及广东盐业研究的先期成果如下，专著主要有黄国信：《区与界：清代湘粤赣界邻区食盐专卖研究》，三联书店，2006 年版；周琍：《清代广东盐业与地方社会》，中国社会科学出版社 2008 年版；论文主要有王小荷：《清代两广盐区私盐初探》，《历史档案》1986 年第 4 期；冼剑民：《清代广东的制盐业》，《盐业史研究》1990 年第 3 期；温春来：《清代广东盐场的灶户和灶丁》，《盐业史研究》1997 年第 3 期；李振武：《袁树勋与清末广东禁赌》，《广东社会科学》2014 年第 1 期；此外还有黄国信和周琍的多篇论文。

实保结，并所缴按饷，分存官银钱局及大清分银行以资证信；六、承办各商仍由旧商组织，而不得不添招新商；七、预定相当之价以免妨民食；八、严杜洋股以完全商办；九、仍徇旧时引地，不致浸灌他省；十、商办自商办，仍无碍于官筑盐场及商办盐田。①

从字数上而言，这份奏折洋洋洒洒，共20页4000余字，篇幅相对较长。内容上，就单纯考虑所办盐政事项的周密性和逻辑性而言，这十个方面基本囊括盐政改革中可能出现的主要问题，甚至还提及赌博禁绝之后，添设工艺厂以防赌徒游手好闲。署任两广总督刚半年的袁树勋，为何耗费如此精力，构思改良方案以整顿广东盐务？其原因可从主客观两方面推究。

从主观方面而言，袁树勋对盐政改革的重视并非无的放矢。纵览袁树勋升任两广总督前的仕途履历，其曾任职江苏、江西、天津、湖北、山东等省。这些省份虽位置南北不一，但新政开展得相对较好。浸淫其中的袁树勋对新政事业当然较为熟悉，也热心从事。虽然清末新政的兴起为解决政治与社会问题提供了新的思路，但盐政问题反而愈发严重。究其原因，不外乎“近年以来，国家行一新政，地方办一公益，筹款之法皆以盐务为大宗。科则加而又加，成本重之又重”②。换言之，新政的实施在某种程度上是以盐政的牺牲为代价的。广东也不例外。袁树勋于宣统元年五月署任两广总督时，广东地方要求盐务改革的呼声日益高涨。所以，无论是为规范广东盐务的常规运行，还是为减少新政对盐务的财政依赖，在履任之后，袁树勋就将盐务改革提上了两广总督的行事日程。

从客观方面而言，袁树勋需要以盐政改良为手段达到筹抵赌饷的目的。广东地处中国南疆，“赌风向甲他省，为害最烈”，③ 几乎无地不赌、无人不赌。袁树勋的《奏报遵旨续陈改良广东盐务充抵赌饷事》就是继《奏报遵旨筹办粤省赌饷情形事》之后对如何筹抵赌饷问题的进一步思考。在袁树勋看来，盐政改良是禁赌唯一且有效的手段，通过商人“承盐加饷”来筹抵赌饷，最终根除对作为省财政收入大宗的赌饷的依靠。“盐”与“赌”本为性质不同的两类问题，要“两弊并清”④ 几乎不可行。但是，“治粤政策，不除弊则兴利为无方，不节流则开源为易竭”⑤，所以，袁树勋将“兴利除弊”的眼光投向了盐政，想通过“盐”来解决“赌”，实现双赢。

---

①袁树勋：《奏报遵旨续陈改良广东盐务充抵赌饷事》，朱批奏折，宣统元年十一月二十七日，档号：04/01/35/0541/058。

②金兆丰：《镇安晏海澄（安澜）先生年谱》，沈云龙主编：《近代中国史料丛刊》第491册，台北：文海出版社，1970年，第197页。

③《粤督禁赌之先声》，《申报》1909年9月16日，第2张第4版。

④《袁督决计承办盐捐》，《申报》1910年1月25日，第1张后幅第2版。

⑤袁树勋：《奏报遵旨筹办粤省赌饷情形事》，朱批奏折，宣统元年八月二十四日，档号：04/01/35/0588/043。

中国盐政长期以来缔构经营至晚清，“实有积重难返之势，而又上之关系国家岁入三千万金之巨款，下之关系商灶数千百万人之生计。一旦欲改弦而更张之，夫亦谈何容易？”① 袁树勋“两手抓”的初衷不免有些不切实际。其实，袁树勋自己也意识到了这一点，他曾言，“自履任以来，即以清盐蠹、禁赌祸为入手之政策。非好为其难，诚不得已也”②。此语透露出其并非执意如此，而乃“诚不得已”的实情。

无论袁树勋是明知其难但依旧将“盐”与“赌”作为其治理广东的“抓手”迎难而上，还是出于为仕途增色的目的，抑或为其政治生涯再标高的，但都迎合了广东社会日益高涨的禁赌与盐务改革的需要。然而在清末新政纷繁喧扰的大氛围中，袁树勋为何敢于提出同时解决“盐”与“赌”这两大社会性问题，袁树勋的自信究竟从何而来？

第一，对广东官场同僚智慧的认同。《奏报遵旨续陈改良广东盐务充抵赌饷事》虽然由袁树勋具名上奏，但奏折是与群僚集体会商的结果。③ 比如在商讨“如何以盐饷来筹抵赌饷”这一问题上，“据司道开列清折，以盐斤加价为筹抵赌饷，尚属简易能行”，后诸司道大员“再三讨论，均以盐斤加价较有把握”④。袁树勋显然相当认同此点，但揆诸袁树勋的奏折，通篇并没有“盐斤加价”这四个字，而奏折中的第七点“预定相当之价以免妨民食”其实就意味着盐斤加价。袁树勋所规定的“相当之价”远远高于宣统二年广东省城的实际盐价。⑤ 所以，虽然袁树勋对盐斤加价使用了粉饰性说法，但实质上一样。

第二，广东新商的支持。袁树勋在构思广东盐务改良方案时，作为广东新商代表的陈宝琛等人不仅参与制定“承盐加饷”的章程，而且筹备成立商办粤盐总公所，作为办理盐政事务的机构。最为关键的是，在宣统元年十一月二十四日（1910 年 1 月 5 日），即袁树勋上奏折前三天，新商完成了 200 万两的按饷缴存。作为商务交易中为示诚信而交纳的按饷，或称之为保险银两的缴存，是新商对袁

---

①金兆丰：《镇安晏海澄（安澜）先生年谱》，沈云龙主编：《近代中国史料丛刊》第 491 册，台北：文海出版社。1970 年，第 176 页。

②袁树勋：《奏为特参两广盐运使丁乃扬不能称职请即行开缺事》，朱批奏折，宣统元年十一月二十八日，档号：04/01/12/0681/096。

③对袁树勋的“承盐加饷”方案，广东官场中也有不同意见。但袁树勋对“不同道”者的意见往往摒弃不用，甚至给予打击，如两广盐运使丁乃扬对盐务提出的看法并没有影响袁树勋对新商“承盐加饷”这一方案的信心。

④《筹抵赌饷之问题》，《大公报》1909 年 11 月 12 日，第 3 张。

⑤据盐政处派出的南下调查小组调查，宣统二年广东省城生盐价格为每斤银三分二厘，熟盐为银三分六厘。袁树勋在奏折中规定的“相当之价”则是不论生盐、熟盐都为银五分六厘，比原来的价格高出二分多，这必然导致实际销售中的盐斤加价。见《奏查覆粤盐新商加饷窒碍难行请仍令旧商照旧办理折》，清度支部辑：《督办盐政处宣统元二两年奏案》，于浩辑：《稀见明清经济史料丛刊》第 1 辑第 46 册，北京：国家图书馆出版社，2009 年，第 252 页。

树勋“承盐加饷”方案的有力支持，这在无形中也为袁树勋所提方案的可行性增加了有形的筹码。

第三，对奏折内容的自信。除赞同方案的群僚和广东新商外，袁树勋立志解决“盐”和“赌”这两大问题的自信还来自对“承盐加饷”这一方案本身的自信。袁树勋盐务改良举措共计十端，但其最为得意的还是其中两点，即“四、承办三个月后按月缴足全饷，即一律禁赌”和“六、承办各商仍由旧商组织，而不得不添招新商”。[①] 这两点分别解决了最为困扰袁树勋的“禁赌”和“筹款”问题。如上文所言，袁树勋整顿盐务问题的出发点即为解决危及民众生计与破坏地方风气的赌博问题，“筹款多则多减赌饷，筹款少则少减赌饷。饷则递减以至于无，赌则递禁以至于绝”。[②] 广东盐课岁入往年为330万两左右，而“添招新商”承办盐务，认缴饷项为原先的三倍多，计1020万两，对晚清左支右绌的财政而言，不啻为巨额款项。有了这笔资金，“赌”和“盐”这两大问题的解决相对趋于容易。

就袁树勋的行为而言，这份谦虚性和张扬性并存的奏折除了汇报对作为国家正课的盐务变动的例行公事外，更多的可能是袁树勋为了展现其在盐政改良中的独树一帜。出乎袁树勋意料的是，朝廷的批示并不爽快，仅仅是中性的甚至带有惯性：著督办盐政大臣详查议覆具奏，候旨施行。

事情在“候旨施行”之时出现变化。原本袁树勋筹议新商“承盐加饷”的风声放出去后，就有来自地方舆论的不同声音，这即为袁树勋在奏折中所反驳的三大“不切情事”：“与其取之于盐饷，曷若取之于专卖之膏捐”“曷不将节省各局所之款移抵赌饷”和“筹抵自筹抵，禁赌自禁赌，当划分为二”。[③] 但是时事情尚未滥觞。当袁树勋上呈奏折，被群臣尤其是广东、广西两省在京官员知悉之后，《申报》《大公报》《东方杂志》等颇具影响力的报纸继而对之跟踪报道，反对的声音也接踵而至。

二、“群觉其非”

“群觉其非”本是袁树勋对舆论转变对广东赌博风气看法的一种肯定。在筹办粤省赌饷的奏折中，袁树勋曾言：“赌博之有百害而无一利，奚待臣言。而独至广东则视为大利之所在，腥羶相习几数十年。近则外侮内忧，人心悔祸，采诸

①袁树勋：《奏报遵旨续陈改良广东盐务充抵赌饷事》，朱批奏折，宣统元年十一月二十七日，档号：04/01/35/0541/058。

②袁树勋：《奏报遵旨筹办粤省赌饷情形事》，朱批奏折，宣统元年八月二十四日，档号：04/01/35/0588/043。

③袁树勋：《奏报遵旨续陈改良广东盐务充抵赌饷事》，朱批奏折，宣统元年十一月二十七日，档号：04/01/35/0541/058。

舆论，亦群觉其非。”① 事情的吊诡之处在于，袁树勋的新商“承盐加饷”方案并没有得到期望中的应答，反而招致社会的普遍反对，颇有“群觉其非”之感。

《奏报遵旨续陈改良广东盐务充抵赌饷事》一折对广东盐政改良前景的勾画的确费了一番心思，对广东地方官场和中央盐政机构来说，也具有一定的吸引力。虽然这种吸引力并非来自蓝图本身，而仅仅因为上千万两的筹款结果。臆想中的筹款计划要成为现实的存在，这中间还有更为关键的筹款环节——能否筹、如何筹的问题。而在此问题上，袁树勋的表达却相当含糊，这即为社会觉得“其非”所在。

新商新增盐饷能否筹的问题。在清末新政举办之际，国家财政收入支绌之时，盐饷到位直接关系国家政治制度的运行与社会经济的稳定。政府任何决策的实施当首先考虑这一点。袁树勋在奏折中声称，广东盐税原收入在330万两左右，新商认筹盐饷数额却远远高于此，为1020万两。在往年330万两份额完成尚且困难的情况下，即便是殚精竭虑，要完成原先三倍的盐饷恐怕未必能如愿。

新商新增盐饷如何筹的问题。新商承办盐饷由原来的330万两增加至1020万两，增幅不可谓不大。在“引地如故，销数如故”② 的情况下，很难理解这1020万两的盐饷从何而出。据袁树勋解释，这一增加的饷项将从整顿盐务规费而来。尚且不说盐务规费如何整顿，即便卓有成效，总额恐怕也不会如此之多。这又回归到袁树勋为之粉饰的问题了，即盐斤加价。盐斤加价是清末敏感话题之一，稍有不慎，即容易招致舆论非同寻常的质疑，因为这关系到每位民众的切身利益。但为了完成如此庞大的盐饷交纳任务，盐斤加价为最简单直接的途径，何况还有先例可循。

在这两个关键问题上，袁树勋的语焉不详并不能提供令民众信服的解释，因而招致各阶层的指责，官方的、在野的，国内的、国外的，整个社会舆论呈现一边倒的反对倾向，“粤省自包盐抵赌定议以来，省绅争之，华侨争之，同乡京官争之”③ 的现象历时数月不休。

首先是来自广东官场的反对。如上文所言，袁树勋的新商“承盐加饷”方案是广东官场集体智慧的结晶，若存在反对意见，则不免有些大煞风景。抑或真有不同意见需要表达，也要思量袁树勋所代表的广东地方最高行政长官的身份。尽管如此，时任两广盐运使的丁乃扬仍表示，由新商承办盐饷以筹抵赌饷的办法尚欠考虑。作为专管地方盐运的重要大臣，丁乃扬对广东盐务运行的实际状况比袁

---

①袁树勋：《奏报遵旨筹办粤省赌饷情形事》，朱批奏折，宣统元年八月二十四日，档号：04/01/35/0588/043。

②《奏查覆粤盐新商加饷窒碍难行请仍令旧商照旧办理折》，清度支部辑：《督办盐政处宣统元二两年奏案》，于浩辑：《稀见明清经济史料丛刊》第1辑第46册，北京：国家图书馆出版社，2009年，第249页。

③《敬告粤官绅》，《申报》1910年3月11日，第1张第6版。

树勋了解得更为深入。因此，在有些问题上，诸如商权与官权、新商的身份与诚信等方面，丁有不同的看法。对丁乃扬所提的建议，袁树勋不但没有采纳，反而在完成《奏报遵旨续陈改良广东盐务充抵赌饷事》的第二天，即宣统元年十一月二十八日（1910 年 1 月 9 日），另上一折特参丁乃扬，认为其“瞻顾之余，积为畏葸，敷衍所至，流为因循”，并斥责丁乃扬在盐务整顿中“进退彷徨，既不肯破除情面，将各项规费早自剔厘，此后责任綦重，事务尤繁，辅助断难得力”①。

对同一事情看法不同乃人之常情，袁树勋对丁乃扬的参劾不免稍微显过，兼任地方盐政会办大臣的袁树勋与丁乃扬共事本来就不愉快。在袁树勋看来，正是因为丁乃扬的“不作为”，广东盐政改革才步履蹒跚；如若丁乃扬继续任职，广东的盐务改革将难有起色。不论袁树勋对丁乃扬的参劾是否带着主观主义的偏见，即所谓“道不同不相为谋”，从另一方面而言，当改革进行之时——不论这种改革的结果是否与初衷相吻合，强有力的决策者和领导者都是改革前行的中坚力量，而袁树勋也需要这样的时机，需要这样的案例证明改革势在必行。尽管对他而言，其过往资历尚不足以担负改革中坚者这一使命。

其次是来自士绅的质疑。作为中国基层社会未被加冕的领导者，士绅是游离于官方与民间的“两栖动物”，他们时而为官方代言，时而为民间发声，这主要取决于时势如何。广东盐务改革，其他不论，单是“盐斤加价”这一点就意味着普通民众吃盐将更加困难，生活成本也相应提高。所以，当袁树勋放出广东盐务由新商承办的风声时，广东士绅反对的声音就随之出现，“闻粤省士民对于此举，反对颇烈。(旅京粤人于初七日开第七次禁赌大会，议及此事，亦怀反对之意。)曾公推前任皖抚邓中丞上书袁制军，力陈五可虑之说”。② “邓中丞”即邓华熙(1826—1916)，广东顺德人，曾任云南按察使、湖北布政使、安徽巡抚、山西巡抚等职。在给袁树勋的上书中，邓华熙针对盐政改革中可能出现的盐价暴涨、洋盐浸灌、缉私走税以及新商身份等问题提出了五大疑虑。鉴于邓华熙身份的代表性和敏感性，袁树勋对此有详细答复，并声明自己“责任地方，利害兼权，更无旁贷，惟乞协力维持，以成盛举”③，其态度不可谓不诚恳。

影响最为广泛的是来自旧商的抗议。在“承盐加饷”方案的设计中，袁树勋明言盐务归商承办，而“承办各商，多半有旧商在内。惟承饷既巨，不能不添入新商”，④ 以厚积商力。换言之，尽管袁树勋声称“无论为新商、旧商，但取其

①袁树勋：《奏为特参两广盐运使丁乃扬不能称职请即行开缺事》，朱批奏折，宣统元年十一月二十八日，档号：04/01/12/0681/096。

②《粤商承办全省盐饷记事》，《东方杂志》1909 年第 13 期，第 484 页。

③《粤督函论包盐抵饷之利》，《申报》1910 年 1 月 14 日，第 1 张后幅第 2 版。

④袁树勋：《覆粤绅邓华熙等书》，《湘潭袁氏家集》，沈云龙主编：《近代中国史料丛刊续编》第 201 册，台北：文海出版社，1979 年，第 156 页。

有裨事实，本无畛域之可分”[①]，但实际上，袁树勋在咨询意见、商议办法或制定章程时，基本上只与陈宝琛等新商联系，世代从事盐政的旧商被袁树勋有意忽视了。袁树勋的这一取径自然有其相应考虑。广东盐务改革从整顿积弊着手，这意味着作为既得利益集团的旧商将成为整顿的对象，而若与之继续合作，则无异于与虎谋皮。从这一点上而言，袁树勋的考虑也有道理。

对旧盐商来说，袁树勋对新商的重视无疑威胁到他们这一群体的生存。当生存都成为问题时，其愤慨激烈可想而知。广州下河运馆盐商就集会抗议道：“惟全省之盐既归承揽，则省价、场价均由伊定。运商等虽照常挽运，亦只代劳，不成生意。近年吾粤运务盐价之贵已达极点。该商既承巨饷，将来盐价定必更昂，粤民受害固不待言。然通纲上下河一旦尽行倾倒，受其累者则以运商等为最惨。”[②] 所以，原先相互倾轧的旧商暂时团结起来，共同对新商竭尽打击之能事。他们不仅在报章上指责“奸商增价揽承，病民肇变，比赌尤烈，害无穷期”，“盐斤加价，归商包揽，辗转分承，滋扰酿祸”，还决定“权衡利害以保治安而维桑梓，决合力抵拒”[③]。

与此同时，旧商孙致和等人还联名向盐政处控告，认为“新商包承盐饷，志在诓骗，并无真实财产”，[④] 上海、天津、汉口等地会馆，南洋华侨陈锡嘉等、小吕宋广东会馆何楚楠等皆登报表达对新商的不满，足见广东旧商的社会影响力非同一般。

在声讨中，广东旧商似乎带有一定的策略性。新商“承盐加饷”方案由袁树勋提出，首当其冲也情有可原。不过，旧商很显然将反攻的矛头集中对准新商，而非袁树勋。而且在这一过程中，袁树勋也被塑造成“受害者”的角色，是受到新商的蒙蔽才有此方案。不论旧商是出于争取袁树勋的需要，还是为留有后路，以待他事。总之，报刊中旧商的指责尽管有指桑骂槐式的发泄，此时并没有与袁树勋发生正面冲突。

在此争议中，还有一方的声音值得关注。这就是来自粤盐引地广西省的抗议。在得知袁树勋新商“承盐加饷”方案时，广西咨议局就数次致电袁树勋，表达对这一方案的不满。对广西来说，新商“承抵赌饷约壹仟万两之多，比平时盐价势必加重无疑。粤垣价逾五分，西省必昂多一半。贫民固难负担，越盐且暗畅销，国课民食具有妨碍”[⑤]。广西咨议局的担忧也不无道理，时法国正要求越盐

---

①《署理两广总督袁树勋奏查明广东盐务规费情形折》，《政治官报》第1048号，宣统二年八月二十五日，第10页。

②《下河盐商抗议包办盐务》，《申报》1909年12月27日，第1张第4版。

③《补录粤自治会与各埠电》，《申报》1910年1月13日，第1张后幅第2版。

④《度支部派员确查粤盐改章利弊》，《国风报》1910年第5号，第2页。

⑤《广西咨议局第二次报告书》，《清代稿钞本三编》第149册，广州：广东人民出版社，2010年，第117页。

假道龙川，以逐步占据广西食盐市场。广东盐价一旦上提，具有价格优势的越盐势必会趁虚而入。

对广西咨议局的频繁来电，袁树勋只是无关痛痒地表明："省垣零售市价即至盐缺价昂，至多不得过五分六厘，其余以道路之远近、运费之轻重类推。如此则盐价决不至奇昂，而该商亦无从垄断。"① 袁树勋这段解释中的逻辑关系颇让人费解。当盐价以道路远近、运费轻重来计算时，价格"仍各照时值，期于商民两不偏依"② 似乎不符合常识判断。广西咨议局对此也愤然回应："东省为产盐之地，价至五分以上，则由东省运至西省，加以关税、运费暨商人所获利息，合计纵不至昂多一半，而相差亦必无几。"③ 广西咨议局认定的"昂多一半"与袁树勋计划中的"盐价决不至奇昂"的说法可谓大相径庭。或许身居两广总督之位的袁树勋在核定盐价时参考的是自身的俸禄，而不是民众的购买水平。但无论怎样，坚持"一言堂"的袁树勋并没有给予广西咨议局满意的答复。在交涉无效的情况下，广西咨议局转而将求助的目光投向广西在京官员，希望广西、广东两省在京官员联合施压，反对袁树勋的"承盐加饷"方案。

尽管有这些"嘈嘈切切错杂弹"的干扰，袁树勋的态度貌似并没有受到影响。在他看来，"各报所登者，显见有人运动，从中鼓煽，冀遂破坏之私，使盐蠹、赌饷永无廓清之日，而后大快于心"。④ 袁树勋陈言报刊"有人运动"也说对部分事实。旧商为维持旧有利益，的确引导了报刊的言论走向。其实，但凡涉及改革，处于既得利益阶层的反对都可以理解："在深明大局者，固乐于赞成，而自便私图者，亦故存反对。如窟穴盐务中人，则不愿改办，窟穴赌馆中人，则不愿禁赌，其依赖盐规赌费之人，亦群焉附和之。"⑤

但袁树勋之所以对报刊的攻击置之不理还有更深一层的原因。袁树勋改良广东盐政，其实在内心中"俨然以陶文毅自居"，⑥ 他已经做好承受随改革相伴而来的"毁誉"的准备。在新商"承盐加饷"奏折中，在为获得朝廷支持时，袁树勋曾为自己表白："毁誉有不敢计，是非久则自明。前两江督臣陶澍改办淮盐、前四川督臣丁宝桢整顿川盐，当时疑谤丛生，实赖列朝洞烛物情，力排浮议，始底于成。裨益盐课，至今颂之。"⑦ 将所处"毁誉"之境与陶澍遭遇的"疑谤丛

①袁树勋：《奏报遵旨续陈改良广东盐务充抵赌饷事》，朱批奏折，宣统元年十一月二十七日，档号：04/01/35/0541/058。

②《粤商承办全省盐饷记事》，《东方杂志》1909 年第 13 期，第 483 页。

③《广西咨议局第二次报告书》，《清代稿钞本三编》第 149 册，第 116 页。

④《袁督决计承办盐捐》，《申报》1910 年 1 月 25 日，第 1 张后幅第 2 版。

⑤袁树勋：《电陈军机处代奏改良粤省盐务筹抵赌饷折》，《湘潭袁氏家集》，《近代中国史料丛刊续编》第 201 册，第 117 页。

⑥《今日之陶文毅何如者》，《申报》1910 年 1 月 29 日，第 1 张后幅第 4 版。

⑦袁树勋：《奏报遵旨续陈改良广东盐务充抵赌饷事》，朱批奏折，宣统元年十一月二十七日，档号：04/01/35/0541/058。

生”相比拟，可见袁树勋对自身标榜甚高。在答复来自士绅、民众乃至广西咨议局的质疑时，袁树勋也反复强调：“昔陶文毅改两淮盐政，当时议论蜂起，卒底于成，亦赖中外协谋之力。不才如仆，际此时会，姑尽力所能及，利钝非所计也。”①

正是因为有此期许在内，袁树勋对地方士绅、商人甚至咨议局的意见无动于衷。其实在这一过程中，广东咨议局曾难得地对袁树勋的行为表示了适当的理解：“盐务加价之利害，尚须详细研究，即万不得已，至于加价以抵赌饷，尚属两害相权取其轻之意。”② 让袁树勋始料未及的是，广东、广西两省地方士绅、商人与广东京官的通气，加之报章大幅度的渲染，处于朝政中心的广东京官梁敦彦、陈庆桂，广西京官唐景崇等人陆续上奏表示对袁树勋的不满，认为新商承办盐务流弊滋多，需慎重考虑。来自京官的压力使盐政处对袁树勋这一方案的态度开始游离。

其实，盐政处的地位也殊为尴尬。在初始了解新商“承盐加饷”方案时，盐政处表示欣然，甚至还带有一些欣喜：“当此财用匮乏之际，以广东一省盐务，一经更章，岁入骤增陆百余万。如果所拟办法行之无弊，臣等正乐于赞成。”③“骤增陆百余万”的确是很大的诱惑，盐政处作壁上观原也不错。但两广京官接二连三的奏折使盐政处的态度变得摇摆不定：“兹事关系重大。就利之一面言之，粤盐岁入向止三百余万。今归商人包办，骤增陆百余万，匪特赌饷筹抵有资，并可以余款拨充公用，裨益财政，良非浅鲜。就害之一面言之，新商包盐承饷为数至一千万两，设或力小任重，半途中辍，彼时旧商已散，新商复逃，匪特筹抵赌饷巨款无著，即盐务岁入三百余万之常款亦不可保。大局败隳，其将何以收拾？”④ 一言以蔽之，既不想放弃可能存在的筹款机会，但又害怕空欢喜一场是盐政处面对这一方案时最为真实的想法和最为矛盾的心态。

作为提案者的袁树勋，为维持已经开始实施的盐务改革方案，不辞辛苦与盐政处来往电商，再三阐述新商“承盐加饷”的利益所在。但是，疑虑一旦生成，要消除则困难重重。在经过集体会商，综合评估袁树勋和两广京官的意见后，盐政处决定派以右参议晏安澜为首的包括梁致广、李思浩、谢宗清、查凤声等人在内的调查小组前往广东，调查盐务，切实了解广东盐务改革的利益得失情况。

---

①《关于西省抗争广东盐捐要电》，《申报》1910年1月28日，第1张后幅第2版。

②《粤常驻议员集议部提盐饷纪事》，《申报》1910年1月4日，第1张后幅第2版。

③《督办盐政处会奏粤盐改章关系重要拟请派员确查折》，《政治官报》第852号，宣统二年二月初六日，第4页。

④《督办盐政处会奏粤盐改章关系重要拟请派员确查折》，《政治官报》第852号，宣统二年二月初六日，第4页。

三、为他人做嫁衣裳

时至清末，新政遍地开花，政府机构增置更迭频繁，地方制度调整动作不断，盐政机构也不例外。无论是中央的度支部、盐政处或盐政院，还是地方的盐务建制，其运行与改制颇让人有目不暇接之感："各省盐务，极不统一。经宪政编查馆奏颁行政纲目，谓各省督抚兼管盐政之制，亟应废除，改为直接官治；又谓盐官应另行编制，直接京部，不隶督抚；嗣又以办理盐政应有直接行政机关，督办盐政处之设即原于此。"① 但盐政机构名称的日新月异并没有带动盐务官员的调整，旧有盐政人员依旧稳坐钓鱼台。领导调查小组南下的即为盐政处的资深官员晏安澜。

盐政处选择晏安澜领导调查小组，自有其考虑。晏安澜（1851—1919），陕西镇安人，长期任户部山东司主事，管理全国盐务。改度支部之后，一直在其中工作，对盐务工作殊为熟悉，"服官既久，于历来沿革，如数家珍，而利病所在，尤能洞澈无疑"②。宣统元年，晏安澜曾对江苏、安徽、江西、浙江、湖南、湖北、河南等七省进行为时约六个月的盐政调查，对盐商囤积居奇、高抬市价，盐里掺沙等盐政弊端有所了解。所以，晏安澜调查"承盐加饷"方案，在资历和威望上都足以胜任。

南下小组的调查工作确也不负所望，在仅有的二十天调查时间中，工作职责和日程安排也显示出态度诚恳和努力办事的意味："先谒袁督，次见司道府县暨盐官，又次见士绅暨咨议局议员。其新旧商陈宝琛、孔昭鋆等亦皆延见，询新旧商所拟办法，验新商所缴按饷，旧商所缴股本。并调阅各署局案牍、各商埠簿记。复连日分赴广河、东西汇关及广西梧州诸处。凡盐关、盐卡、盐船、盐店靡不循行勘察，博访周咨。"③ 晏安澜工作的认真似乎有点出乎袁树勋的意料。如果说袁树勋对"报章异同之论，华侨影响之电，士绅诘问之书"，"皆不为所动，但姑就其说"④，那么，晏安澜调查小组的作为，则给袁树勋带来一定的心理压力，也增加了"承盐加饷"的诸多变数。在传统官场浸淫数年的袁树勋深知，晏安澜调查的不仅仅是新商是否能够"承盐加饷"，而是这一方案是否真的有益于筹集巨额资金，为财政支绌的国家提供一条新的生财之道。

---

①曾仰丰：《中国盐政史》，上海：商务印书馆，1936 年，第 124 页。

②宋伯鲁：《原任四川盐运使镇安晏海澄先生行状》，卞孝萱、唐文权编：《民国人物碑传集》，北京：团结出版社，1995 年，第 291 页。

③金兆丰：《镇安晏海澄（安澜）先生年谱》，沈云龙主编：《近代中国史料丛刊》第 491 册，台北：文海出版社，1970 年，第 202 – 203 页。

④袁树勋：《奏报遵旨续陈改良广东盐务充抵赌饷事》，朱批奏折，宣统元年十一月二十七日，档号：04/01/35/0541/058。

在初步了解广东盐务情形之后，晏安澜对袁树勋的方案提出了自己的看法。在晏安澜看来，新商“承盐加饷”存在“一、加饷太多；二、限价太贵；三、垄断太甚；四、隐患难防；五、侵夺官权”[①] 这“五可虑”以及旧商不愿配合，另起炉灶需时尚久，耗费甚多会影响盐课，难以解决原有积压这“四难行”之处；而旧商办理具有递增饷数、分认饷款、办理仍旧、法定河价、兼办坐配和严密缉私[②]这六大优势。因而，晏安澜的调查结果就是，广东盐务由旧商办理更为合适。盐政处采纳了晏安澜的这一建议，在此基础上，晏安澜以条陈《奏查覆粤盐新商加饷窒碍难行请仍令旧商办理折》上报朝廷，[③] “经政府议定，粤盐仍归旧商，岁加二百万两，以抵番摊饷。”[④]

“粤盐仍归旧商”意味着袁树勋新商“承盐加饷”方案的破产。袁树勋倡导盐政改革，号召与新商合作，本益处良多：“一曰化私为公，以裨盐政；二曰以公济公，以抵赌饷；三曰兼顾民食，不令盐价较从前为过昂。”[⑤] 袁树勋的考虑原也不错。在清末财政严重短绌的情势下，新商缴纳的1020万两盐饷，不仅能解决赌饷问题，所余款项也可以用来办理新政，如建立模范监狱、推广巡警、补助学费等等，这些亟需开展的新政都需要作为地方最高行政长官的袁树勋想方设法地筹款。这也如其在总结宪政办理情形时的剖析：“赌饷非有实在筹抵，则赌祸不能即予湔除，于宪政进行尚多窒碍。适有商承盐饷之举，筹款可得大宗。数月以来寝馈经营，形神俱悴。维时朝廷亦有整顿盐务之命”，[⑥] 袁树勋也有整顿地方盐务积弊的想法。因此，当新商以一种无法拒绝的价格“承盐加饷”时，袁树勋心动在所难免。而且，根据新商所拟章程，袁树勋只需坐享商人所缴之款，而毋庸考虑与盐务相关的问题，运销、征收、缉私等皆由商人具体落实。

袁树勋也明知此举会落入“少数盐商将全国之盐趸购，虽弊窦丛生，然国家甚省事，可以不劳而得税”[⑦] 的旧窠臼，在晚清新政喧嚣纷扰的状态下，有志同道合的新商为之分担，对袁树勋来说，未尝不是解决了一件烦心事。何况盐政的

---

①《盐政处处置粤盐办法》，《国风报》1910年第17号，第1页。详细内容可见金兆丰：《镇安晏海澄（安澜）先生年谱》，沈云龙主编：《近代中国史料丛刊》第491册，台北：文海出版社，1970年，第208－219页。

②金兆丰：《镇安晏海澄（安澜）先生年谱》，沈云龙主编：《近代中国史料丛刊》第491册，台北：文海出版社，1970年，第208－219页。

③《奏查覆粤盐新商加饷窒碍难行请仍令旧商办理折》，于浩辑：《稀见明清经济史料丛刊》第1辑第46册，北京：国家图书馆出版社，2009年，第248－265页。

④《专电：电二》，《申报》1910年5月14日，第1张第4版。

⑤袁树勋：《电陈军机处代奏改良粤省盐务筹抵赌饷折》，《湘潭袁氏家集》，《近代中国史料丛刊续编》第201册，第117页。

⑥《署理两广总督袁树勋奏胪陈上年下届筹备宪政成绩并特别困难情形折》，《政治官报》第893号，宣统二年三月十七日，第8页。

⑦沧江：《改盐法议》，《国风报》1910年第6号，第10页。

任何一方面都不是小问题，需要投入大量财力、物力和人力。比如了解盐饷细目的内容及其变动就是一项庞大的工程。广东盐饷从征收性质来分有三类：上河款、下河款、运库直接款。单上河款来说，“类别极繁，数极琐碎，其中子目约五十余项”①。新商主动呈请解决这些问题，袁树勋也正乐见其成。所以，在4000余字的奏折中，袁树勋也尽力表明新商办理盐政的恳切态度，来提高盐政处对新商的认可，比如表明在上奏之前，新商已经缴清200万两的按饷。

但是，过犹不及。袁树勋在操作上有点弄巧成拙。事先缴纳200万两按饷这一行为在某种程度上也暗含着迫使盐政处默认“盐务由新商承办”已是既成事实的意味。所以，尽管盐政处对1020万两盐饷也心有所往，但对袁树勋的这种态度却不可置否，“各省如有再请增加盐价，须由会办盐政大臣将其理由先行咨报盐务处。经本处核准，再由盐务大臣领衔入奏，请旨施行。”②

的确，中央与地方关系无论是外重内轻，抑或内外皆轻，但清朝中央政府毕竟是现有政权，履行着行使国家权力的职责。袁树勋的先斩后奏不免不够尊重盐政处这一正试图通过种种途径与举措加强集权控制的主体的意见，因处盐政处的不满也在情理之中，何况这种不满还夹杂着权力再度外溢的恐惧，“泽尚书意不愿袁督主持此事，以粤盐归一省自办，恐各省纷纷效尤”③。“泽尚书”为载泽（1868—1929），满洲镶白旗人，曾出使各国考察政治，任度支部尚书，时为督办盐政大臣。在对待新商“承盐加饷”问题上，载泽在态度上更偏向旧盐商。袁树勋刚提出新商承办方案不久，面对旧盐商的抗议，载泽就“电饬广东盐运司丁乃扬，示谕旧盐商各安本业，勿为流言所惑”④。

与上级态度保持一致恐怕是身为朝廷官吏明哲保身的重要认知。载泽的倾向如此明确，南下调查小组的态度大体上也可推知。在小组成员的调查过程中，对旧盐商的偏向与青睐也有迹可寻。在答复广东咨议局有关盐务问题的会议上，晏安澜曾说：“此次之所以舍多取少者，实不欲破坏盐商世业，煞费苦心，诸多棘手，尚望各位维持。”⑤ 与晏安澜一起出席答复会议的调查小组成员，如两淮副监理官梁致广，“系现时连阳埠堂商，即所谓旧盐商也。其人为晏安澜所最赏识之人。去腊广东京官为包盐事联名出奏，其奏稿即梁致广所起草”⑥。调查小组选择旧商似乎更多因为群体主观意志的偏向，但也不是全然如此。在上年（1909）调查盐务时，晏安澜对七省的盐务改革大致形成了这样的看法：“今日

---

①《督院张批两广盐运司、盐政公所监督会详现办盐务拟分别照旧改良办法缘由文》，《两广官报》第13期，宣统三年七月十一日，第112页。

②《度支部限制盐斤加价》，《大公报》1910年1月28日，第1张。

③《京师近事》，《申报》1910年1月15日，第1张第5版。

④《度支部对于川粤盐务风潮之办法》，《申报》1910年1月29日，第1张第5版。

⑤《广东谘议局协会决议办理事类报告书》，《清代稿钞本》第49册，第448页。

⑥《京师近事》，《申报》1910年3月10日，第1张第6版。

而言盐务，不当归目前之小效，而当务根本之远图。不必求新增之款项，而当保固有之课厘。”[①] 可以窥知，晏安澜的盐务改革思想趋于保守稳健，袁树勋提出的新商“承盐加饷”的预期目标和途径在晏安澜看来，是有些不切实际的夸夸其谈。所以，盐饷承办担者仍为旧商也符合晏安澜一贯持之的盐务改良思想，是其盐政经验积累的自然选择。

晏安澜的调查结果与袁树勋的改革初衷背道而行。但对于这一决定，袁树勋不得不表示明面上的赞同，“督办盐政大臣派员调查，审慎周详，而深虑改办之不无流弊，仍归旧商照旧办理，而其办法亦不外整顿积弊。既合微臣化私为公之初心，尤符粤人旧贯相仍之隐愿”[②]。其实，袁树勋的这番言辞大有深意。在为自己解脱的同时，也指出盐政处的调查结果就是“承盐加饷”方案的翻版，只不过是承办主体新、旧商的区别而已。所以，袁树勋的不满也时不时地有所体现：“督抚坐镇一省，任事以后，非积久岁月，尚不能周知情伪。而中央以最远之观察，欲悬断于千里之外，平时又未详审调查”，[③] 对各省具体情况的判断不免更多的来自主观臆断。

尽管如此，袁树勋不得不履行其身兼会办盐政大臣的职责，将原先与新商讨论的盐务整顿与盐饷征收的方法用于旧商，比如在简化盐务引目上，“统归正引，系为删繁就简起见。此次盐务改章，只期新饷缴足，不在沿用”[④] 等。不论袁树勋转变态度是阴奉阳违，还是敷衍了事，对新商来说，袁树勋的左右逢源显然使曾经同处一条战壕的新商相当不满。新商承担盐饷本来似乎已是板上钉钉的事情，宣统元年十一月十六日（1909 年 12 月 28 日），袁树勋曾在省府“牌示准商人陈宝琛包承广东全省盐饷”，[⑤] 意味着新商“承盐加饷”已经成为广东地方认可的既定事实。而且为了显示诚意，新商已经按照要求提前交纳了 200 万两的按饷。然而当新商的努力被一纸奏折改变时，作为合伙人的袁树勋却立刻改变态度与旧商合作，也难怪新商恼怒，不仅索取原先已缴 200 万两按饷，同时“公举代表到京揭发袁督欺商实情”[⑥]。

新商不满，旧商也未必称心如意。相比较而言，旧商的确比新商务实，所承担盐饷总额比新商少数百万，而且筹款总额的增加有缓冲过程，在数年内由 580

---

①金兆丰：《镇安晏海澄（安澜）先生年谱》，沈云龙主编：《近代中国史料丛刊》第 491 册，台北：文海出版社，1970 年，第 198 页。

②《署理两广总督袁树勋奏查明广东盐务规费情形折》，《政治官报》第 1048 号，宣统二年八月二十五日，第 10 页。

③《署粤督袁树勋奏中央集权宜先有责任政府及监察机关折》，《国风报》1910 年第 13 号，第 13 页。

④《督院张批两广盐运司详粤纲引目繁多拟请统归正引指拆缘由文》，《两广官报》第 16 期，宣统三年八月初三日，第 137 页。

⑤《粤商承办全省盐饷记事》，《东方杂志》1909 年第 13 期，第 483 页。

⑥《专电：电二》，《申报》，1910 年 8 月 5 日，第 1 张第 3 版。

万两渐渐增至780万两。但是，这一数额对积弊丛生的广东盐务来说，依然为数不少。其实，旧商的这一认饷数额也有赶鸭子上架的意味，“旧商勉认加饷，实因新商先认巨饷”。[①] 当得知新商高额承办盐饷的消息后，“旧日承盐各商不甘为新商搀夺，拟多认价额务求争回”。[②] 水涨船高之下，盐饷总额就不断攀升。但最终，旧商屡经努力，仍只认足600余万两，与新商标榜的1000余万两相差悬殊，本来也没指望承办。孰料盐政处决议广东盐务仍归旧商承办，原来所认盐饷数额即成为盐政处要求旧商缴纳盐饷的参考起点。撇开缉私、禁赌、限价等方面不说，单在筹款数额这一点上，旧商的“承盐加饷”工作注定了任重而道远。

著名史学家陈旭麓曾说：“一切改革的推进都必然会碰到来自既得利益和传统文化这两方面的阻力。”[③] 的确如斯。时势发展至晚清，改革已经成为挽救时弊的不二手段。但由于既得利益集团的存在，因立场不同而产生的政治纠葛，都成为掣肘改革的重要因素。广东盐务改革喧喧扰扰，社会舆论广泛关注，但结果却是雷声大、雨点小，颇让人有竹篮打水的感慨。主导盐政改革的袁树勋，身为大权在握的两广总督，却在此事上栽了个不小的跟头。然而，细思清末中央盐政改革，其意图之一即为收各省督抚盐政之权以加强对财政收入的控制，袁树勋的新商“承盐加饷”方案恰到好处地为盐政处作一嫁衣裳。但是，塞翁失马，祸福尚难断定，何况清末变动不居之时势？中央政府虽处心积虑力图集权，但对晚清尾大不掉的督抚而言，“欲以一纸空文，矫积重难返之势，其易得乎？”[④]

（原文发表于《安徽史学》2018年第1期）

---

①《会奏粤盐规费无着请将新增盐款拨抵赌饷折》，于浩辑：《稀见明清经济史资料》第1辑第46册，北京：国家图书馆出版社，2009年，第274页。

②《旧盐商抵制新盐商手段》，《申报》1910年3月16日，第1张后幅第2版。

③陈旭麓：《近代中国社会的新陈代谢》. 上海：上海人民出版社，1992年，第255页。

④《时评：其一》，《申报》1910年6月20日，第1张第5版。

李济深与新桂系的崛起

周蕴蓉

李济深，广西苍梧人，1914 年于北京陆军大学毕业后留校任教，1921 年加入粤军，先后担任粤军第一师副官长、师参谋长、师长。广州国民政府及其军事委员会成立后，他担任国民革命军第四军军长、国民革命军总参谋长，后又兼任广东省军事厅厅长、广东省政府主席、广州政治分会主席等职。1932 年以后因不满蒋介石的“攘外必先安内”政策，走上了公开反蒋的道路。新桂系是指李宗仁、黄绍竑、白崇禧等领导的桂系集团，它从 1921 年萌芽至 1925 年形成并统一广西，是一支迅速崛起的政治力量。

李济深虽是粤军成员，又在广东任职，却与新桂系首领的关系非常密切，对新桂系的形成给予了极大的帮助，加上他本身又是广西人，因而当时国民党的领袖人物大都认为他是新桂系的代表。所以，1927 年 11 月，当新桂系逼迫蒋介石辞职并把持由宁、汉、沪三方组成的国民党中央特别委员会后，蒋介石鼓动汪精卫派发动了“倒李驱桂”的“张黄事变”；1929 年 2 月“湘案”发生，蒋桂矛盾激化，李济深北上调停，蒋介石又将其囚禁在南京汤山。李济深究竟是不是新桂系的代表？对此，他自己曾说：“我在广东，被人称为桂系，其实我与桂系是没有什么关系的。”① 新桂系的代表黄绍竑也说：“就表面看，他是新桂系的主要人物，所以他首先受到汪精卫等的反对，继而被蒋介石囚禁。就实际情况来说，李济深只是新桂系的扶植者，是新桂系的恩人和朋友，但他不是新桂系。他为新桂系受了政治上的大冤枉。”②黄绍竑将李济深看成是桂系的扶植者，是比较贴切的。如果没有李济深的扶植，新桂系难以在短期内迅速崛起，战胜旧桂系，统一广西。

---

①李济深：《我的主要经历》，收于《中华文史资料文库（九）》，北京：中国文史出版社 1996 年，第 1129 页。

②黄绍竑：《新桂系的崛起与两广统一及大革命北伐》，收于《广西文史资料选辑（第 6 集）》，中国人民政治协商会议广西壮族自治区委员会文史资料研究委员会，1964 年第 2 页。

一、新桂系的崛起

新桂系是从陆荣廷的旧桂系中分化出来的，其领袖人物李宗仁、黄绍竑、白崇禧都曾是陆荣廷集团的中下级军官，后来自成一派，成为新桂系，并最终消灭了旧桂系势力。新桂系的发展过程大致经历了三个阶段。

一是萌芽阶段，从1921年6月李宗仁率部开入六万大山，到1922年7月黄绍竑投奔李宗仁，李、黄第一次合流。此时他们的力量总共才四千多人，地盘只限于玉林。1921年6月，孙中山命粤军讨伐陆荣廷，将陆荣廷部打败。李宗仁、黄绍竑和白崇禧分别在广西玉林、百色脱离陆荣廷集团。李宗仁率所部约两千人进入六万大山，被粤军总司令陈炯明收编为“粤桂边防军第三路”，李宗仁任该路司令，驻防玉林一带，玉林便成为新桂系的发源地和第一块根据地。1922年，陈炯明部从桂南撤走，李宗仁在玉林自封为“广西自治军第二路总司令”，势力发展到三千多人。1921年7月，黄绍竑、白崇禧（当时均为连长）在广西百色与马晓军团长宣布投靠孙中山，因而遭陆荣廷部攻击。1922年5月，黄绍竑随马晓军率部撤至灵山县，马晓军离开队伍去广州，黄绍竑以统领名义率该部千余人辗转至容县归附李宗仁。李宗仁将黄绍竑部编为“广西自治军第二路第三支队”，任命黄绍竑为支队司令。

二是发展阶段，从1922年8月黄绍竑率部离开李宗仁进攻梧州，到1924年4月李、黄兴兵讨伐陆荣廷之前。此时他们的力量已发展到一万多人，势力遍及玉林、浔州（即桂平）、梧州等发达地区。1923年夏，黄绍竑为了向外发展，通过当时在广州医治脚伤的白崇禧的活动，被孙中山委任为“广西讨贼军第一军军长”，暂时脱离李宗仁，攻占梧州，建立了新桂系的第二个根据地。之后李宗仁、黄绍竑再度联合，李宗仁部称“定桂军”，黄绍竑部仍称“讨贼军”，经过一年多的努力，他们先后消灭了占据广西藤县的卢得洋、黄超武部，占领广西贵县、桂平、平南的陆云高部及企图回桂夺取梧州的驻粤桂军陈天泰部，与陆荣廷、沈鸿英一起形成三雄鼎立之势。与此同时，黄绍竑、李宗仁也正式加入国民党。

三是形成阶段，从1924年5月李宗仁、黄绍竑协力进攻陆荣廷到1925年8月统一广西。1924年5月，李宗仁、黄绍竑利用陆荣廷、沈鸿英之间的矛盾，采取先“联沈倒陆”后与沈决战的策略，联合沈鸿英部击溃了陆荣廷部，占领广西三分之二的地区，又在广东政府的帮助下，消灭了沈鸿英部。随后，他们用三个月的时间，打垮了入侵南宁、柳州的唐继尧的滇军约五万人，并将其驱逐出境，从而统一了广西。在此期间，李、黄还分别就任孙中山广西大本营所委任的“广西绥靖督办”和“广西绥靖会办”职务，建立了广西革命政权。[1] 新桂系集团就此形成。

以李宗仁、黄绍竑等为首的新桂系从一支四千多人的队伍到最终消灭广西的旧桂系势力，只用了四年的时间，一支新生力量能在这么短的时间内迅速崛起，原因是比较多的[2]，其中李济深对新桂系的扶植就是一个非常重要的原因。

二、李济深对新桂系的扶植

李济深对新桂系的扶植是多方面的。既有军事上的援助，也有政治思想上的引导、财政经济上的支持，其中军事援助对新桂系帮助最大。

（一）军事上的援助

1921 年 6 月，刚刚脱离旧桂系的李宗仁、黄绍竑、白崇禧的力量是相当弱小的，当时黄绍竑、白崇禧的部队只有一千多人，李宗仁的部队也不过三千多人。[3] 而当时广西的局面又十分复杂。1922 年陈炯明从桂南撤走之后，散落各地的陆荣廷、谭浩明旧部军官、邦口（土匪）头目和地方豪强，都纷纷组织“自治军”，各自称王称霸、相互兼并。广西除李宗仁、黄绍竑的军队外，势力较大的还有刘日福、陆云高、陆福祥、蒙仁潜、林俊廷、梁华堂等部。这年 9 月，陆荣廷见广西群龙无首，又潜回龙州，纠集残部，就任北洋政府所委“广西边防督办”，遣亲信部队占领邕柳，企图重掌广西大权。11 月，沈鸿英也率部从江西窜回桂北，进桂林、下梧州，小小的广西处于大小军阀分裂割据、兼并的混乱状态。[4] 李、黄深知自己的实力远不如陆、沈，因而积极准备向外扩张。他们通过三次关键性的战役，建立、巩固并扩大了自己的根据地，消灭了其他势力，最终统一了广西，而这三次关键性的战役都得到李济深的大力帮助。

首先是 1923 年 7 月的梧州战役。李济深派粤军配合黄绍竑部消灭沈鸿英部冯葆初旅，使黄绍竑得以建立梧州根据地。梧州处于西江的上游，为两广交通的咽喉，是广西全省经济的吐纳口，工商业十分发达，其对外贸易占广西对外贸易

①虞世熙：《新桂系消灭沈鸿英集团经过》，收于《广西文史资料第 29 辑 新桂系纪实（上集）》，广西壮族自治区新闻出版局，1990 年，第 122 页。

②韦景春：《试论广西新桂系军阀的形成》，收于《梧州文史资料选辑（第 9 辑）》，中国人民政治协商会议梧州市委员会文史资料组，1985 年，第 39－48 页。

③黄绍竑：《新桂系的崛起与两广统一及大革命北伐》，收于《广西文史资料选辑（第 6 集）》，中国人民政治协商会议广西壮族自治区委员会文史资料研究委员会，1964 年，第 2 页。

④黎超良：《沦陷时期的戎圩》，收于《梧州文史资料选辑（第 9 辑）》，中国人民政治协商会议梧州市委员会文史资料组，1985 年，第 70 页。

总额的 80% 左右。[①] 梧州又是旧桂系的一个重要根据地，因而其经济地位和军事战略地位都非常重要。正因为如此，黄绍竑决定将其从沈鸿英部夺过来，建立自己的根据地，但凭他手下一千多人要战胜力量远超过他的梧州守军冯葆初旅是非常困难的。于是，1923 年 7 月，他使用诈降之术，接受沈鸿英委任的第八旅旅长职务，同时派人与广州政府取得联系，秘密接受孙中山委任的“广西讨贼军第一路军总指挥”一职。不久，李济深奉孙中山之命率粤军第一师、第三师和广东海防舰队四江、四广等十余舰艇，溯江西而上进攻梧州，李济深与黄绍竑部互相配合，迫使梧州冯葆初旅投降。为免除后患，李济深还命邓演达和黄绍竑设计将冯葆初旅缴械，并将梧州城交给黄绍竑部接防。黄绍竑进驻梧州后，便正式成立广西讨贼军总指挥部，将部队扩编到四千多人，又在李济深派出的海军舰艇的帮助下收编了藤县的自治军。之后，李济深又推动黄绍竑和玉林的李宗仁进一步合作，很快肃清了贵县、桂平、平南等县的自治军，使梧州、浔州、玉林三府所属富庶之区，完全掌握在新桂系手里，为尔后他们在南宁、柳州的发展奠定了基础。[②]

其次是 1924 年 1 月的都城战役。李济深帮助黄绍竑部将袭取梧州的陈天泰部瓦解，巩固了梧州根据地。黄绍竑、李宗仁占有梧州、浔州、玉林三府富裕地区，势力不断发展，引起了驻粤桂军刘玉山等人的妒忌。刘玉山当时是驻粤桂军第七军军长，它所辖的陈天泰师在广东没有地盘，军需补给相当困难，见黄、李部在广西的发展，便垂涎于梧州的富庶，企图把它占为己有。1924 年，刘玉山取得孙中山委任的南路招抚使，于 3 月初乘黄绍竑部主力在西江上游，梧州空虚之际，突然派陈天泰率桂军开到离梧州 40 公里左右的都城，企图袭取梧州。李济深得知后，立即致电大本营阻止，将情况通知黄绍竑。在并未经大本营批准的情况下，一面密使黄绍竑由戎圩附近发兵，向都城西北部进击，一面密令第一师张发奎团和蔡廷锴营，由德庆渡河向都城东南部夹攻，又联络李宗仁派兵支援。经过一天的剧烈战斗，终于将陈天泰部五千多人歼灭，余部三千多人缴械。都城之役，使新桂系保住了梧州根据地，并壮大了自己的力量。此次战役之后，李、黄的部队已经扩充到一万多人。[③]

第三是 1925 年 1 月的广西决战。李济深派粤军第一师主力，支援新桂系与沈鸿英部进行决战，将沈军全部消灭。1924 年底，陆荣廷部已被消灭，广西只剩下两个军事集团：一是沈鸿英部，有三万多人；二是李宗仁、黄绍竑部，不到

①尹承刚：《李宗仁起家经过》，收于《广西文史资料选集（第 7 辑）》，中国人民政治协商会议广西壮族自治区委员会文史资料研究委员会，1983 年，第 122 页。

②李洁之：《关于李济深扶植新桂系起家的片断回忆》，收于《广西文史资料选辑（第 14 辑）》，中国人民政治协商会议广西壮族自治区委员会文史资料研究委员会，1982 年，第 38 页。

③姜平、罗克祥：《李济深传》，北京：档案出版社，1993 年，第 32 – 33 页。

两万人。为了与沈军决战，李宗仁、黄绍竑请求李济深派兵支援。李济深见事关广西的前途，立即派粤军第一师陈济棠旅及黄镇球团和蔡廷锴营，由广东开赴广西，协同李宗仁、黄绍竑部作战，经过几次激烈交战，终于将沈鸿英部全部消灭。接着李济深又派范石生部协同李宗仁、黄绍竑部消灭了进犯广西的滇军唐继尧部，于1925年8月统一了广西。

除了直接派军队支援新桂系作战外，李济深还帮助新桂系培养了不少军事人才。粤军第一师，曾在1923年秋冬间，调回西江地区整训，曾以西江善后督办公署的名义，在肇庆设立西江陆海军讲武堂，培养下级干部。该讲武堂原本只招收粤军第一师、第三师和第四军所属各独立旅及广东海防舰队在职的行伍出身的军官和文职人员，但为了扶植新桂系，李济深也为李宗仁、黄绍竑培养下级干部，请他们保送学员入学。李济深、黄绍竑乃选送刘斐等五十多人去讲武堂就学。这批学员毕业后，都回到自己的部队工作，对提高该部队素质起到了一定的作用。①

（二）政治思想上的引导

李济深对新桂系的扶植不仅表现在军事上积极援助，而且表现在政治思想上的积极引导，帮助黄绍竑、李宗仁等新桂系领袖加入国民党，使其逐步走向革命化。

李宗仁、黄绍竑早年参加过同盟会，和国民党有微妙的历史渊源。大革命时期受革命形势的影响，产生了一定的革命倾向。他们看到广州国民政府深得民心，力量不断壮大，觉得只有借助革命力量才能把广西统一起来，因而主动接近广州国民政府。而孙中山、廖仲恺等领导人也希望由有一定革命意识的力量统一广西，所以对他们接近广东政府的行为极为欢迎，并希望他们能够加入国民党。

李宗仁、黄绍竑和广州国民政府虽然很快建立了联系，但并不急于加入国民党。据黄绍竑回忆，李济深和粤军第一师的许多将领曾多次要他加入国民党，他总是推说等军事进展到相当阶段再加入，并说："横直我是孙大元帅委的广西讨贼军总指挥，不是等于入党一样了吗？……形式上加不加入没有什么关系，只要心里忠实就是了。"不仅如此，黄绍竑在接受孙中山委任的"广西讨贼军总指挥"后，仍然用自己制造的旗帜，所部的军帽还镶有五色国旗的帽花（那时国民党尚未规定军队帽花）。李、黄再度合作后，为了不使北洋政府援助陆荣廷、沈鸿英，还派副官长吕克存去北洋政府见过段祺瑞、曹汝霖。② 这些行为引起了国民党内许多人对他们革命态度的怀疑。尤其是李济深、黄绍竑在都城战役中不顾

①李洁之：《关于李济深扶植新桂系起家的片断回忆》，收于《广西文史资料选辑（第14辑）》，中国人民政治协商会议广西壮族自治区委员会文史资料研究委员会，1982年，第38页。

②黄绍竑：《新桂系的崛起与两广统一及大革命北伐》，收于《广西文史资料选辑（第6集）》，中国人民政治协商会议广西壮族自治区委员会文史资料研究委员会，1964年，第43页。

大本营的命令解决驻粤桂军陈天泰后，驻粤桂军总司令刘震寰、军长刘玉山大造谣言，说黄绍竑是“联省自治派”，是挂羊头卖狗肉，并间接攻击李济深。

对于李宗仁、黄绍竑的行为，李济深和第一师的一些高级将领十分着急，本来李济深帮助黄绍竑是想把他拉进国民党，扶植成为国民党广西方面的武力，并利用黄绍竑的影响和关系把李宗仁也拉过来。但照此下去，黄、李很可能为北洋军阀所利用，两广还有可能再现1922年以前的相互寻仇的局面。因此，李济深又再三催促黄绍竑加入国民党。为了表示对其入党的重视，李济深要求黄绍竑到广州国民党中央党部举行入党仪式，还特派陈济棠和黄镇球（李济深的副官长）将黄绍竑接到广州。为保证黄绍竑在广州的安全，李济深安排专人进行保护，并陪同黄绍竑住在第四军军部，使黄绍竑无法再推却，终于在1924年11月加入了国民党①。接着，李宗仁、白崇禧等人也参加了国民党。

黄绍竑、李宗仁加入国民党后，得到了广东革命政府的信赖和大力援助。政治上，广东革命政府几次给李、黄以官职名誉，除了先前委任黄绍竑为“广西讨贼军总指挥”外，后又分别委任李、黄为“广西绥靖督办”兼“广西第一军军长”和“广西绥靖会办”兼“广西第二军军长”。由于当时广东革命政府在人民中有很强的号召力和政治威信，李宗仁、黄绍竑接受它的委任，就在政治上争得了主动，比陆荣廷、沈鸿英更能得到社会的同情，同时也有了阻止他们潜在的敌人——驻粤桂军回桂的理由，为他们巩固广西政权提供了保障。

（三）财政经济上的支持

李济深在财政经济方面给新桂系的支持也是很大的。1923年7月，梧州战役之后，李济深被广东革命政府任命为梧州善后处处长，紧接着又被孙中山破格任命为西江善后督办，负责统筹处理西江地区（包括广西、广东数十个县）的政治、经济、军事等各项事宜。为了平定长期陷于军阀纷争的广西，李济深采纳了邓演达等人的建议，决定扶植倾向革命的新桂系来收拾广西。为此，他把梧州的军事、政治、经济、财政完全交给黄绍竑，自己从不过问。当时粤军第一师是急需用款的，由于大本营财政非常困难，对前方军队的给养不能按时发放，导致部队不但无饷可发，而且往往“伙食断绝”，有一次竟“断伙食十余日”，以致李济深师长不得不特派邓演达“回（广东）省向古（应芬）主任及省长各处卧索”②。即使在这种情况下，李济深及粤军第一师的将领，也从来不在梧州财政上沾一点光，既不霸占税收也不暗中分润，这在当时军队中是非常难能可贵的。据黄绍竑回忆，广西历来的军事长官，控制一个地区后，都把这个地区视为自己

---

①黄绍竑：《新桂系的崛起与两广统一及大革命北伐》，收于《广西文史资料选辑（第6集）》，中国人民政治协商会议广西壮族自治区委员会文史资料研究委员会，1964年，第44页。

②曾宪林、万云：《邓演达历史资料》，武汉：华中理工大学出版社，1988年，第1页。

的私产，常委托地方官吏把持地方财政。① 李济深却截然不同，他这种清正廉洁的作风“不但当时在地方上留下良好的印象，而且成为两广合作统一、参加大革命的主要原因。”②

梧州的经济比较发达，是广西的经济命脉，其财政收入包括国税和省税、正税和杂捐，每月就有四十万元左右③。李济深将梧州城交给黄绍竑，这使黄绍竑有充裕的财力扩充军队及办理一些兵工厂（在梧州三角嘴设立制弹厂）来充实作战力量，为新桂系后来的发展奠定了坚实的经济基础。

三、李济深扶植新桂系的原因

李济深扶植新桂系是从1923年进攻梧州开始的，这是当时担任粤军第一师第三团团长的邓演达提出的建议。邓演达对此做过分析：“虽然广西局势极复杂混乱，但陆荣廷、沈鸿英、林俊廷这些军阀早已失去人心，其他各地自治军实力不大，容易收拾。为彻底平定广西混乱局势计，不如利用桂人自治的要求，将广西新起的而又较有朝气的黄绍竑、李宗仁两部扶植起来，使之团结一致、靠拢革命，协力抚剿其他桂系军队和土匪，统一全桂，既可使我们不至陷于两面作战，东忧西虑分散兵力，又可将两广力量联成一起发展革命势力，使革命事业成功更速。”④ 李济深在遭到刘震寰等人攻击时，也强调说他支持黄绍竑、李宗仁是因为“黄、李很尊重我们，对广西有办法，拥护革命政府，是难于找到的武装同志，应该团结他们，支持他们，以加速两广的统一，早日出师北伐，平定中原，以完成总理多年来的愿望”⑤。综合来看，李济深对新桂系的扶植主要是基于以下原因。

首先，是为了维护广州革命政府的利益。广西与广东接壤，广西的局势对广东影响很大。在广西，旧桂系陆荣廷自从被赶出广东，1921年又在广西失败后，一直贼心不死，在北洋政府的支持下，窜回广西重整旗鼓，企图再控制广西，收复广东，重温两广霸主的旧梦。从陆荣廷部分离出来已自成一派的沈鸿英，对财源丰盛的广东也虎视眈眈，并曾一度进兵至广州附近。当时陆荣廷、沈鸿英都各

---

①黄绍竑：《新桂系的崛起与两广统一及大革命北伐》，收于《广西文史资料选辑（第6集）》，中国人民政治协商会议广西壮族自治区委员会文史资料研究委员会，1964年，第44页。

②中国农工民主党中央委员会：《邓演达》，北京：文史资料出版社，1985年，第44页。

③李洁之：《关于李济深扶植新桂系起家的片断回忆》，收于《广西文史资料选辑（第14辑）》，中国人民政治协商会议广西壮族自治区委员会文史资料研究委员会，1982年，第37－38页。

④李洁之：《关于李济深扶植新桂系起家的片断回忆》，收于《广西文史资料选辑（第14辑）》，中国人民政治协商会议广西壮族自治区委员会文史资料研究委员会，1982年，第35－36页。

⑤李洁之：《关于李济深扶植新桂系起家的片断回忆》，收于《广西文史资料选辑（第14辑）》，中国人民政治协商会议广西壮族自治区委员会文史资料研究委员会，1982年，第39－40页。

自拥兵二三万，这对广州政府不啻咫尺之患。还有远离广东的滇军唐继尧，也企图席卷两广，称霸西南五省，对广州政府造成严重的威胁。在这种情况下，在广西扶植一支有一定革命倾向的军队，对广州政府是十分有益的，可以使广州政府避免两线作战，在一定程度上可以减轻外来的压力。

其次，是为了平定广西、统一两广，为北伐做准备。虽然广西的旧桂系势力仍十分强大，但已经丧失民心。黄绍竑、李宗仁的力量虽相对弱小，但他们是一批少壮军人，其领导核心成员都是军校毕业，比绿林出身的旧桂系思想更进步，知识更丰富，作风也更开明，因而战斗力强、发展潜力大。扶植新桂系更容易赢得民心，达到消灭旧桂系、统一广西的目的。而广西一旦统一，又可以切断旧桂系对广东南部旧势力邓本殷的支持，为广东革命根据地的统一和巩固，提供有力的支持，也为北伐扫清障碍。

最后，是为了便于相互沟通、相互合作。黄绍竑、李宗仁军队的干部基本上是军校毕业生，皆为青年有志之士，他们视旧桂系为土匪流氓，不肯与其为伍，而以军校毕业生为发展自己力量的纽带。而李济深是保定军校毕业生，又是广西人，所以与新桂系容易找到共同语言，便于双方相互沟通、相互信任，以建立良好的合作关系。

四、结论

总之，李济深与新桂系的崛起有着不可分割的联系，李济深对新桂系不遗余力地扶植是新桂系迅速崛起的重要原因之一。这种扶植不但有利于新桂系的发展，而且有利于国民革命的发展。正如黄绍竑所说："李宗仁、黄绍竑之能统一广西，两广合作，最后肃清南路而进入大革命阶段，李济深和他的粤军第一师实起了主要的作用。"①

（原文发表于《广西民族学院学报》（哲学社会科学版）2004 年第 2 期）

①黄绍竑：《新桂系的崛起与两广统一及大革命北伐》，收于《广西文史资料选辑（第 6 集）》，中国人民政治协商会议广西壮族自治区委员会文史资料研究委员会，1964 年，第 63 页。

清代香山县以下区划与基层社会治理

——敬答邱捷先生

刘桂奇

随着行政区划史领域的研究不断深入，长期聚焦于历史时期县以上政区层级的研究，开始向县以下区划延伸。笔者曾立足个案初步探析了清代香山县基层区划变迁及属性，与郭声波教授合写《清代香山县基层建置及其相关问题》（以下简称《清》）一文，并发表在《海洋史研究》第八辑。之后，邱捷先生在该刊第九辑发表《关于清代香山县基层建置的属性——兼向刘桂奇、郭声波先生请教》一文，就拙文中引述先生一些观点所产生的解读问题及相关论述提出商榷。承蒙先生赐教，笔者能够获此机会对拙文中的相关论述予以重新检视，并进一步推敲和论证。

一、清代香山县以下区划能否视为行政区划

首先要明确的是，拙文关于清代香山县以下区划属性的判断，是以一定的相关概念体系为依据的。在历史政区地理研究领域，目前基本上以周振鹤先生所提出的行政区划概念为判断依据，来衡量一种区划形态是否具有行政区划属性。按其概念，一个行政区划的形成需要有一定面积的地域范围及一定规模的人口，一个设有相应行政机构的行政中心，一个明确的上下级隶属关系的行政等级，而且在行政职能上必须比较完整，否则只能称作“准政区”或“虚级政区”。那么，以此来判断香山县“乡→都→图、村”这一区划形态，则“乡”“都”“图”与“村”这些最基本的区划组织都有一定的地域范围和一定数量的人口，并构成“乡”管“都”或“都”属“乡”“都”领“图”“村”这样一种地域层级关系。但重要的是它们并无对应行政机构及行政中心的设置。现存明清历代《香山县志》均载有该县历代职官及其公署，却未见这几类区划组织对应的职官及其公署。其中，“图”作为一种为解决基层赋役征收问题而设置的编户单位或组织，最带有行政功能的意味。1 图 10 甲，每“图”均设有相应里长和甲首，轮流负责赋役催征，但其均为民户担任，为职役而非乡官，属于非公职编制。

是故，我们说，“据前述定义考量，很难说香山县基层区划是一种行政区划”。意思非常清楚，按现有行政区划概念来衡量，香山县以下区划不能视为

“行政区划”，各区划组织之间仅仅构成一种地域上的区划关系，而非行政区划性质上的统属关系。因此，当指涉香山县基层建置之属性时，拙文自始至终谨慎采用“基层区划”而非“基层行政区划”一词。

另一层意思就是说，现有行政区划概念并不完全适用于剖析历史上县以下区划形态。它基本上是建立在历史上县以上政区层级考察基础之上的。其实，“对于整个历史时期中国行政区划体系而言，亦以县级政区为界，呈现明显的‘双轨制’。县以上是国家按照一定的地域结构和人员构成将疆土划分为层级分明的各种区域，并通过委派职官的形式进行管理。县以下的区划则基本缺少直接委派的职官，亦缺少制度性安排，故显凌乱而随意，各种组织兼而并存，层级亦较混乱，在清代表现得尤为明显。”明清时期，国家对县以下区划并无统一规定，而是地方政府出于治安或征税等行政管理目的，在历史承继的基础上，根据现实需要灵活设置，因此基层组织及其层级关系非常繁杂，拙文《清》“表3”所揭示的清代广州府情形即如此。

不过，学者胡恒则认为，如将现有行政区划概念进行一定的调整，就可以将历史时期县以下区划纳入现有行政区划概念框架之中。他认为，“所谓行政区划，无非是国家出于行政管理的需要而对国家的土地和人口进行的一种区域划分”，其最关键的在于两点，一是政治性，它是一种行政行为；二是地域性，这种行政行为的结果必定是划分出一定的地域范围，而是否设立行政机构并非要件，未有行政机构并非代表这一区域在行政上毫无意义，并且行政区划也并非一定要负全面之责。那么，若以胡恒先生修正过的行政区划概念来衡量，清代香山县“乡→都→图、村”这一基层区划架构，当可以视之为一种基层行政区划形态。

不过，无论以周振鹤先生的概念来考察，还是以胡恒先生修正的概念来考量，清代香山县“乡→都→图、村”这一区划架构具有相应的基层行政管理功能，应无疑义。关键在于这一区划架构中“图”的设置。其源于明清基于赋役管理而推行的里甲制，以户数为单位按十进制来编制，110户为1图（里），1图10甲，编排时遵守“务不出本都”的原则。即每“都”图甲编排均在本“都”消化掉，当本“都”图甲编排出现1“图”不够110户时，不许用别“都”人口补凑，只能“分派本都，附各里长名下，带管当差”。对此，学者刘志伟指出，“都”是里甲编排和乡村地域单位的连接点，既具有确定的地域范围，又成为户籍管理的编排依据。如此，“都”一级区划的行政意义亦因里甲编排“务不出本都”而得以体现。

既然里甲以各“都”为地域单元来编排，就足以说明各“都”均有相对明确的边界，不然，编“图”遵守所谓“务不出本都”的原则，又所凭何据。关于各“都”的边界，现存明清历代《香山县志》有关“坊都（都图或都里）”的记载均未言及，仅载其大致方位和里程，但详载各“都”所领村数及村名，若其无相对明确的边界，当不会如此确切。康熙、乾隆两志所刊香山全县图（拙文《清》“图1”）均标出各“都”所在位置，未明确标出各“都”界线。道光、光绪两志除刊有标出各“都”位置的“县境全图”，还刊有各“都”分图，并均以“计里画方”来绘制。“全图”仍未明确标出各“都”分界线，但煞有其事地附刊各“都”分图，说明各“都”之间应有相对明确的边界，否则分图无从绘制。民国志亦附有“县境全图”及各“都（镇）”分图。“全图”以经纬度绘制并清晰标出各“都（镇）”的界线（拙文《清》“图2”足以证实香山县各“都”之间“有较为明确的区划边界”），各“都（镇）”分图则以1∶200000到1∶100000的比例尺绘制。在精确度上，以“全图”而论，道光、光绪两志的“计里画方”当胜于康乾两志的无比例尺，而民国志以经纬度绘制则更胜于前志；以各“都（镇）”而论，民国志以现代比例尺绘制的各都（镇）分图，亦远胜于道光、光绪两志的“计里画方”。

其实，方志地图绘制的精确度与否并不能否定事实上存在的区划边界。道光、光绪两志各“都”之地图虽不如民国志精确，但均配有非常详细的图说，详尽了各“都”域内主要山脉、水道及其支脉、支流的位置、走向、里数及相邻交界的归属，即便以海为界的恭常都、黄梁都等，也各详述其域内岛屿及炮台布置。例如，恭常都图说就详叙了其以县港为中心的东、南两条海程路线及里程数，沿途所经一些洲岛、海湾及门户的归属，尤以蠔镜澳为中心详列了其所在海域内各大小海岛、各炮台的分布及里程数。海程路线、海岛和炮台分布及其里程数记载之明确，都表明其应是经所勘测的。可见，各图说之所以详述各都域内山脉和水道及其走向，显然意在强调山川在各都之间的分界作用，这也是当时边界意识较强的体现。

“都”之有较为明确的边界及因此而有确定的地域范围，亦可从明清广东一些新置县的情形得以佐证。这些新设县从原来的县析分出来时，就是以“都”为单位分割出来的，顺德、三水、陆丰、饶平、惠来、澄海、普宁、广宁、鹤山、开平、信宜等新设县均属此种情形。例如，饶平县始置于明成化十三年，就是析分海阳县太平乡的宣化、信宁二都，光德乡的滦州、清远、弦歌三都及怀德乡的秋溪、龙眼城、苏湾三都而设。正因为这些“都”有较为明确的边界及由此而有确定的地域范围，所以从旧县析出部分“都”另置新县方便而顺利。

综上，清代香山县各“都”之间应有相对明确的边界，当然不可否认都界、村界之间也有不明确的地方存在，而那几个以海为界的“都”，其在海域上的边界尤当有不确切处。

如拙文《清》所揭，历史上县以下基层区划问题非常复杂，关于明清香山县基层区划的讨论并不多，王颋先生和邱捷先生也仅仅是在阐述其专门论题时顺带有所涉及。笔者并非有意比较两位先生的观点，全然出于在讨论香山县基层区划的属性时寻求相关参考的想法。若在解读两位先生的观点时已溢出两位先生的原意，诚表歉意，实为识见所限，并非有意为之。

确实，邱先生涉及香山县基层组织“都”时并未使用“沿革”“政区单元”等词语，亦未言及其边界是“模糊”还是“清晰”，本意也不在于专门讨论香山县基层建置，仅是依据民国《香山乡土志》称本县“分为十乡十四都”而所列都名并没有14个的情形，指出香山县的“都”只是一个大致的地理概念，并未严格按“都”设立权力、管理机构。不过，结合先生的判断及所据，在笔者看来，这其实已经触及香山县基层区划问题，不在于是否明确使用“政区”等用语。在古代沿革地理中，“建置”“沿革”等语在史书中不难见到，而“政区”则完全是一个现代用语，但并不妨碍我们使用它去辨析历史上的行政区划问题。以周振鹤先生的行政区划概念来解读邱先生的判断，既然具有区划性质的“都”只是一个“大致”的地理概念，又未严格设立权力、管理机构，那么它就不具有“政区单元”或“行政区划”的属性，仅是地域单位。倘若我们的解读基本上没有曲解的话（如确有曲解，诚表歉意），笔者其实是倾向于认同邱先生的判断的，即视“都”为纯粹的地域区划单位而非政区单位。

当“都”不是县以下一级行政区划而仅是地域区划单元时，则一“都”为县丞、典史、巡检司等佐杂官所瓜分、分管，以及晚清士绅所主持的公局、公约按“都”抑或跨“都”设立，当不会成为问题。邱先生原意在于强调：在晚清的香山，并非严格按照“都”设立了权力、管理机构，但不是说每个“都”均无权力、管理机构。邱先生所指的这些权力、管理机构当是指士绅所主持的各公约、公局，但这类实际存在的乡村基层权力机构并非法定的正式行政管理机构，而仅仅是晚清时期清廷、地方政府和乡绅势力三方为应对时局合谋安排的。即便以胡恒修正的概念来衡量而将“都”视之为县以下一级行政区划，则出于行政管理的实际需要，一“都”为佐杂所瓜分、分管也并非不可。这有先例可循，历史时期曾存在过的复式政区就是这种情形。例如，宋代的路作为高层政区，其行政事务为诸监司，即转运使司、提点刑狱使司、安抚使司及提举常平使司所分管，而且各监司行政职权的范围有时也并不一致，如北宋的陕西地区，从转运使路而言，分为两路，而从安抚使路而言，却分为六路。

从源头上看，清代香山县基层区划沿袭明制，自明嘉靖年间至清光绪年间，这几百年间香山县的基层社会确实发生了巨大的变化，不过，香山县基层区划的总体框架“乡→都→图、村”及其属性基本上没有变化，拙文《清》“表1”也表明，几百年间，“乡”“都”名称及其数量几乎没有变更，“图”的数量有变化却幅度不大，倒是村落规模在清中后期有大幅度的增长。至少到宣统二年（1910年），香山县基层区划“乡→都→图、村”结构才被“区→段→村”结构取代，但即便清末民初的“区→段→村”结构基本上也是在建立在原先架构基础之上。

拙文《清》“表2”表明，各“区”与原先各“都（镇）”地域范围基本一致，仅是名称变更而已。这种历史承继的现象，邱先生文章中所论及的明代粮长制度的演进亦属这种情形。

二、清代州县“佐杂分防”现象是否具备制度意义

除讨论“乡→都→图、村”这一区划架构之外，拙文还论及香山县另一种佐杂分防区划架构，从而涉及清代广东地方州县的佐杂分防问题。关于清代地方州县佐杂分防及相关问题，贺跃夫、太田出、吴滔、张研、吴佩林、傅林祥、王兆辉、刘志松、刘洋、胡恒等学者都有过专门论述，并取得了一些共识，如分防官员有独立的管理区域，拥有一定的教化、行政、司法职能等，部分学者还直接使用“佐杂分防制度”这一概念①。对于清代地方州县“佐杂分防制”之缘起及演变脉络，刘洋和胡恒均有专门梳理，此处不再赘述。而对于广东州县佐杂分防情形，张研、胡恒、刘洋都注意到其普及率之高，在全国范围内实属罕见。

胡恒更是以广东州县佐杂分防实践为典型案例来考察清代的“佐杂分防制度”及基层社会治理模式。其通过梳理史料和论证指出，广东佐杂分防从明代中后期已开始出现，清初尤其是康熙年间以前则不断扩大并形成广东基层行政特色，雍正五年以后州县多数佐杂官都有其专属辖区并处于不断调整之中，乾隆二年之后佐杂分防这一新型管理体系推广及于全省②。据其统计，嘉庆二十五年广东共有91个县级行政单位，设巡检司150处，分防率为100%；县丞20员，分防率为85%；主簿3员，分防率为67%；州同2员，分防率为50%；州判3员，分防率为100%。以全省均值来看，广东县均设有2处佐杂官，除杂职官中巡检司分防率为100%外，佐贰官平均分防率为86%，比例相当高，而与知县同城的佐贰官仅4个。广东佐杂分防的这种普及程度，亦可从同治《广东图说》得以充

---

①详细论述请参见李克勤．清代广州府属巡检司研究［J］．广东史志，1994（3）：45－49；贺跃夫．晚清县以下基层行政官署与乡村社会控制［J］．中山大学学报，1995（4）：82－89；太田出．清代江南三角洲地区的佐杂“分防”初探［J］．中国社会历史评论，2000（2）：105－116；吴滔．明清江南基层区划的传统与市镇变迁——以苏州地区为中心的考察［J］．历史研究，2006（5）：51－71；张研．对清代州县佐贰、典史与巡检辖属之地的考察［J］．安徽史学，2009（2）：5－18；吴佩林．万事胚胎于州县乎：《南部档案》所见清代县丞、巡检司法［J］．法制与社会发展，2009（4）：30－37；胡恒．清代巡检司时空分布特征初探［J］．史学月刊，2009（11）：42－51；傅林祥．清雍正年间的次县级行政机构及其职能探析［J］．清史研究，2011（2）：60－67；刘洋．清代基层权力与社会管理研究［D］．天津：南开大学历史学院，2012；王兆辉，刘志松．清代州县佐贰官司法权探析［J］．西南大学学报，2014（4）：161－166．胡恒更是在其博士论文《清代县辖政区研究》（中国人民大学，2011年）的基础上撰写专著《皇权不下县？——清代县辖政区与基层社会治理》（北京师范大学出版社，2015年），系统地梳理了清代基层佐杂分防制度的历史发展脉络及其对于基层社会治理的作用。

②详细论述参见胡恒：《皇权不下县？——清代县辖政区与基层社会治理》第109－136页（北京师范大学出版社，2015年），其中除了各种史料的爬梳和佐证之外，还有关于佐杂分防情形的详尽数据统计。

分证实，其除详载各州县域内山脉水道的位置及其走向之外，格外详载各州县分防佐杂的辖属地，且各辖属地的陈列详细到辖域内各大乡及其方位、乡下各村、墟市、汛名以及乡之交界（除4县丞辖属地不明外）。

如前述学者所揭，清代一些地方州县确实存在佐杂分防的现象，此应无疑义。不过，确如邱先生所疑问，这种佐杂官缺配置有限、各地实行程度参差不齐的分防现象，是否具有制度意义呢？邱先生已指出，在清朝廷典章中并没有“佐杂分防制”，傅林祥先生亦指出，对于佐杂分防现象，清代文献中没有一个统一的称呼。显见，“佐杂分防制度”这一概念是后来一些学者在论述时所采用的。之所以出现这种在地方确实存在而未见于正式典章的现象，主要与佐杂分防的出台背景和方式有很大关系。清中期各地方基层佐杂分防的设置，原本就不是自上由朝廷事先实施顶层设计开始的，多是自下由各省督抚基于其管控地方基层的需要，奏请朝廷将本省州县佐杂各员移驻城外乡间重要地区，并相继从朝廷获得批准而逐步推行的。地方督抚推行佐杂分防基于这么几点：一是康雍乾时期，随着社会稳定，人口激增，市镇发展，地方基层治安事件大量增加，因此，将各佐杂官移驻城外分防基层，加强对基层社会的治安管控，不失为一种选择；二是雍正时期，在全国推广新的道制和直隶州制度，新设置的县级政区数量大为增加，各省督抚基于加强对基层社会控制的考虑，亦逐渐提出将一些佐杂官移驻城外村镇分防；三是将佐杂官分防地方，并赋有一定的职责，可在一定程度上减轻正印官的工作压力。至于广东佐杂分防之所以如此普遍，就在于清代广东中外贸易繁忙，商品经济发达，走私贸易相当猖獗，又滨海临山，岛屿众多，海盗出没，并且民风犷悍，械斗成风，造成基层治安压力格外繁重，因此将各佐杂移驻城外分防基层实属不得已。

综上，自清中期起，各地方州县所出现的这种佐杂分防现象，如邱先生所疑问，是否构成一种顶层意义上的制度安排，尚可继续讨论，不过如傅林祥先生所断，其构成当时地方行政制度改革的一个重要组成部分，大体上是应该成立的，这在清代广东方志中亦有所反映。

乾隆《顺德县志》卷三《舆地志》载：“乾隆二年，奉吏部文行，捕巡各官各按所辖地方，厘定县丞、典史、四司巡检分隶各堡而统属于邑宰，其若纲在纲，有条而不紊与。”咸丰《顺德县志》卷三《舆地略》、乾隆《南雄府志》卷五《营建志》、道光《直隶南雄州志》卷一一《建置略一》、乾隆《始兴县志》卷五《营建志》、嘉庆《始兴县志》卷五《建置志》都有类似记载，并且都明确指向是在乾隆二年，地方各地奉吏部行令实施佐杂分防。

至于清代广东基层佐杂分防之属性，若以周振鹤先生的行政区划概念来考量，其最符合行政区划形成所需具备的要件：分防佐杂均为行政官员，并拥有一定明确的辖区及辖域内有一定数量的村落和人口，有较为固定的常住行政机构并在其辖域行使一定的行政职能。因此，有的学者认为佐杂分防构成县以下一级行政区划。这似乎在县志中也可以得到一定程度的佐证。如同治《番禺县志》卷三《舆地略》、乾隆《顺德县志》卷三《舆地志》、嘉庆《东莞县志》卷九《坊都》、光绪《清远县志》卷二《舆地》，就是按照各佐杂分属来统计其辖域内的基层组织及乡村聚落的，而且同治、民国两朝《番禺县志》所刊“番禺县总图”俨然是以各佐杂辖属地作为第一区划层级来绘制的，彼此之间绘有明确的界线，且除总图外还附刊各佐杂辖属地分图。①这些县志似乎是将佐杂分防作为县以下一级政区单位来看待的。

有的学者则认为州县佐杂分防并不能构成县以下一级行政区划，焦点主要在于佐杂在其辖属地是负部分之责呢？还是全部之责？关于佐杂官的职责，前述学者有一些分歧，也有比较接近的看法，认为州县佐杂分防的主要职责是维持辖区内的治安秩序，尽管有时也涉及刑名、钱谷等由正印官专管的事务，但在其辖区并不能担负“征比钱粮”“审理词讼”“缉盗剿匪”“学校教化”等全面之责。②基于此，一些学者认为佐杂分防至少不能称为完整的县下政区单位，所以有的学者使用“准政区”或“次县级行政机构”这样的概念来指称。正是基于这样的认识，于清代香山县佐杂分防，拙文也推论“很难说其为完整的基层行政区划”。当然，若以胡恒修正的概念来衡量，将佐杂分防视为县以下行政区划自不成问题。

三、佐杂分防与乡村士绅在基层治理中的关系

其实，州县佐杂移驻城外分防地方，就是作为正印官的派出机构，为其分担部分职责，以减少其工作强度。即便正印官有警惕分权之顾虑，但在基层行政官员编制及经费极其有限、而乡村地域辽阔且治安压力愈益繁重的情形下，如前所揭，将佐杂派出分防地方以分担其部分职责，是为务实之举。对于佐杂分防的实际作用，邱先生表示怀疑，理据在于：一是佐杂官的数量配置如此有限，最多也就五六名，面对县城以外僻远广阔的乡村地域，如何有效地去行使其职责；二是从晚清一些史料来看，州县佐杂似乎大多时候是无所作为的。邱先生的怀疑不无道理，并强调晚清时期士绅依凭所控之公局、公约表现得甚为强势，其实际作用似乎远胜于这些佐杂官，这在某种程度上也有可能确为实情。对此，笔者认为有二点值得考量：

①民国《东莞县志》卷首《图》所载“县境全图”亦如此（《广东历代方志集成·广州府部（二四）》，岭南美术出版社，2007 年，第 10－11 页）。

②关于州县佐杂职责的详细论述请参见前引学者的文章，这些文章也提供了一些有关广东地方佐杂职责的具体史料。

一是“制度”的安排和设计是一回事，其实践及实际效果又是另一回事。清代，县一级的官缺配置和行政费用都非常有限，移驻城外分防地方的有限几个佐杂官，面对旷远的乡村地域，光是下到乡村去处理事务在路程上就颇耗费时日，这确实是其所面临的实效问题。不过，这总比原先皆驻扎在城内而临到有事则跑到乡下处理要便利得多。话又说回来，也正是在广阔僻远的乡村地域，存在大量仅靠这么有限几个佐杂官关照不到的地方，才为乡村社会士绅势力留下了其发展和壮大以致晚清时期似有取代佐杂的权力空间。倘若在州县地方基层所配置的佐杂官能严密有效地对基层社会实施管控，恐怕乡村士绅势力的成长要艰难得多。

二是如贺跃夫先生所析，从长时段来看，乡村社会控制的官治和绅权自治的消长，应是一个渐变的动态过程。前述学者的大量论证及所引史料证实，自清中期至晚清前，州县佐杂分防作为地方行政制度改革的组成部分，确实起到了加强控制基层社会的作用。单就清代广东州县佐杂分防管控基层社会的行政职能，学者胡恒就结合大量史料从缉捕盗贼、编查保甲、细事审理权、钱粮之权、社仓建设与督修围基等方面进行了较为充分而详尽的剖析。①

具体到香山县情形，首先大量史实说明其佐杂分防的安排的确出于实际需要。例如其黄梁都巡检司之设，史载“雍正九年，总督郝玉麟疏称香山地居海滨，在在险要，西设香山司一员，西北设黄圃司一员，东南则属典史管辖。属内黄梁一都，地方辽阔，孤悬海岛，距县治窎远，向无文员驻劄。典史势难兼顾，匪类易于潜藏，请添设巡检一员驻劄弹压。”可见，黄梁都巡检司之设实出必要。不且如此，“乾隆二年，藩司萨以粤东地处滨海，亟须巡缉，奏准香山司、黄圃司、黄梁司各设巡船二只，每只巡兵十二名，工食在裁汰民壮项内，按季赴藩司请领。嗣以县丞所辖地方均属紧要，复在黄梁司巡船二只内，抽出一只给县丞管驾巡缉。遞年奏销，仍在黄梁司额内作正支销”。可见，为增强分防佐杂的治安职能，地方官还奏准为其配置一定装备。再如，雍正八年添设前山寨县丞，就在于前山寨临近澳门，“离城一百二十余里，地居滨海，汉夷杂处，县令远难兼顾。”乾隆八年，又因澳门所驻外国人逐渐增多，县丞一员不足以应付，“总督策楞题请添设海防军民同知一员，耑理澳门夷务，驻劄前山寨，县丞移驻澳门。”可见，前山寨添设县丞及移驻澳门确为情势所需。

既然佐杂分防出于基层行政管理需要而安排，那么佐杂官在履行职责时是否起到实际作用，是否一开始就如同晚清情形一样似乎无所作为呢？现存清代《香山县志》有不少关于不同时期佐杂官在基层社会活动的记载，揭示了这一群体在基层社会网络中的重要作用。

---

①参见胡恒．皇权不下县？——清代县辖政区与基层社会治理［M］．北京：北京师范大学出版社，2015：136－147；李克勤《清代广州府属巡检司研究》（广东史志，1994年第3期，第45－49页）一文对广州巡检司职权亦有剖析。

首先，维护基层治安稳定确为佐杂官的主要职责。从乾隆至光绪年间，位居海疆的香山县颇受闽匪、海寇、红匪及列强等势力的困扰，而佐杂官在化解这些危机中起着重要作用。乾隆年间的县丞丁观国、嘉庆年间的典史沈莲、咸丰年间的县丞葛高翀及淇澳司巡检刘省三、光绪年间的县丞萧丙堃等，或率先士卒缉拿土匪，或督民壮力发炮击贼，或亲履诸乡劝义民捐饷，或以技亲授团练乡兵，或募兵成军勇猛善战，在民众协同下维持着基层治安的稳定。

在基层社会的一些民事诉讼中，也不乏佐杂官的介入。乾隆年间，有叔向县丞李魁元讼其姪，"求笞之"，并馈送县丞五十金以达其目的。李魁元阳受之而实则不满此人用贿行为，因此其姪虽理短，李魁元最后退其金而恕其姪罪，仅仅训诫教育。又如，乾隆年间，有叔侄争水，叔殴伤其侄，其侄诉至淇澳司巡检沈大耀，而沈大耀反以其所受为微伤、且叔殴侄当可忍受为由劝其撤诉，"其侄感悟而去"。再如，嘉庆年间，某地主向典史沈莲馈送数金，以期他严厉处置盗砍其山松者。沈莲则"询其情，悯其贫，语地主勿治，且反其金"。

此外，对于市场秩序的维持，亦有佐杂官介入其中的事例。如咸丰年间，有"豪绅某于当道领鱼虾行秤一柄，欲藉以抽收，合行鼓噪罢市三日"，恰巧当时正印官已赴往省会，县丞葛高翀则出面代表正印官处置此事，其"恳绅士，谕止之为，达上官缴秤，众始贴然"。

至于救助弱势群体、修葺村寨和扶持文教等民间细事，佐杂官亦多有所作为。在救济方面，史载乾隆年间，"时值岁饥，榄都民多菜色"，香山司巡检冀元亨则"屏去舆从，偕绅士之好义者，徒步劝谕，民赖以济"。又载咸丰年间，"邑中棺木店，因关税久系槥木船，棺价腾涌，贫民有藁葬者"，县丞葛高翀则"为请于大府，得免税"。在修葺方面，史载光绪年间，前山寨"旧寨斗大，遇飓风，民居辄罹害"，县丞萧丙堃"商之乡人，扩而充，有刘永康者，独力捐筑城墙，费金至四万，民以为便"。在文教方面，史载乾隆年间，香山司巡检冀元亨"尝延集榄中人士于榄山书院，课较诗文，优加奖赏。摄篆仅数月，人咸颂之。"

从以上佐杂官的事迹可以看出，他们履行职责时往往从实际情况出发，并不完全受限于其职官类型，多出于基层实际需要而适时介入和处理，从而维持基层社会的正常秩序。

不难看出，这些佐杂官对于基层社会民间细事的处置，确实在很大程度上分担了正印官的职责，在特殊情况下甚至可以代理正印官直接主事，前述县丞葛高翀处理豪绅操纵市场一事，以及后来同治二年邑令病殁而由他直接权理县事，就是如此。其中，一些政绩突出的佐杂官亦获得官方认可。前述淇澳司巡检刘省三就因却寇守城有功，被官方"奖叙六品顶戴蓝翎"。再如前述葛高翀，时任"巡抚郭嵩焘廉其贤，大加奖励"，后来其又被"保举卓异"。

当然，也可以看到佐杂官与乡绅之间既对抗又合作的博弈关系。有关对抗事例，前述县丞葛高翀处置豪绅某操纵市场一事即为一例，其通过恳请和劝谕的方式，终使豪绅终止其行为。再如，为对付匪乱，葛高翀曾劝义民踊跃捐饷，而富室某“夜奉百金为寿”以期免捐，葛高翀则“谕以急公赴义却之”。关于合作事例，香山司巡检冀元亨偕绅士好义者救济榄都居民饥荒，淇澳司巡检刘省三在乡绅举办的团练传授其技，以及县丞萧丙堃主持修葺城寨而获得刘永康独立捐筑城墙的支助，即为明证。一些佐杂官因其品行赢得了乡绅的尊重，例如嘉庆年间香山司巡检涂瑗，“在任数年，不扰一民，卸篆后，贫不能归，挈眷借寓榄都社仓。诸绅士重其为人，延主乡约事”。概而言之，在双方博弈之中，佐杂官并非就居于下风。

方志所载的这些佐杂官除善于任事外，大多廉政清明乃至清贫，颇受基层民众的爱戴。前述多有提到佐杂官拒绝用贿的事例，最为突出的是葛高翀。除前所及一例之外，还有两例，都发生在邑令陆锺江去世后由其权理县事期间。一是在羁押盗犯时，“有以三百金求乘间释者”，葛高翀“拒不纳，稽察愈严”；二是“钱粮税羡项，内可得千金”，他则“悉归陆家属，分毫无所染”，方志称其“居官清正”非一般。佐杂官多半比较清贫，前及香山司巡检涂瑗在去职后“贫不能归”，以及淇澳司巡检沈大耀“后卒于任，箧空如洗，民争赙赠，丧乃得归”，均可见一斑。对那些官品甚佳的佐杂官，民众的爱戴往往溢于言表、发诸内心。例如前及乾隆年间的县丞丁观国，其“既去官，民尸祝之”，又如县丞萧丙堃因“光绪十年来，令香山有惠政，民号曰‘萧活佛’”，又如典史沈莲，“盖素行孚人，故人皆乐为用云”，还有典史葛高翀在同治七年卒于官，“其子振嶙护柩回里居，民焚香跪送，不绝于道”。

综上，佐杂官的大量事迹揭示，从乾隆年间佐杂分防大体底定，至晚清咸丰、同治、光绪年间，佐杂官一直活跃在基层社会并发挥其作用，并获得官方、乡绅和民众三方的认可。在介入处理基层社会事务的过程中，佐杂官与乡绅等民间势力难免有着冲突，在化解这些冲突的同时亦尽可能争取乡绅的合作和支持。换句话说，对于基层社会的治理，作为皇权代表的佐杂官与绅权是一种合作关系，佐杂官具有来自官方的权威性自不待言，但在基层治理中又需利用地方士绅的民间权威来处理地方事宜。李克勤先生揭示清代广州府属巡检司的职能时也指出，巡检司在其运作过程中就十分注意与当地士绅的协调与结合，力图借助他们的经济实力及声望，来实现对基层社会的控制。不过，学者贺跃夫和刘洋都揭示出，时至晚清，清代佐杂官的设置及其职能逐渐萎缩，而乡绅等民间势力依托团练局所等非正式权力机构发挥越来越大的作用，甚至有取代前者的趋势。[①] 邱先

①关于晚清佐杂萎缩和士绅势力兴起的原因，请详见贺跃夫和刘洋先生的深入分析。

生的大量引证亦证实了这一点。

即使这样，佐杂分防也并没就此完全退出基层行政实践的舞台，甚至在一些县还出现了具有官方性质的佐杂分防机构和具有自治性质的公局、公约机构两相结合的情形，如在番禺县、清远县，试图将士绅所掌握的公局、公约等非正式权力机构架构为佐杂下辖的一个层级，形成“司属→公局”这样一个区划层级结构，从而成为清末地方一种新的基层区划。

据载在番禺县，捕属辖有邑学公所、金局（后改名为捕属集议所）；菱塘司属辖有南洲局、彬社局、冈尾局、石楼局、赤山局，沙湾司属辖有仁让局、石桥局、萝西局、鳌山局、韦涌局、古坝局、龙湾局、沙亭局、沙墟等乡十三公所，而沙菱总局则为沙菱两属士绅集议之所；鹿步司属辖有鹿步总局、升平局；慕德里司属辖有升平公所、安和局、凤凰局。在清远县，这种将局所架设在佐杂司属之下的情形似乎更早。史载其大致在雍正十年就于各乡分设保约，俗称“堡”，如滨江司属就有十六堡九十六约。至光绪十四年，改堡约为局，总共定为81局。其中，捕属有咸泰、联兴、合安北、合安南、联盛、古城、联安、乐善、同安、联善、齐康、信义、永康、源潭、大莲、人和、同和、中和、均安、赤城、保安、城南、和平、和安、云连、云平、太和等27局；潖江司属有仁安、义安、忠安、信安、永安、安定、靖安、联卫、兴礼、兴仁、官山、太平、同泰、联泰、高平、泰安、龙潭、公和等18局；廻岐司属有化平、平定、平宁、化宁、平康、平乐、升平、德和、保南、平安、均和、敦和、云祥、云平、云和、均益、同仁、云连、联福、卫宁等20局；滨江司属有坝仔、石坎、南涌、珠坑、河洞、屯步、石马、长洞、禾云、罗塘、岐塘、井塘、黄村、横石、浸潭、石潭等16局。即使清末民初之际，清远全县应乡镇选举之需统划为10区，区下分段，“然此为办团警之用，至其地域，乡人仍称之曰某局，于是局所成为疆域矣。”这些充分说明，士绅所控局所作为架构在分防佐杂之下的一个区划层级，有较为明确的权力地域范围及边界。

这种佐杂司属和士绅局所在地方基层的两相结合，一方面说明晚清士绅所控制的公局（约）等民间权力机构不断膨胀并确在基层社会发挥不可或缺的作用，另一方面说明此时地方政权对乡绅等民间势力不无依赖但顾忌仍在，并不打算任其完全脱缰自演。对于地方基层行政运作中的这种微妙关系，施坚雅在研究中国城市及市场结构时就注意到：“清代地方行政基本策略的一个明显问题，是如何谋取地方缙绅和商人的协助，使他们成为官僚政府的非正式代理人，但又不至于增强他们及其副政治机构的权力，而酿成对官僚统治的威胁。”

结　语

历史上县以下基层区划架构及其变迁，实则为历史上基层社会治理方式的反映。① 从历史上看，大体上，赋役征收、维护治安乃国家政权管理地方基层的主要内容。以香山县情形而论，其“乡→都→图、村”这一区划架构主要是基于解决赋役征收的考虑，而佐杂分防这一区划架构则主要是基于解决治安管控的考虑，二者重叠在一起发挥基层行政管理功能。从清中期佐杂分防基层的底定到晚清公约、公局等民间权力机构的出现，以及二者折射出来的官治与绅权自治消长变化的动态过程，体现出其基层社会治理的适时应对及其方式的调整。诚然，这种基层行政借助多重区划架构以维持基层秩序和运转的机理，还需要进一步论证。

参考文献

[1] 刘桂奇，郭声波．清代香山县基层建置及其相关问题［J］．海洋史研究，2015（8）：250－267.

[2] 邱捷．关于清代香山县基层建置的属性——兼向刘桂奇、郭声波先生请教［J］．海洋史研究，2016（9）：359－369.

[3] 周振鹤．行政区划史研究的基本概念与学术用语刍议［J］．复旦学报，2001（3）：31－36.

[4] 胡恒．皇权不下县？——清代县辖政区与基层社会治理［M］．北京：北京师范大学出版社，2015.

[5] 李东阳．大明会典（第1册）［M］．扬州：广陵书社，2007：357－358.

[6] 刘志伟．在国家与社会之间：明清广东地区里甲赋役制度研究［M］．广州：中山大学出版社，1997：50.

[7] 吴滔．明清江南基层区划的传统与市镇变迁：以苏州地区为中心的考察［J］．历史研究，2006（5）：51－71.

[8] 康熙饶平县志（卷一）［M］//广东历代方志集成·潮州府部（一八）．广州：岭南美术出版社，2008：30－31.

[9] 刘洋．清代基层权力与社会管理研究［D］．天津：南开大学历史学院，2012.

[10] 胡恒．清代巡检司时空分布特征初探［J］．史学月刊，2009（11）：42－51.

[11] 傅林祥．清雍正年间的次县级行政机构及其职能探析［J］．清史研究，2011（2）：60－67.

[12] 乾隆顺德县志（卷三）［M］//广东历代方志集成·广州府部（一六）．广州：岭南美

①关于基层区划的实践与基层社会治理之间的互动研究，可参见胡恒《皇权不下县？——清代县辖政区与基层社会治理》（北京：北京师范大学出版社，2015）一书。

术出版社，2007：292－293.
［13］咸丰顺德县志（卷三）［M］//广东历代方志集成·广州府部（一七）. 广州：岭南美术出版社，2007：58.
［14］乾隆南雄府志（卷五）［M］//广东历代方志集成·南雄府部（一）. 广州：岭南美术出版社，2007：401.
［15］道光直隶南雄州志（卷一一）［M］//广东历代方志集成·南雄府部（二）. 广州：岭南美术出版社，2007：195.
［16］乾隆始兴县志（卷五）［M］//广东历代方志集成·南雄府部（四）. 广州：岭南美术出版社，2007：68.
［17］嘉庆始兴县志（卷五）［M］//广东历代方志集成·南雄府部（四）. 广州：岭南美术出版社，2007：339.
［18］道光香山县志（卷二）［M］//广东历代方志集成·广州府部（三五）. 广州：岭南美术出版社，2007.
［19］光绪香山县志（卷一〇）［M］//广东历代方志集成·广州府部（三六）. 广州：岭南美术出版社，2007.
［20］民国香山县志（卷一〇）［M］//广东历代方志集成·广州府部（三四）. 广州：岭南美术出版社，2007：462.
［21］民国番禺县志（卷五）［M］//广东历代方志集成·广州府部（二一）. 广州：岭南美术出版社，2007：160－161.
［22］民国清远县志（卷四）［M］//广东历代方志集成·广州府部（四三）. 广州：岭南美术出版社，2007：410－411.
［23］施坚雅. 中华帝国晚期的城市［M］. 北京：中华书局，2000：396.

（原文发表于《广东第二师范学院学报》2018 年第 1 期）

民国时期广州城市卫生行政区划研究

刘桂奇

自清末发轫，经民初推动，公共卫生事业已渐成近代中国市政的重要内容。鉴于广州城市地域之辽阔，卫生事务之繁杂，管理人员之不足，1921 年广州市卫生局在成立之初，便将全市辖域统一划分为六大卫生区。每区设有固定的行政驻所、配备若干专业管理人员与卫生设施，作为市卫生局直属的分支机构，直接行使卫生行政职责。这样，便在全市范围内建立起一个以市卫生局为中枢、以各卫生区为分支的卫生行政空间网络系统。这一明显带有近代西方市政色彩的城市卫生行政区划建制，继广州之后，在北京、上海、天津、南京、南昌等沿海甚至内地城市逐步得以推行，在近代中国城市形塑了具有现代意义的公共卫生空间。对于近代这一基于城市内部单项卫生管理职能而确立的市政区划建制，目前学界尚未给予应有的关注①。本文试从历史地理学角度对其背景、演进过程、空间形态及其机制加以探究，以期深化近代中国城市公共卫生事业的研究，并在此基础上推动历史城市卫生地理的研究。

一、卫生行政区划设置的缘起

近代以前，中国城市没有专司卫生行政的管理机构。1901 年，清政府行“新政”，建立警察制度，中国才开始确立卫生行政制度②。晚清民初，很长一段时期，卫生行政机关只是隶属于警察部门的一个科，不具有行政职能的独立性。这种情形，如同中国其他城市一样，广州也不例外③。1921 年 2 月 15 日，广州

---

①目前学界有关中国城市型政区的研究，多从现代国家权益地方配置的角度切入探析其历史背景、类型和演变，对于基于城市单项管理职能的需要而架构的专门性行政区划却鲜少论及，参见傅林祥、郑宝恒：《中国行政区划通史·中华民国卷》，（上海）复旦大学出版社，2007 年，第 106－107、507－517 页；有关近代城市卫生行政管理的研究，多着眼于管理体制、机构与业务等内容，对近代城市所采用的卫生行政区划架构亦较少关注，参见李忠萍：《“新史学”视野中的近代中国城市公共卫生研究述评》，《史林》，2009 年第 2 期；历史医学地理学多关注历史时期疾病分布规律及其与地理环境之间的关系，尚甚少关注医政、卫生管理的地理学问题，参见龚胜生：《天人集：历史地理学论集》，（北京）中国社会科学出版社，2009 年，第 289－500 页。

②曹丽娟：《试论清末卫生行政机构》，《中华医史杂志》，2001 年第 2 期，第 86－88 页。

③具体情形可参阅周瑞坤：《公共卫生与广州城市现代化（1901—1930's）》，硕士学位论文，（台北）台湾政治大学历史研究所，2003 年。

颁布和实施《广州市暂行条例》，正式实行市制。这是近代中国第一个实行市制的城市。市政厅作为市政机关，下设财政、工务、公安、卫生、公用和教育等六局[①]。作为中国地方最早建立的市级独立卫生行政机关，广州市卫生局的成立，标志着广州市卫生行政得以脱离警察体制而独立运行，自此可以专业有效地开展业务。

市卫生局的权责主要包括：（1）清除市街垃圾；（2）管理公立市场、屠场、浴场及取缔酒楼、食馆、戏院、厕所；（2）管理市民生死、婚嫁注册及办理户口调查；（3）取缔医生及药房之营业并监督私立医院；（4）管理市立检疫所及各种传染症病院、疯狂院；（6）其他关于公共卫生事项[②]。市卫生局最初内设防疫、洁净、教育和统计四课。防疫课的职责主要有：（1）关于市立医院、检疫所、传染病院、痨病院及其他特殊病院事项；（2）关于市立化验室、屠场、市场、浴场事项；（3）关于药品、食品、茶楼、酒馆、牛乳房、剧场、妓院之检查及取缔事项；（4）关于监督私立各种病院及休养院事项；（5）关于其他防疫事项。洁净课的职责主要有：（1）关于清除街道、疏浚濠沟事项；（2）关于取缔及计划卫生工程事项；（3）关于其他地方洁净事项。教育课的职责主要有：（1）关于开设卫生演讲事项；（2）关于编辑卫生著作及图书事项；（3）关于卫生标本陈列所事项；（4）关于其他卫生教育事项。统计课的职责主要有：（1）关于市民生死婚嫁注册事项；（2）关于医生接生及看护之取缔及注册事项；（3）关于户口及各种传染病患病人数之调查事项；（4）关于其他卫生统计事项[③]。当然，后来随着城市逐步扩张，卫生事务日益繁复，卫生局内设组织及其管理职能亦因之而调整。

由市卫生局及内设组织的职能可知，城市卫生行政所涉事务非常庞杂、繁琐，诸凡与城市居民衣食住行、生老病死相关的方方面面，以及与居民生活、生产密切相关的各行各业，都在其管理范畴之内。1928 年 4 月，广州市商业中，贩卖粮食类的行业有 5658 家，涉及酒米、粉面、海味、牲畜、鲜咸鱼、屠业、酱园、罐头食品、茶叶等；贩卖衣服类的有 3639 家，涉及鞋业、皮革、麻业、蚊帐器具等；经营生活供应类的有 4044 家，涉及饮食店、茶楼、酒菜馆、饼店、理发店、泡水浴房、洗衣店、旅店等；经营戏业类的有 153 家，涉及戏院、娼寮等；经营工厂类的有 258 家，涉及汽水、自来水、染房等；经营医药业类的有 1453 家，涉及生药、熟药、西药等；经营柩庄的有 9 家[④]。1929 年 4 月，牛乳房

---

①广州年鉴编纂委员会编：《广州年鉴》卷六，1935 年，第 52－54 页，广东省立中山图书馆特藏部。

②广州年鉴编纂委员会编：《广州年鉴》卷六，1935 年，第 55－56 页，广东省立中山图书馆特藏部。

③广州市市政厅总务科编辑股：《广州市市政公报》，广州市市政厅印行，1921 年第 23 号，第 6－7 页。

④广州市市政府统计股：《民国十八年广州市市政府统计年鉴第一回》，广州市市政府，1929 年，第 335 页。

有40家[①]。这些事关城市居民生活的行业都是现代城市卫生的监管对象。另据载，1928年4月，广州市警察区域面积为25.9平方公里，人口为811751人，每平方公里人数为31341.7人[②]。又据载，1928年，在警察区域内，广州市内街数量为50605条；1930年，在自治区域内，街道数为69802条[③]。可见，面对一个如此地阔人稠、行业繁杂的大环境，无有实足的管理机构和人员配备，恐怕难以应付层出不穷的公共卫生问题。然而，1925年前后，市卫生局职员共110人，除去属于处理局内人事、财务和其他杂务的7人，实际真正负责处理城市卫生行政事务的只有103人[④]。显然，区区103人，规模如此小的行政编制，无法将其管理触角探寻到街市每个角落。

鉴于"本市地方辽阔，诚恐卫生行政未能达到普及之地步"，1921年市卫生局成立之初，便决定"分设各区直接办事，以期分工合作，而增加工作效率"[⑤]，遂将全市辖域划分为六个卫生区，作为市卫生局直属分支机构，对全市卫生事务实行分区管理。之后，由于卫生经费不足、卫生行政事务及警区调整变化等因素，这一卫生行政区划架构亦处于不断演进之中。

二、卫生行政区划架构的演进

依据民国时期广州市卫生行政区划架构的自身发展轨迹，并结合该时期整个广州社会及城市卫生事业的发展进程，可以将该时期广州城市卫生行政区划的演进划分为三个阶段。

（一）卫生区时期：1921—1933年

广州市第一任卫生局长是胡宣明，虽然其任期仅数月，但近代广州卫生行政区划建制则是在其任期内确立的。其上任初，就以警区为基本行政单元，将全市辖域划为六大卫生区。每两个大警区构成一个卫生区，每区设主任一人，设区员2～4人，有固定的驻所（图1）。各卫生区的具体管理职责与卫生局完全一致。显然，六大卫生区成为市卫生局直属的六大派出分支机构。据载，六大卫生区设

---

①广州市市政府统计股：《民国十八年广州市市政府统计年鉴第一回》，广州市市政府，1929年，第339页。

②广州市市政府统计股：《民国十八年广州市市政府统计年鉴第一回》，广州市市政府，1929年，第52页。

③广州市市政府统计股：《民国十八年广州市市政府统计年鉴第一回》，广州市市政府，1929年，第23页；《新广州》，广州市市政府印行，1930年第1卷第2期，第39页。

④广州市市政厅总务科编辑股：《广州市市政公报》，广州市市政厅印行，1925年第203号，第691－693页。

⑤广州市市政厅总务科编辑股：《广州市市政公报》，广州市市政厅印行，1934年第483号，第16页。

立之后，广州市整个“卫生行政，颇收指臂之效”①。可见，这种分区管理的卫生行政区划建制，确实符合当时广州整个城市卫生事业之所需。

但这种“指臂之效”，很快就因经费问题而难以为继。1925 年，由于卫生经费困难，六大卫生区被裁撤，遂行变通办法。还是以警区为基本单元，每个警区仅设助理员 1 人，共 36 名，分驻于各警区之内，隶属于洁净课管辖。每区另设什役 1 人，伕役若干名，在助理员指导下，就近佐理洁净事宜。这样，就在全市范围内形成了 36 个卫生区，但其业务范围已经收缩到仅仅管理段内清洁卫生。1928 年 4 月，遵照市府令将洁净课划归公安局，遂将三十六区全部裁撤，恢复原来六大卫生区。每区设主任 1 人，助理员 4 人，卫生警察若干，办理段内卫生行政②。卫生行政区划六区建制，经一度中断复经恢复，自此基本定型。

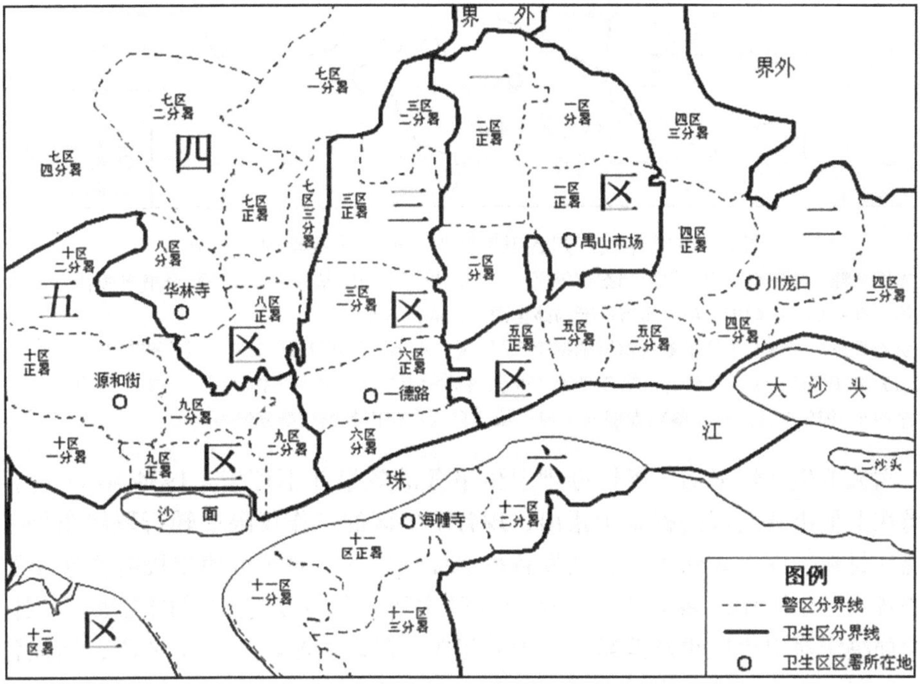

图 1　1928 年广州市各卫生区区域分布

地图来源：本图系以程天固《广州市工务之实施计划》（广州市工务局发行，1930 年）一书扉页《广州市警察区域人口密度图》为底图改绘，同时参照 1935 年《广州年鉴》卷三《土地》第 235 - 238 页《广东省会警区区域表》修正部分警区的划定。

资料来源：各卫生区辖域依据 1928 年 6 月 19 日《广州市政日报》第 10 页所载《最近改正之卫生区职员及处所》一文予以确定。

①《广州市卫生行政之检讨》，广州市政府卫生局出版，1935 年，第 11 页。

②李宗黄：《模范之广州市》，出版者不详，1928 年，第 131 页；《广州卫生》，广州市政府卫生局出版，1935 年第 1 期，第 115 页；《广州民国日报》，1928 年 4 月 11 日第 6 版。

（二）卫生区事务所时期：1934—1938 年

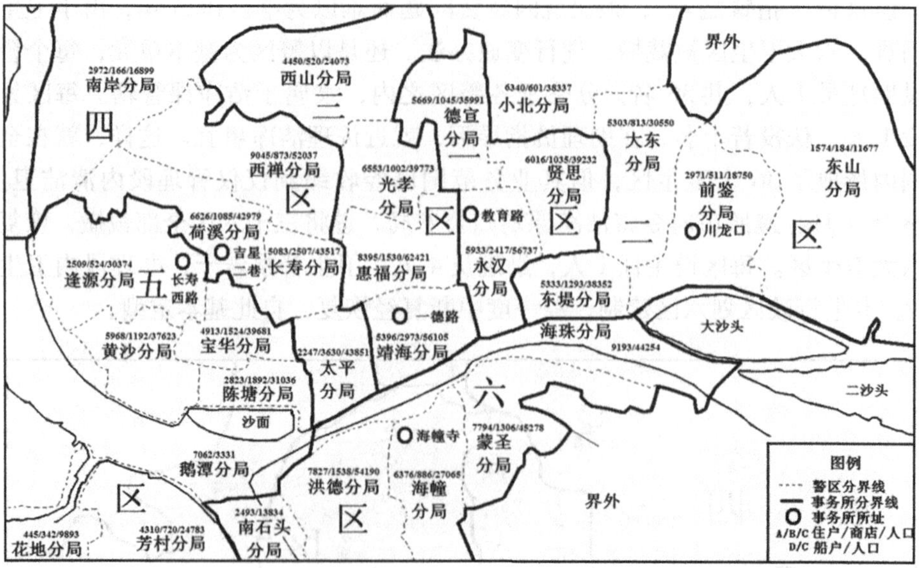

图 2　1930 年代广州各卫生区事务所辖区及辖内户数分布

地图来源：本图系以中国第一档案馆等所编的《广州历史地图精粹》（大百科全书出版社，2003 年）一书第 106 - 107 页《1927 年广州市最新马路全图》为底图改绘。

资料来源：①各卫生区事务所辖域依据 1935 年《广州年鉴》第 238 - 239 页《广州市卫生局所属卫生区域表》和 1936 年《广州卫生》第 2 期第 135 页《第六卫生区事务所工作概况》一文予以确定。②图中数据来源于 1935 年《广州年鉴》卷四《人口》第 5 页《广州市各类户数分配表》。

六大卫生区恢复后，各区办理卫生事务的效果并不理想。1934 年 11 月，卫生局在上呈市政会议的提案中指出，现各卫生区的工作仅限于转行取缔条例、收集统计材料、支给粪伕工饷、缮发各种表证等事务，对于可使市民有直接蒙受福利的各项卫生工作，多未顾及，这与设区主旨不符，实有改善的必要①。因此，卫生局决定对卫生区重新改组，扩大其组织，易名为某区卫生事务所，加强各项积极的卫生工作。在治本的方面，加强卫生常识的灌输和普及以及学校、工厂卫生的监督和推进，以提高市民卫生水准；在治标的方面，则设立赠诊所，对贫民免费诊病，对贫妇廉费接生，普及免费接种，对贫民实施医疗救济②。卫生区改组为事务所后，每区设主任一人，医师兼区员一人，配药生一人，护士二人，特约助产士三人（非正式职员），事务员一人，调查员一人。除主任及事务员、调

①广州市市政厅总务科编辑股：《广州市市政公报》，广州市市政厅印行，1934 年第 483 号，第 16 页。

②广州市市政厅总务科编辑股：《广州市市政公报》，广州市市政厅印行，1934 年第 484 号，第 140 - 141 页。

查员共四人为原来所设之外，实际上增设了医务人员四人①。事务所时期，社区医疗服务成为各卫生区工作重点。

这个时期，由于警区建制变更（正分署制一律改为分局制）导致警区区划大幅度调整，加至自身组织的扩充，各区卫生事务所辖域也随之有大幅度调整。第四区和第一区，原先分别被第五区和第二区从南部隔断，现调整为南北贯通的条形状（图 2）。此外，第六卫生区原先所辖十二区署的鹅潭、花地、芳村均划归于第五区，仅保留南石头、海珠。经过调整后，在空间格局上，六区大体上以珠江为横向轴线，沿江依次南北纵向分布。此期，市卫生局原本还打算再增设四区，即在南石头、小港、芳村、沙河分设第七、八、九、十卫生区，但最后除将芳村、南石头分别划入第五、六区外，小港和沙河二区并没有建立②。

（三）乡卫生所时期：1948—1949 年

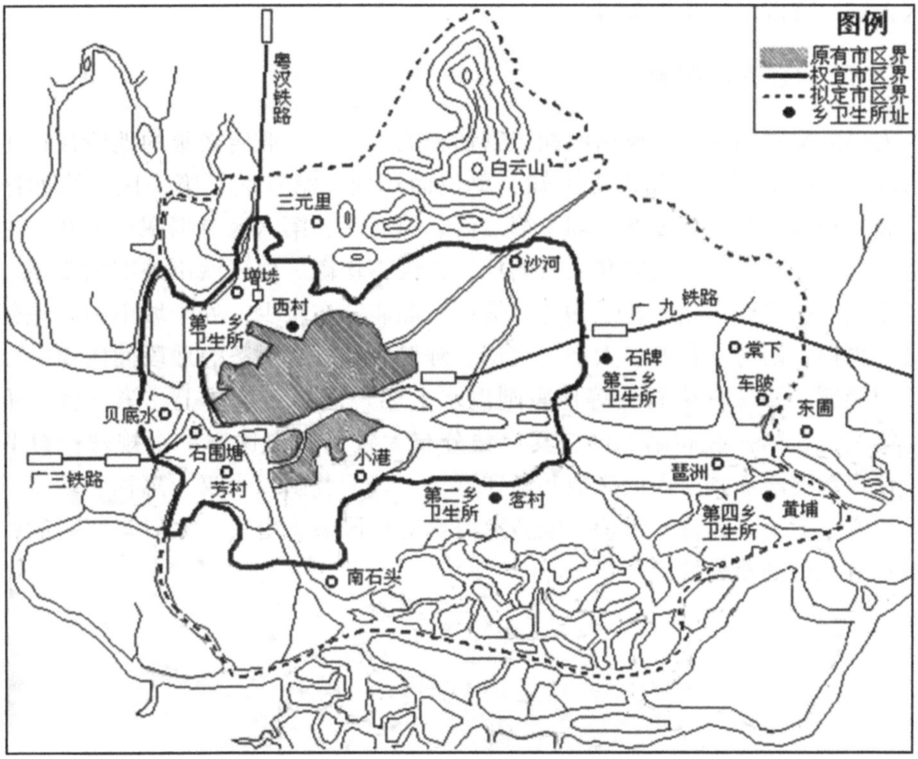

图 3　民国时期广州市乡卫生所区域分布

地图来源：本图系以李宗黄：《模范之广州市》（出版者不详，1929 年）一书扉页《广州市区域图》为底图改绘。原图为广州市工务局于 1923 年制作，比例尺为 1∶100000。

①广州市市政厅总务科编辑股：《广州市市政公报》，广州市市政厅印行，1934 年第 483 号，第 19 页。

②广州市市政厅总务科编辑股：《广州市市政公报》，广州市市政厅印行，1935 年第 517 号，第 133 页。

广州沦陷期间，广州市卫生事业正常进程被打断。1945 年光复后，市卫生局最初恢复了原先的六个区卫生事务所，后又将第二、三、四、五区裁撤，仅留第一、六区。1948 年，将第一区卫生所改为第一乡卫生所，设址于西村西增路 9 号；将第六区卫生所改为第二乡卫生所，设址于敦和区客村。另在石牌新石牌村设第三乡卫生所，在黄埔乡胡氏宗祠新设第四乡卫生所①。战后恢复时期，市卫生局正努力构建市郊乡村地区卫生行政空间网络系统。

三、卫生区人口与资源的配置

纵观广州卫生行政区划建制的演进过程，六区制应该是一个较为理想的架构。初期的一度裁撤，后期的难以为继，并非六区制本身的结构性问题，主要由于诸如卫生经费、社会动荡等外部因素所致。因此，有必要剖析 1930 年代各卫生区人口与资源的结构性配置。

（一）居住人口配置

人口的配置与住户、商店的配置密切相关。住户、商店密集的地段往往也是人口高度集中的所在。据表 1 可知，单位面积内，第三区、第一区、第四区住户、商店与人口的密集度都远高于第二区、第五区、第六区。据图 2 可知，在各卫生区内部，其住户、商店和人口的配置也极不均衡。位于城市外围的南岸、西山、小北、前鉴、东山、花地和芳村等地段商店分布较少，处于城市中心地带的永汉、惠福、靖海、长寿、太平、宝华、陈塘、洪德、蒙圣等地段商店集中度较高，而鹅潭、海珠和南石头等地段则以水上船户居多。整体上，第五区、第四区、第三区、第一区和第二区，其户数分布大致呈现出这样一个规律：自北往南，住户数逐渐递减，而商店数逐渐递增。人口配置则以永汉、惠福、靖海、太平、长寿、荷溪、西禅、洪德、蒙圣和海珠等地段最为密集。人口与商店的密集区域具有高度的重叠性。

①《广州市卫生局及附属机关沿革调查表》，广州市档案馆馆藏，全宗号 18，目录号 2，案卷号 84。

表 1　1930 年代广州各卫生区面积、住户、商店和人口配置

区别	面积		住户		商店		人口	
	平方公里	占比（%）	户	密度（户/平方公里）	户	密度（户/平方公里）	人	密度（人/平方公里）
第一区	2.73882	7.7	17 618	6432.7	4497	1641.9	131 960	48 181.3
第二区	6.83894	19.2	21 521	3146.8	3402	497.4	137 666	20 129.7
第三区	3.12556	8.8	24 794	7932.7	6025	1927.7	182 372	58 348.6
第四区	5.95442	16.7	25 973	4362.0	8261	1387.4	199 283	33 468.1
第五区	6.939072	19.5	20 68	3021.7	6194	892.6	206 721	29 790.9
第六区	9.974672	28.0	22 090	2214.7	3730	373.9	184 621	18 509.0

资料来源：①1935 年《广州年鉴》卷四《人口》第 13 页《广州市各类户数分配表》；②1935 年《广州年鉴》卷四《人口》第 35 页《广州市人口密度表》。备注：第五区鹅潭分局仅有船户 7062 户。第六区海珠分局无商户，住户 93 户，船户 9193 户，其南石头分局无住户和商店，仅有船户 2493 户。

（二）医疗资源配置

首先，从各卫生区每千人拥有医务人员数来看：（1）每千人拥有中医生数的顺位依次为：第五区拥有 1.6 人，第三区拥有 1.3 人，第一区拥有 1 人，第六区拥有 0.7 人，第四区拥有 0.6 人，第二区拥有 0.5 人。（2）每千人拥有医师（西医）数的顺位依次为：第一区拥有 1.2 人，第三区拥有 1.1 人，第二区拥有 0.8 人，第四区拥有 0.6 人，第五区拥有 0.6 人，第六区拥有 0.2 人。（3）每千人拥有牙医师数的顺位依次为：第一区拥有 0.4 人，第三区拥有 0.3 人，第五区拥有 0.2 人，第二区拥有 0.1 人，第四区拥有 0.1 人，第六区拥有 0.1 人。（4）每千人拥有助产士数的顺位依次为：第一区拥有 0.5 人，第二区拥有 0.7 人，第三区拥有 0.5 人，第六区拥有 0.4 人，第四区拥有 0.3 人，第五区拥有 0.3 人。各卫生区每千人拥有中医生和医师数的比重有一定悬殊，而每千人拥有牙医师和助产士数的比重差距不大，都不到 1 人。

其次，从各卫生区拥有药店数来看：（1）各区中药店的比重顺位依次为：第四区占 31.4%，第五区占 26.6%，第三区占 17.9%，第六区占 14.2%，第二区占 9.1%，第一区占 6.3%。（2）西药店比重的顺位依次为：第五区占 29.6%，第四区占 28.4%，第三区占 19.8%，第一区占 17.3%，第六区占 3.7%，第二区占 1.2%；（3）成药店的比重顺位依次为：第四区占 44.6%，第三区占 23.8%，第五区占 12.7%，第一区占 8.8%，第二区占 6.5%，第六区占 3.4%。毗连一片的第三、四、五区，为老城西部至西关东部一带，历来是广州药店最为密集的区域。

表2　1935年12月广州各卫生区医务人员和药店统计

项别		第一区	第二区	第三区	第四区	第五区	第六区
医务人员（人）	中医	149	70	233	128	328	129
	医师	153	115	193	112	130	43
	牙医师	55	16	45	19	44	22
	助产士	70	102	90	53	68	57
药店（间）	中药店	34	49	97	170	114	77
	西药店	14	1	16	23	24	3
	成药店	31	23	84	158	45	12
	生草药店		30		23	16	

资料来源：《广州卫生》，广州市政府卫生局出版，1936年第2期，第111、117、119、124、127、131、133、134、141、143页。

再次，从医疗资源地段分布来看，各区内部配置亦不均衡。以第四卫生区为例，南岸医疗资源最为稀缺。中医生主要分布在西禅、长寿、太平和荷溪等区域，尤以长寿最为集中。医师主要分布在太平、长寿和西禅等区域，尤以太平最为集中。牙医师亦主要分布在太平、长寿、西禅，尤以太平最集中。至于助产士，除南岸外，其他几个区域相差不是很大。再以第五卫生区为例，鹅潭医疗资源最为稀缺，宝华、黄沙、逢源、陈塘中医生配置较多，而宝华、逢源、陈塘则西医配置较足，牙医师以宝华配置最多，助产士以黄沙分布最多。这种内部地段医疗资源严重分布不均衡的情形，自会影响到区内居民看病的方便性和可达性。

表3　1935年10月广州第四、五卫生区医务人员的空间分布

项别		中医生	医师	牙医师	助产士
第四区	南岸	0	0	0	2
	西禅	30	12	4	12
	荷溪	17	5	0	13
	长寿	53	15	6	13
	太平	25	68	11	16
	合计	125	100	21	56

续表

项别		中医生	医师	牙医师	助产士
第五区	逢源	34	14	0	7
	宝华	91	53	28	8
	黄沙	67	5	0	20
	陈塘	51	12	8	7
	鹅潭	0	0	0	0
	花地	13	1	1	3
	芳村	17	4	1	1
	合计	273	89	38	46

资料来源：《广州卫生》，广州市政府卫生局出版，1935 年第 1 期第 131、142 页。

综上，在六区制架构下，各卫生区人口与资源的配置具有三大特点：（1）整体上，除第六卫生区外，在其他五个卫生区，人口与医疗资源主要密集于各区中南部，北部配置相对稀薄些。（2）第一区、第三区与第四区毗连一片，其中南部处于城市中心地带，人口与医疗资源配置远比基本上处于城市外围的第二区、第五区、第六区要密集得多。（3）人口与资源配置相对稀薄的第二区、第五区、第六区，其辖域则比第一区、第三区、第四区辽阔很多。

四、卫生区划空间形态的机制分析

据前述可知，广州城市卫生区划空间形态特点有三：（1）1920 年代，六区制为划定卫生行政区域数目的一个基本架构；（2）六区制时期，江北的五大卫生区基本上以珠江为横轴，沿江依次南北纵向分布，第六区则东西横向块状式展布；（3）乡卫生所时期，四个乡卫生所亦以珠江为轴南北分布，主要集中东部、南部市郊乡村地区。这些特点的形成，是有其内在和外部依据的，涉及城市人口规模、地理与社会空间特征、城市扩张方向等各种因素。

（一）城市人口规模

1920 年代，六区架构是广州市卫生局卫生区划的一个基本考虑面。那么，六区架构的基本依据什么呢？是基于城市人口规模，还是基于城市面积？限于资料，有关当初胡宣明确定卫生区数目的出发点，尚不可知。不过，我们可从其他一些史料链加以初步推断。

1934 年，全国卫生行政技术会议曾经公布过一个《都市卫生行政大纲及其暂行评判标准》，对城市卫生区的划分有如此规定：每十万人口应设立卫生所一处，一百万人口的城市应设立卫生所十所[①]。显然，这是以城市人口规模作为划分卫生区的基本考虑面。据载，1921 年，广州城市总人口为 790035[②]，而当时卫生区总数为六个，每个卫生区平均人口在十三万左右，基本与《标准》的规定相吻合。1930 年代，广州城市人口已上百万[③]，按照《标准》的规定，全市应设立十个卫生区。其实，市卫生局也确曾考虑增设四区，但最终还是维持六区架构。即便如此，各卫生区人口大体维持在十万以上二十万以内（表 1），大体是符合《标准》的。由此可以初步推断，广州城市人口规模是当初胡宣明确定六区架构的基本依据，

其实，前述《标准》起先是由美国公共卫生专家兰安生博士与他人制定、于 1928 年在中国出版的[④]。1921 年，兰安生博士任北京协和医学院病理系副教授。1923 年，创办协和公共卫生系，担任系主任。1925 年，在北京市东城内一区建立了“北平第一卫生示范区”，人口在十万人左右。1928 年，更名为“北平市卫生局第一卫生区事务所”[⑤]。正是在这个时候，前述《标准》出笼。之后，1930 年代，北京又先后建立起第二、三、四卫生区事务所。

广州市首任卫生局长胡宣明是美国霍浦金斯大学公共卫生学博士，在美留学期间便曾巡回考察美国各地有关公共卫生业务。1921 年，他所在的广州市第一届市政班子都具有欧美、日留学背景，各局的课长、课员有 80% 以上为留洋学生。首任市长孙科留学加州大学及哥伦比亚大学，对市政素有研究，其起草的《广州市暂行条例》及其制定的系列市政制度就是以美国制度为蓝本的[⑥]。据此可以推断，在从来没有任何现代市政管理经验的中国环境中，无论是兰安生博士，还是胡宣明博士，他们实施城市卫生行政区划的蓝本只能来自欧美经验。即早在欧美国家城市，就已经按照前述《标准》所规定的人口规模实施卫生行政区划。

我们尚不清楚近代欧美国家城市设置卫生区的具体情形，但有一点可以肯定，最早在中国城市实施卫生区划的是在英美所辖的上海公共租界。1907 年前后，上海公共租界卫生处在界内按照东、北、西、中四区设立 14 个卫生区（即中一区，中二、三区，东一、二区，东二区，东四、五区，东六区，北一区，北二区，北三区，北四、五区，西一区，西二区，西三区，西四区），每区各设一

---

①《公共卫生月刊》，1936 年第 2 卷第 1 期，第 10 页。

②《新广州》，广州市市政府印行，1931 年第 1 卷第 3 期，第 62 页。

③广州年鉴编纂委员会：《广州年鉴》卷四，1935 年，第 35 页，广东省立中山图书馆特藏部。

④《公共卫生月刊》，1936 年第 2 卷第 1 期，第 10 页。

⑤杨念群：《“兰安生模式”与民国初年北京生死控制空间的转换》，《社会学研究》，1999 年第 4 期，第 98 - 113 页；《北平市卫生局第一卫生区事务所第十年年报》，1935 年第 10 期，第 1 页。

⑥周瑞坤：《公共卫生与广州城市现代化（1901—1930's），（台北）台湾政治大学，2003 年。

卫生分处，负责各该区域内的发病与死因调查、卫生宣教、预防注射、公共卫生、消毒和卫生稽查等事宜[①]。这可以充分佐证，欧美国家对城市卫生早就实施这种分区管理模式。时至1920年代，这种城市公共卫生管理模式已相当成熟[②]。

城市公共卫生问题主要与单位面积人口密度正相关。单位面积人口密度越大，居民生活垃圾产量就越多，街道卫生清洁的难度就越大，疫病传染的可能性就越大，等等，由此引发的公共卫生危机风险系数也就越高。因此，按照人口规模及人口密度来确定卫生区的数目及各区辖域大小，无论在欧美国家城市，还是后起的中国城市，都是比较科学和合理的。

（二）城市地理和社会空间特征

1920年代，六大卫生区呈现出以珠江为横轴，沿江依次南北纵向分布的空间结构，无不与广州城市地理和社会空间特征密切相关。首先，在地理空间结构上，广州地势东北高、西南低，北部是山区，东北部是中低山地，中部是丘陵台地，南部是珠江三角洲冲积平原，地形海拔依次降低。广州位于西江、北江和东江汇合处。三江流向基本上受五岭制约，循地形总倾向由北向南流，最后汇集于珠江，自西向东穿城而过。受地形与水系走势的影响和制约，广州城市主干街道、渠道、濠涌亦以南北纵向布局居多。可见，六大卫生区以若干警区为基本单元，以珠江为横轴，沿江依次南北纵向布局，与广州地形总走势基本一致。

在社会空间结构上，广州城市呈现“西富东村”和“南富北贫”的结构形态[③]。西关平原及南关滨江地带“因港而商、因商而富”，老城则作为官衙区及权贵居住区，“因衙而尊，因官而贵”，东部惠爱街、双门底一带为行政核心区和传统商业区，西部光孝街、纸行街、诗书街一带为军事核心区，而北关和东关因接近山区和处于丘陵台地，经济落后，较为贫穷。珠江北岸长堤、西濠口一带，乃近代广州商业中心，南岸河南沿江西北角一带，亦为经贸繁荣的商业区。与广州地形与水系由北往南走低的展布一样，广州人口与商业分布亦呈现出由北往南逐渐走高的态势。在广州城市中南部——即贤思、永汉、光孝、西禅、荷溪与长寿一线至珠江南岸沿江一带——即洪德、海幢和蒙圣的西北角一线之间，形成一个条形状的人口和商业密集带。据图2－2可知，各卫生区的南北纵向布局形态与这一社会空间特征高度切合。

因此，基于地理和社会空间机制而确立的卫生区南北纵向空间结构，使各卫

---

①上海卫生志编纂委员会：《上海卫生志》第15篇《卫生行政机构》第2章《租界卫生行政机构》http://www.shtong.gov.cn/node2/node2245/node67643/node67662/node67752/node67875/userobject1ai65388.html.

②《广州卫生》，广州市政府卫生局出版，1936年第2期，第5－6页。

③魏立华、闫小培、刘玉亭：《清代广州城市社会空间结构研究》，《地理学报》，2008年第6期，第613－624页。

生区内部条件大体趋向平衡，由北往南，依次既有台地、丘陵、平原，也有贫户、富户（江南住户由南往北依次为贫户、富户），彼此间卫生事务繁简程度不至于悬殊太大。涉及具体划分，据前述，城市人口规模及其人口密度，是确定卫生区数目及各区辖域大小的重要参数。第一区、第三区、第四区人口和商业的密集度远高于第二区、第五区、第六区，但后三区的辖域面积则远阔于前三区。这在于第一、三、四区大部分地段处于城市中心地带，住户、商业和人口非常密集，所涉卫生事务自然繁杂许多，于是其辖域面积的划分相对窄小一些，而第二、五、六区由于囊括了大量人口、商业稀薄的市郊地段或水上区域，所涉卫生事务相对简省很多，其辖域面积的划分相对就辽阔许多。可见，人口密集、工作难度与辖域面积呈负相关。

（三）城市扩张方向

据图3可知，民国时期广州城市的拓展方向主要是朝东，其次往南。这主要与其自然地理条件的限制有关。北部多山地、丘陵，向北拓展自然受阻，西部虽平坦，却地势低洼，多水患且人口稠密，不宜居住，而南部多为平原，亦有部分台地，尤其东部多台地，地势颇高，最适宜居住。伴随广州城市的扩张方向，城市卫生区划亦朝东往南方向拓展。1934年卫生区改组时，市卫生局就考虑在西南部的芳村、南部的南石头与小港、东部的沙河新建四个卫生区。1940年代后期，位于东、南部的远郊乡村：彬社、公和、敦和、沥滘、崇文、龙洞、石牌、冼猎杨、恩州、车陂等被重新纳入市区范围①。市卫生局随之在这些远郊地区建立了四个乡卫生所，除了一个在城西北，其他三个在东、南远郊乡村，一个新的乡村卫生行政网络系统已然成型。总之，广州城市朝东往南方向的扩张，亦牵引着卫生区的整体布局走向。

（四）卫生经费与政治因素

如前述，卫生经费的不足，社会的动荡，使广州城市卫生行政空间网络系统的延续与拓展受到了很大的掣肘。1920年代初，六大卫生区设置不到五年就因经费问题被裁撤。1930年代，卫生区改组时计划新设四个卫生区，但也因经费问题最终搁置下来。改组后的卫生区积极开展业务，渐入佳境，但不到四年便因广州沦陷而被迫中断运作。广州光复后，市卫生局一度恢复原先的六区建制，以便应付因战争破坏导致的繁重的卫生事务，但最终也因经费问题而无法继续维持其设置，而只能勉强维系新建的乡村卫生行政空间网络系统。

综上，无论卫生区数目的设置，还是卫生区空间结构的布局，抑或卫生区域

①广州市地方志编纂委员会：《广州市志》卷二，（广州）广州出版社，1998年，第157页。

的扩展方向，都是基于一定具体的城市地理、人文环境来进行安排的。因此，广州城市卫生行政区划所体现的卫生空间管理设计自有其内在的合理性，在很大程度上契合了现代市政发展的需要。

余论：现代城市公共卫生空间的构建

近代中国城市诸如广州、上海等，由于传染病频仍，不断上演公共卫生危机的惨剧[①]。传染病的频率、烈度及其危害程度，都与城市公共卫生空间的安排设计和控制程度密切相关。近代之前，中国城市公共卫生空间由于人们对其概念模糊而处于散漫、无序和放任的混沌状态。在传统城市中，城市居民以一个个自然社区为生活单元，其饮食起居、生老病死基本上处于自我管理的状态，很少受到政府的强制性干预，甚或一些破坏城市公共卫生的不良行为，诸如随意倾斜垃圾、随地吐痰、随街大小便、任意抛弃死尸等，也不会受到任何惩罚。即便是在城市发生严重的流行性瘟疫，也很少对居民进行强制性的检查、隔离和注射疫苗。

卫生行政区划架构的现代意义，不仅在于通过建立一个覆盖城域的卫生行政空间网络有效地开展卫生工作的需要，更在于在“医学国家化”的背景下，借助这个空间网络系统，依仗国家公器的支持和相关卫生法规的保障[②]，通过一系列卫生行政业务的推进，逐步打破了原有城市社区的传统分布格局，对城市传统空间重新进行分割和组合，建构起现代城市公共卫生的空间[③]。在卫生行政区划架构之下，原先生死健康处于放任状态的城市居民开始被纳入国家或政府整体设计的卫生空间管理框架之中，传统社区被分割、组合为一个个“卫生社区”。每个“卫生社区”有明确的辖域和边界，设有行政驻所，配有相应管理人员及设施。每个“卫生社区”通过生死统计，种痘和疫苗注射，赠医施药和产妇接生，茶室、酒店等餐饮业和戏院、影院等娱乐场所的卫生检查，医疗机构和医务人员的管理等卫生业务，将城市居民强制性地纳入一个个“社区卫生”或“社区医疗”保健体系之中。这样，若干界线明确的“卫生社区”最终组合成一张辐射全城的卫生行政空间网络。原本模糊的城市公共卫生空间逐渐变得边界清晰、责任主体明确，现代城市“社区（医疗）卫生”网络系统初步成型。

继广州后，在20年代中后期至30年代中期，北京、上海、天津和南京等沿

①参见张泰山：《民国时期的传染病与社会》，（北京）科学文献出版社，2008年。

②广州市卫生局医务课教育股编：《广州市卫生局规程汇编》，1928年；广州市卫生局编：《广州市卫生局规程汇刊》，1933年。

③杨念群：《北京“卫生示范区”的建立与城市空间功能的转换》，北京市档案馆：《北京档案史料》，（北京）新华出版社，2000年第1期，第205－231页。

海大城市，甚至南昌、长沙等内地城市亦逐步实行城市卫生区划管理。在北京，1928 年成立第一卫生区事务所，1933 年成立第二卫生区事务所，1934 年成立第三卫生区事务所，1936 年成立第四区卫生事务所①。在上海，1933 年成立高桥区卫生事务所和江湾区卫生事务所，1934 年成立沪南区卫生事务所，1936 年成立沪北卫生区卫生事务所②。在南京，1932 年，成立南京市卫生事务所，办理全市卫生事业，最初下设 6 个分所，1935 年达到 17 个③。在天津，1936 年，在全市设立 9 个区卫生事务所。在南昌，1934 年，在全市设立 4 个区卫生所④。对于城市卫生区划，前述《都市卫生行政大纲及其暂行评判标准》设定“卫生行政组织”标准分为 15 分：（1）在市政府下设独立卫生机关者为 5 分；（2）划分区域每十万人口设立卫生所一处附设诊疗所者为 10 分，如某城人口一百万设卫生所十处时得 10 分，如仅有五处则得五分，其他按此折算⑤。可见，尽管具体进程及路径略有差异，但构建现代“社区（医疗）卫生”网络系统，已为近代中国城市卫生管理的重要诉求，亦为衡量其是否合格的重要指标。

（原文发表于《中国历史地理论丛》2014 年第 4 期）

---

①《北平市卫生局第一卫生区事务所第十年年报》，1935 年第 10 期第 1 页；内政部卫生署、全国经济委员会卫生实验处卫生教育系主编：《卫生半月刊》，1934 年第 1 卷，第 10 期第 31 - 33 页，第 11 期第 40 - 41 页；杨念群：《“兰安生模式”与民国初年北京生死控制空间的转换》，《社会学研究》，1999 年第 4 期。

②上海市政府秘书处：《上海市市政报告（二十一七月份至二十四年六月份止）》，1936 年，第 16 页；上海市卫生局：《卫生月刊》，1934 年第 4 卷第 2 期，第 84 页；上海市通志馆年鉴委员会：《民国二十六年上海市年鉴》卷二十，中华书局股份有限公司，1937 年，第 20 页。

③南京市政府秘书处：《新南京》第三章《市行政组织》，南京共和书局，1933 年，第 2 - 5 页；内政部卫生署、全国经济委员会卫生实验处卫生教育系主编：《卫生半月刊》，1934 年第 1 卷第 10 期，第 40 页；《南京市卫生事务所工作报告》，1935 年，第 2、39 页。

④南京国民政府内政部编：《卫生统计》，1938 年，第 16 - 18 页。

⑤《公共卫生月刊》，1936 年第 2 卷第 1 期，第 7 - 10 页。

铜鼓再释：以万家坝墓葬群为个案的学术思想探讨

刘焱鸿

铜鼓研究一度成为中国学者最感兴趣的话题之一，背后的学术关怀是对区域民族史及民族起源的关注。1973 年，云南楚雄万家坝发现的墓葬群引起了中外学者对滇西青铜文化起源、分类、族属等问题的争论，其所出铜鼓被认为解决了铜鼓起源的根本性问题。因此，在当时所见的各类溯古问题的讨论中，万家坝铜鼓被认为取代了越南出土的玉缕东山鼓的世界最古铜鼓地位；铜鼓分型第一次以向考古学命名看齐的面貌出现：万家坝型铜鼓既顺理成章地被纳入了中国学者寻觅已久的后黑格尔铜鼓断代系统的 I 型，也成为原生性青铜文化代表的物质证据。① 其后关于谁创造了万家坝青铜文化等一系列问题的讨论，万家坝型铜鼓都作为力证被反复证明其文化原生性的可能。显然，万家坝墓葬群的发现至少建立了对西南民族调查以及研究的基调，成为滇西地区青铜文化发展的主要标尺之一。

40 多年过去了，铜鼓研究的学术问题热潮暂告一段落，但关于万家坝型墓葬群的讨论仍在延续，有学者从年代学和类型学的角度重新考虑原来发掘报告的年代断代，出土的铜鼓作为具有科学断代的力证在铜鼓的有关研究中占据了主角地位。长期以来对万家坝铜鼓的认识远超对万家坝墓葬群的认识，相关讨论的缺失恰恰说明了对滇西地区文化认知的缺乏。万家坝型铜鼓的意义恰恰是西南民族地区早期历史写作的重要组成部分。自 20 世纪初开始的西南地区民族研究，基于铜鼓问题所引发的“内外”民族界定，对万家坝墓葬群重新认识的情境分析，都有助于厘清铜鼓研究这一物质个案的纵深发展。

---

①奥籍学者黑格尔在其著作《东南亚古代金属鼓》的序言中即提及“我在本书有关章节里，力图对那些已经得到明确描述的纹饰最重要的起源加以论证，目的就是要解决全部纹饰的这个极有意思的问题”。此书于 1902 年完成，作为古代铜鼓研究的重要参考著作对后来研究者的影响不言而喻，以至于当中国、越南两国学者就哪里才是铜鼓起源地展开争论时，都不约而同地对黑格尔的观点持赞成的态度，并以各自发现的铜鼓进入黑格尔分类系统作为问题解决的最终目的。但务必注意的是，对黑格尔著作的态度并不是始终如此的。

一、万家坝墓葬群发掘所见及基本结论

万家坝位于云南楚雄市鹿城镇东南约3公里处，墓葬群位于楚雄城东南3.5公里，龙川江支流青龙河的西岸，在1973年农田基本建设中被偶然发现。遗址共发掘古墓79座。其中一类墓45座，分布于墓区西北部；二类墓34座，位于墓区东南部，大体以墓区中部棺大者为界。随葬品中包含铜器1002件，其余为陶、木、玉石、玛瑙、琥珀、绿松石、锡器。5件铜鼓分别出自M1、M23中，出土时鼓面向下，体分三段。Ⅰ型4件，出于M23；出土时两两相对，平行排列；四扁耳，鼓面有太阳纹，腰部褶纹，鼓内壁有爬虫纹、卷云纹等。Ⅱ型1件，出于M1腰坑，鼓面有太阳纹，近足处两道弦纹。

该墓葬群的发掘，特别是5件铜鼓的发现，为区域社会的民族史研究增加了物质证据。从万家坝型铜鼓、万家坝青铜文化到万家坝型青铜文化区域的形成，诸前贤得出“万家坝墓地是奴隶社会方兴时期的写照”“当时社会上阶级的划分和贫富的对立也十分显著”的基本结论；同时，由万家坝墓群的墓葬形式多为有腰坑的竖式土坑墓，及无胡戈等器物，他们判断“万家坝墓群尽管带有强烈的地方色彩，但也可看出与祖国内地古代文化的密切联系”，“当时滇西地区的越西族和昆明族还处于‘随畜迁徙，毋常处，毋君长’的原始社会发展阶段，因此，出土的青铜器比之滇东地区不仅数量少，制作上也较为粗糙。……这种文化上的共同因素，无可置疑地证明了战国至西汉时期云南边疆和中原地区在政治、经济、文化等方面都有紧密的联系”。然而无论是从铜鼓的定义、实际功用还是社会礼仪的角度出发，铜鼓的使用情境被有意无意地放大，其中蕴含着多种“先进与落后”“中央与边缘”的概念对比，预置性地将铜鼓这一物质个案与民族历史联系在一起，在相当长的时期内成为学界的主流共识。

二、20世纪西南民族研究的肇始

1911年辛亥革命以来，无论是学者，还是学术机构，都在试图追问并重塑关于“中国文化”的定义。安阳殷墟的发掘为追寻中国文化源头提供了线索，确认了殷商历史的基本范围；在云南、四川、甘肃和青海等省的田野工作显示出学人对重新确立文化版图和政治边界的兴趣。① 孙中山提出的五族共和理论——汉、满、蒙、回、藏民族平等，直接源于清以来帝国版图对应的族群分布，却在辛亥

①对夏文化的追寻，正是在殷商信史被确立的前提下开始的工作；另外一个饶有趣味的话题围绕着如何记录和保存那些未开化的原始文化而展开，摄影技术通过租界被引入中国，成为现实主义创作的另一个新工具。

革命之后广为流传，体现了边界区域向心力的认同问题。新的民族观念借助革命的影响塑造了时人对国家疆域的理解，其暗流更延伸至中华人民共和国成立以后大规模的民族识别调查中。

对早期的西南研究者而言，以上观念影响极大，包括罗香林、徐松石等都认可并支持这一观点。[①] 但也有学者认为，所谓南方“你群”的族群是具有不同声音的民族。[②] 但无论哪一种声音，都对边界区域充满了未知的神秘探求，认为这些原始区域尚待深入了解。20 世纪 20—40 年代，继大批外国旅行家、传教士、学者进入西南地区之后，中国人类学界学者开始对西南少数民族进行科学研究。中央研究院历史语言研究所行动最早，成绩亦最突出。此外，中山大学研究院文科研究所、燕京大学社会学系、岭南大学西南社会经济研究所、南开大学文科研究所、金陵大学中国文化研究所、华西大学中国文化研究所、中山文化教育馆研究部民族学研究室、大夏大学社会研究部等也致力于深化对西南地区的认识。

首先，铜鼓在一开始的区域民族历史研究中并没有得到重视。唐宋以来流寓南方的文人偶有见及，他们出于猎奇的心态将铜鼓载入诗文。清乾隆年间编辑《西清古鉴》收录铜鼓 14 面，云：“此器今世多谓之诸葛鼓，盖武侯渡泸后所铸。然考马伏波平交趾，亦铸铜为鼓，则先诸葛有之矣。大抵两川所出者，为诸葛遗制，而流传于百粤群峒者，则皆伏波为之。”《西清古鉴》将铜鼓分作两大类，对铜鼓的来源及收集都语焉不详，所谓分类也只是根据纹饰作叙述性的描写。《西清续鉴》甲乙编在此基础上又收入了铜鼓 9 面。铜鼓与其他金石器物不一样，它的使用时空更广阔，偶然的发现占了绝大多数，它既不是普遍意义的传世品，也不具有绝对的年代价值。清以前的学者对器物的关注来源于它的纹饰，尤其是铭文所反映的历史，但绝大部分铜鼓并不具有这些特性。其次，铜鼓被视为少数民族的传统（barbarian origins），直到晚清才逐渐进入收藏者、研究者的视野；它作为少数民族的物质文化表现，作为最能代表南中国民族智慧和工艺的结晶，自然而然就与少数民族早期历史的研究联结起来。闻宥甚至一度指出，铜鼓不是汉族的产物，是西南民族独立的文化。

三、谁代表西南文化：以铜鼓为中心

从铜鼓的型式、纹样等分析，引申到区域民族历史研究的一系列问题，是铜

①如徐松石一再强调南支汉族的范围是今日百越等地，包括两广、浙江等地所建的小国，都是南支汉族的佼佼者。

②李济的博士论文 *The Formation of the Chinese People*（《中国民族的形成——一次人类学的探索》）是 1923 年在哈佛大学研究院完成的，初稿的第二章《中国人种之构成》曾由雷宝华据打字稿译成中文于 1925 年发表于《科学月刊》第 9 卷第 11 期。此书是研究中国人类学的第一部著作，但似乎并未引起足够的讨论。笔者所见为江苏教育出版社 2005 年 11 月整理版。

鼓研究的习见法式。时人学者把注意力集中在万家坝所出铜鼓的纹饰、型式上，虽也有关于墓葬群中其他包含物，如青铜编钟、青铜兵器的年代和型式分析，但研究者认为，这些物品在方法论上与铜鼓并无实质区别，最终指向仍然是该地区的民族史早期发展过程的书写。① 在解释万家坝型铜鼓的问题上，中国学者的争论在墓葬群发掘前后出现了微妙的变化，最重要的理论支撑在于黑格尔系统所界定的基本规范。黑格尔的《东南亚古代金属鼓》（1902 年）将其收集的 22 面铜鼓分成了 4 个基本型和 3 个过渡型。对基本型 I 型，黑格尔有如下描述：

> I 型鼓差不多都是大型或特大型鼓。它们通常都烙有年代深远的印记（如严重氧化、存在各种各样的缺损等）。……大多数鼓鼓面突出鼓体外的部分十分明显。……鼓体表面，大都有略为相间的有规律地排列着的纹饰，它们比其他类型鼓上的纹饰显得更为原始，其他类型鼓的装饰花纹就都是从它这里演化出来的。……

黑格尔对 I 型铜鼓的基本判断主要来源于广东以及《西清古鉴》收录的铜鼓，因此所谓最原始形态的铜鼓是一个“回溯”的想象——在Ⅱ～Ⅴ型基础上的简化。值得注意的是，黑格尔在成书时又发现了一面原始形态铜鼓，即“东京盖列特Ⅱ号鼓”，因为无法分类，便将其列入“奇特的鼓”单独介绍。后来被证实其与万家坝类型相近，或者叫“先黑格尔 I 型”。但黑格尔却无法将其归纳入他的断代系统之中，他认为：

> 但它缺乏其他鼓那应有的星体，缺乏鼓面的大多数纹饰，它甚至整个鼓体纹饰全无。
>
> 更可侧证所谓的黑格尔系统是一个简化的纹饰判断过程。

查尔斯·海厄姆（Charles Higham）认为，I 型主要于公元前 1 世纪下半叶在越南和东南亚其他地方以及中国南部、西南部生产；到了公元 1 世纪，越南已经停止生产这类铜鼓，但公元 5 世纪左右中国南部还在继续生产。对中国学者而言，黑格尔系统是一个过分成熟并且延伸时间过长的断代，其视野过分集中在回应东南亚地区的早期青铜文明的问题上，反而对中国本身丰富的材料视而不见。

---

①如青铜编钟方面，相比较的单位涵括了四川、广西等地，但用以证明的却是各地的生律法倾向。“与楚雄万家坝完全一致，当是万家坝的继续和发展。洱海、礼社江水系的祥云、楚雄，包括川西的会理，主要以纯律三度为特征的纯律分布区。广南与贵县两地，其铜鼓自身的生律法倾向，基本上与洱海类型的万家坝鼓相一致，表明有一定的继承关系。万家坝出土的羊角钮钟在同属句町的西林县以及贵县、容县、浦北都有出土，反映出这一文化的传播脉络。”

1949年以后国内各大博物馆开始收集、征集民间所见铜鼓，西南各省着力最多。1952年四川大学历史博物馆在闻宥等人的努力下成绩颇为突出："北京大学马学良先生来访，听到我们共有十一具，以为可能是全国之冠。十个月之后，我们又加上了约二分之一。"；广西后来居上，至少在万家坝型铜鼓发现之前，广西是以"铜鼓之乡"自居的，其凭据是黑格尔Ⅱ型在广西发现最多，其形态也最接近想象中的原始类型。至20世纪50年代中期，闻宥等学者对黑格尔的分类编年提出反对意见，认为黑格尔系统是一个欧洲的系统并且刻意淡化了中国早期文明的发达程度。① 此时西南区域学者在判断黑格尔系统时出现了新的分歧，焦点则转移至谁代表"文明的开端"的历史中了。

与此同一时期，越南学者热衷于通过物质文化体系的构建进一步确认国家早期历史的传统。在东山文化（Dongson Culture）的发现和发掘过程中，识别并建立了玉缕鼓是体现越南文化的独有产品的论断，并以此为证将越南上古时段的发展纳入文明的源头，玉缕鼓也顺理成章地在黑格尔的铜鼓断代中占有一席之地。中国学者对于这一观点的回应长期停留在对文本细义的辨析，如骆越人的由来等问题。因此，20世纪70年代万家坝墓葬群——特别是万家坝型铜鼓的发现，被认为有力地反驳了越南学者的论断；万家坝所见铜鼓是比黑格尔Ⅰ型更为原生的状态，因此云南才是真正的"铜鼓之乡"，也是真正的铜鼓研究的起点。此后长达20年的论争进程中，对早期铜鼓起源问题的探讨历经从一元到二元再到多元发展的共鸣观点，但中国学者则一致认定万家坝型铜鼓是迄今为止世界上最早的铜鼓，云南楚雄是世界上最早的铜鼓的诞生地。

四、铜鼓的情境主义分析

对万家坝墓葬群的情境分析是厘清识别地方传统进而建立民族史范式的关键节点。在墓葬中发现的五件铜鼓须重新进行检验。从出土环境看，其中四件并列垫于木棺之下，一件与铜釜、铜编钟共存，不同的用途代表了两种不同的文化倾向及使用表达。首先，铜鼓与制作铜鼓的族属并不能直接对应，一个族群历经时空变迁和人口迁徙呈现出复杂的面貌；其次，出土铜鼓只能证明它的存在，却不能断然判断万家坝具备大型青铜铸造工坊，且有铜鼓制作的传统。铜鼓和铜鼓的使用文化缺乏必要的社会联系。如果万家坝型铜鼓只是一个外来传统的物质表达，那么制作、传播和使用等一系列的社会文化信息过程，反映的是文化移植和被移植，接触和交往，以及更宏观的区域交流。从目前已知材料中，研究者没有发现万家坝所在区域存在能够生产大型青铜器的条件，相反，墓葬群中包括的青

①这一点在闻宥、黄展岳等人的东式和西式分法，洪声和李伟卿的型、式分法，汪宁生和李定的标型分类法中都被特意强调。他们各自根据的材料不一，但大概而言并没有超出原来黑格尔的分类思想。

铜兵器以及生产工具、具备多种特征的装饰题材元素反而进一步表明万家坝所在的文化区域存在大量杂糅的文化表征。

对万家坝文化理解的核心在于识别不同取向的文化系统和定性史论。在论及先秦两汉时期的南中国区域历史发展时，基于文明发展指标和研究思路已有较为清晰的明断：岭南以及东南亚地区是一个统一的文化区域；日本学者吉开将人用铜盂、铜洗的个案做了行之有效的考古学和历史学分析，认为岭南地区和越南北部是一个统一的青铜世界。① 而海厄姆指出的“东山综合体”（Dongson Complex）正是包括了中国南部、东南亚大陆和印尼群岛。就铜鼓而言，其起源问题的争议从云南到广西，再从中国到越南，创造铜鼓的人民在历史的书写中游弋不定，而物质的情境研究反而被置于次要位置。铜鼓作为联系“东山综合体”的物质指标，在南中国区域历史发展的过程中，与东南亚大陆地区共享了其理念并予以发展，其作为“夸富宴思路”的典型指标，更符合陈列财富的需求，这完全迥异于东亚大陆类型青铜文明的国家文明框架。在古典文献记录中属于帝国的“边缘”群体形成了多样的物质结盟关系，并以铜鼓作为威望和权力的典型标志。循此思路，研究者对铜鼓问题往外扩展的制度行为以及社会组织将有更多新的研究。

五、结语

由以上讨论内容可见，铜鼓研究及由此衍生的学科意识是在整个 20 世纪中反复出现并引起争议的学术现象。云南楚雄万家坝墓葬群的铜鼓研究既是标识起源问题的典型样本，也为研究范式的学术史提供了更为复杂的回顾路向。笔者认为，以情境分析方法完善并实现这一个案的综合研究，将为进一步解释铜鼓问题提供更为丰富的研究思路。

参考文献

[1] 吉开将人. 苗族史之近代（三）[J]. 北海道大学文学研究科纪要，2009，11（129）：29－84.

[2] 黑格尔. 东南亚古代金属鼓 [M]. 石钟健，黎广秀，杨才秀，译. 上海：上海古籍出版社，2004.

[3] 李龙章. 楚雄万家坝墓群及万家坝型铜鼓的年代探讨 [J]. 文物，2003（12）：49－55.

[4] HAN X R. Who invented the bronze drum? nationalism, politics, and a Sino-Vietnamese archaeological debate of the 1970s and 1980s [J]. Asian Perspectives, 2004, 43 (1): 7－33.

[5] 楚雄市志办，甘振林. 楚雄万家坝青铜器 [J]. 云南文史丛刊，1986（3）.

[6] 云南省博物馆文物工作队，四川大学历史系考古专业七四级学员. 云南省楚雄县万家坝

①该处可见吉开将人的一系列文章和相关论断，对民族问题和铜鼓研究也有相应的回顾和探索。

墓葬群发掘简报［J］. 文物，1978（10）11－28.
［7］云南省文物工作队. 楚雄万家坝墓葬群发掘报告［J］. 考古学报，1983（3）：347－381.
［8］张增祺. 从出土文物看战国至西汉时期云南和中原地区的密切联系［J］. 文物，1978（10）：29－40.
［9］徐坚. 追寻夏文化：二十世纪初的中国国家主义考古学［J］. 汉学研究，2006，18（1）：291－307.
［10］SARAH E F. Approaching the boundaries of a national landscape：picturing the frontier 1927－1948，studies on 20th century shanshuihua［M］. 上海：上海书画出版社，2006：371.
［11］松本真澄. 中国民族政策之研究：以清末至1945年的“民族论”为中心［M］. 鲁中慧，译. 北京：民族出版社，2000：56.
［12］闻宥. 铜鼓考［M］//四川大学历史博物馆所藏古铜鼓考·铜鼓续考. 四川：巴蜀书社，2004.
［13］CHARLS H. Early cultures of mainland Southeast Asia［M］. Chicago IL：Art Media Resources，2002：58.
［14］吴钊，等. 万家坝、石寨山铜鼓生律法倾向的初步研究［M］//中国铜鼓研究会第二次学术讨论会论文集. 北京：文物出版社，1986：70.
［15］吉开将人. 作为一个历史世界的岭南及北部岭南［M］//周伟民. 琼粤地方文献·国际学术研讨会论文集. 海口：海南出版社，2002：43.
［16］徐坚. 跨越边界：铜鼓民族考古学的三个范式［J］. 学术月刊，2013（12）：133－140.

（原文发表于《广东第二师范学院学报》2019年第1期）

历史如何记忆赵佗：追认南越的文化分析

刘焱鸿

在《史记·南越列传》的记载中，南越赵氏王国历五世共93年，自汉初赵佗据三郡称帝（公元前203年），至汉武帝元鼎六年（公元前111年）被灭。这段被后世研究南越的学者引用无数的史料成为追溯南越史最基本的参考依据。中国史界对岭南早期国家文明的认识就建立在这极其有限的古典文献基础之上。围绕南越兴衰史所开展的研究，其基本观点是：中原文明向外传播和辐射，影响了包括南越国在内的边疆文明的发展。对赵佗的相关研究，与此叙事模式高度吻合。一个来自河北真定赵氏家族的龙川令，最终成为抵御汉王朝势力的开国君主，成为边缘历史记忆中的一个关键性人物。关于赵佗的纪事、传说与灵验事迹，在民间，经由传说的传播而产生新的崇拜，赵佗成为地方的神祇；与此同时，从越南汉文的社会史材料之中，我们却得到另外一个截然不同的"侵略者"的形象。进入近世以来，对赵佗历史地位评价的讨论，反映了新的社会记忆的生成和文化的改变。本文所切入的视角，即缘由于此，并进而考虑：在历史记忆中不断被书写、改造、重新塑造的关键人物，如何影响和改变了我们对南越和南越国史的判断；在新的知识分类和研究视角不断引入的过程中，南越史的确立和追认过程也映射了自汉唐至当代不同历史文类的情境变化。

一、历史文类中的赵佗形象

在《史记·南越列传》中，"蛮夷大长老老夫臣佗"的自称，与赵佗的多重身份密切相关。《史记会注考证》引太史公自序云：汉既平中国，而佗能集扬越，以保南藩，纳贡赋，作南越列传第五十三。① "南藩"是司马迁力图证明南越国的政权属性和民族属性——戍守南边的少数民族，但其行文却恰恰展示了南越政

①司马迁著，泷川资言考证：《史记会注考证（第八卷）》，太原：北岳文艺出版社，1999年，第46－47页。

权的矛盾之处，这是“多重的地域结构以及多元的统治方式”的文本反映。[1] 同时，还可以在不同的言论中看到作为比附单位的南越国，如：

> 孝文帝时将军陈武上书曰：“南越、朝鲜自全秦时内属为臣子，后且拥兵自阸，选蠕观望。”[2]
>
> 建元六年，闽越攻南越边邑，赵胡使人上书曰：“两越俱为藩臣，毋得擅兴兵相攻击。”

上述二例仅仅是从一个方面反映了某一时期南越国自者与他者的认同问题。前者的眼光是自北往南，以南越作为朝鲜的同等政治实体进行比较，都对中原王室怀有野心，所以必须予以根除；而后者的自谦却是出于对战争军事势力援助的需要，因此未必代表事实上南越国自身的认同，只是为了表明南越在面对汉王室时是将自身与闽越列为“藩臣”的地位，尽管是“臣”也是“藩属”，实际上也是强调了南越国本身的政权矛盾性质。无论南越是作为“外越”之“内”，还是外越的全部，这里牵涉的“内”“外”观念都远不只是自我认识的问题，更是秦汉以来区域中心和政治中心的观念问题。

14 世纪以来，大批接受儒学教育的越南文人开始为本朝本国立史。从黎崱的《安南志略》（1340 年）开始，一批以汉文记录越南历史的书籍在复述《史记》《汉书》的记录时，开始加入和创作新型的本国历史，包括《大越史记全书》（14 世纪末—18 世纪）、《大南会典事例》（1855 年）、《越史通鉴纲目》（1859 年）、《大南实录》（1844—1909 年）等一批典籍的出现，在追溯国史起源以及处理当世政治事件上都表现出强烈的民族主义认同。这既与国朝对地方文脉的控制相关，亦同时产生了新的南越历史脉络。《安南志略卷第一·郡邑》中有这样一段开场白：“古南交，周号越裳，秦名象郡。”对本国的族群起源书写引入关于周朝的社会记忆。而“南交”的边缘表达了本土在赵佗击并之前，本地历史被纳入“天下”的政治边缘。[3]《岭南摭怪列传·白雉传》则记录了越裳氏献白雉以示臣服的故事，故事还讲述了周公通南路的事，将文郎国的历史顺理成章地纳入华夏系统之中：

---

①吉开将人认为，南越的中心区，为反映汉朝内臣的政治地位，则采用秦汉的制度；而对于周边诸势力则独自称帝，采用与汉朝的秩序不同的楚制。在新占领的北部越南地区，依据当地的实际情况，推行了相当柔缓的统治手段。吉开将人：《作为一个历史世界的岭南及北部越南》，收于《琼粤地方文献国际学术研讨会论文集》，海口：海南出版社，2002 年，第 49－50 页。

②司马迁：《史记·律书第三》，北京：中华书局，1959 年，第 1242 页。

③同样的理解在西南夷的历史当中亦可发现相似的线索。江西豫章人周季风编修的《正德云南志》（约成书于 1510 年）叙述了云南的“建制”，称“云南，唐、虞为南交、昧谷之交，梁州之域”。见方国瑜：《云南史料丛刊》（第六卷），昆明：云南人民出版社，1998 年。

周公问曰："交趾短发文身，露头跣足黑齿，何由若是也?"越裳氏应曰："短发以便山林之入。文身以为龙君之形，游泳于河，蛟龙不犯。跣足以便缘木。刀耕火种，露头以避炎热。食槟榔以除污秽，故黑齿。"①

这一段记录在今天研究看来，属于新闻类"民族文化"的范畴，却被细致描述为与文明开化相对立的一面。在故事的结尾，作者以"文郎国为要荒之地，文物未备"解释孔子不将其录入《春秋》的原因。而其边疆历史的变迁与发展湮灭于正史，却在神话志异中留下痕迹。

在《安南志略·古迹》一卷，黎崱记录了蜀王降诸雒、金龟筑螺城、赵佗败安阳王这三个故事，当中糅合了神话和传说，交代了越王城的由来以及三国时代之前的南边历史，非常值得推敲：

越王城（俗名可缕城，有古池。国【王】每岁采珠，用此水洗珠，色鲜丽。《在交趾【州外】城记》）：昔未有郡县时，雒田随潮水上下，垦其田者为雒民，统其民者为雒王，副王者为雒将。皆铜印青绶。蜀王尝遣子，将兵三万降诸雒，因据其地，自称安阳王。而王赵佗举兵袭之。有神人名皋通，下为安阳王辅佐，治神弩，一发杀万人。赵佗知不可敌，因住武宁县，遣太子始诈降，以图止。后通去，语王曰：能持弩则兴，否则亡。安阳王有女名媚珠，见太子始，悦之，遂为相通。媚珠取弩视之，阴易弩机。赵佗进兵，安阳王败，持避水犀入海。赵佗奄有其地。今平地县有安阳王宫城迹存。②

类似的故事情节在同时期的神志怪异小说中也有记载。《岭南摭怪列传·越井传》将南侵的时间推前，"后至任嚣、赵佗将兵南侵，复驻于此山"③。而在《岭南摭怪列传·金龟传》（下文简称《金龟传》）中，赵佗败安阳王的故事却有了不同的版本：

是后，赵佗南侵，与王交战，王以神弩射之，佗军败走，屯于邹山，

与王对垒。佗知王有神机弩，不敢再战，遣使请和。王喜，许小江以北佗治之，以南王治之（今月德江）。未几，佗遣子仲始入宿卫，求婚王女媚

①陈庆浩等：《岭南摭怪列传·白雉传》，《越南汉文小说丛刊第二辑第一册》，台北：学生书局，1992年，第54页。

②黎崱：《安南志略》，北京：中华书局，1995年，第29－30页。

③陈庆浩等：《岭南摭怪列传·越井传》，《越南汉文小说丛刊第二辑第一册》，台北：学生书局，1992年，第58页。

珠。王不意佗父子奸计，遂许之。仲始诱媚珠窃取神机弩，潜作别机，换取龟爪藏之。诈媚珠以归北省亲，因曰："夫妇之情不忍相忘，父子之恩不可偏废。吾且归省，万一两国失和，南北个别，我来寻汝，将用何物表识？"媚珠曰："妾为女子，遇此别离，情难胜矣。妾有鹅毛锦褥附于身，到那时节拔毛置诸歧路以示所在，庶得相救。"

仲始辞谢，挟机而归以告佗。佗得之大喜，发兵攻王。王恃神弩，不设备，围基自若，笑曰："佗不畏吾神弩耶？"及佗军进逼，王举弩射之，神弩已失，众遂奔溃。①

两种不同版本的叙事从许多细节体现了不同的社会观念。《安南志略》中的赵佗"进兵"，在《金龟传》中变为了"南侵"；遣子"诈降"的兵略转写为"入宿卫为质"；太子与媚珠相通，转写为"诱媚珠"窃取神弩。"神弩"的物化象征在《金龟传》中转化为具有神力的金龟之爪，且与越国王城——螺城的建造相关。关于螺城的记录，在《钦定越史通鉴纲目》中记录道：

封溪，今北宁省东岸县古螺城是。瓯骆，顾希冯《舆地志》：交阯，周为骆越，秦曰西瓯，则西瓯骆又在番吾之西。黄参《交广记》交阯有骆田，仰潮水上下，人食其田，名为骆侯，诸县自名骆将，后蜀王子将兵讨骆侯，自称安阳王，治封溪。

王筑城于封溪，广千丈，盘绕如螺形，号螺城，又名思龙城。②

官修越国史书的记录沿袭了黎崱的"典范历史"，但《金龟传》中的记录就更倾向于"天助"的神力。此处赵佗遣子为质的行径，正是《史记·南越列传》"入宿卫为质"的复写。《金龟传》中所记录的安阳历史，是一部自主自决意识浓厚的本国历史的范本；至于《钦定越史通鉴纲目》，并不录入此类神怪小说，却从官方的途径肯定了雄王时代的正统：

考之雄王之立也，建国号文郎，都峰州，分国为十五部，自是稍有制度而传世十八，历年二千有奇。按之北朝所称高阳氏之南至于交阯，陶唐氏之宅南交，周成王越裳氏之重译而来，皆在其内，犹有征信。则与前编之始起伏羲于义可稽，且明得统之所自奉拟。

越史建统应以雄王为始，其泾阳貉龙之事，别以传闻，附注于下，庶合

①陈庆浩等：《岭南摭怪列传·金龟传》，《越南汉文小说丛刊第二辑第一册》，台北：学生书局，1992年，第64－66页。另见：《岭南摭怪列传外传·金龟传》，内容相同，应为传抄的不同版本。

②潘清简：《钦定越史通鉴纲目》，越南国家图书馆藏，建福元年（1884），第9页。

> 疑以传疑之义，至于安阳王系自外国，乘人之衰，始则负力以并人国，继以尚怪为人所骗，忽起忽灭，其治不终。赵武帝据有番禺，与汉抗衡，终亦去号称臣。
>
> 奏惟臣邓国琅窃照鸿□氏纪泾阳王貉龙君雄王虽世代辽远，文字无传，纪事多属荒诞，然建都立国历有年所，均系我越之始君。故黎史臣吴士连撰大越史记，系在洪德十年当辰圣宗国统首君。当此儒臣辈出，济济跄跄，曾无一人言其非是。①

武琼在《岭南摭怪列传·序》中曾有一简介：

> 桂海虽在岭外，然山川之奇、土地之灵、人之豪杰、物之英异，往往容或有之。自春秋战国以来，去古未远，南俗犹尚简略，未有史册以记其实，故古事率多遗亡。其幸存而不泯者，特民间之口传耳。……如《鸿□氏传》是详言我越开创之由，《夜叉王传》是略叙占城前兆之渐，白雉有传志越裳也；金龟有传，史安阳也。

笔者从《越甸幽灵》这一专门记载越南各地神祇重要事迹且时代最早的典籍里面也发现它与《岭南摭怪列传》有相近的题材内容。《越甸幽灵》的编写年代早在14世纪初期，黎贵惇（1726—1784）在《见闻小录·卷四》中记载：

> 陈开祐初，奉御李济川撰《越甸幽灵》一卷，记诸神异祠庙；历代帝王八，人臣十二，灏气事迹……辞整事核，亦良史才也……

这一编写用意在于凸显越国始于雄王的悠久历史，强调“南国有人可知”的民族意识。文郎国故事等在中国典籍时代中有明确的纪年追认，但在这里都被追溯为“雄王时代”的故事。如扶董天王的传说故事，在《岭南摭怪列传·董天王传》中交代其故事背景为：“雄王以天下之富，缺朝觐之礼，殷王将托巡狩而侵之。”传说背后，是越南知识分子对北属时代的心智转托和反映。这一点从《安南志略》《大越史记全书》中可见端倪。两书在论断这一时期的越国政治状况时，用了“境内乱”“适国内有警”的话语。权衡14世纪以来这类文献的时

---

①潘清简：《钦定越史通鉴纲目·卷首·奏议》，越南国家图书馆藏，建福元年（1884），第4－7页。罗香林在《越族考》中引《旧唐书·卷四十一·地理志》“南越志：交趾之地，最为膏腴，旧有君长曰雄王，其佐曰雄侯。后蜀王将兵三万讨雄王，灭之，蜀以其子为安阳王，治交趾。其国地在今平道县东。其城九重，周九里”为证，他认为，唐时，安阳王在骆越所建设的城池尚能考见。罗香林：《古代越族考（上篇）》，载《国立中山大学文史学研究所月刊》，1933年第1（2）期，第38页。

代背景，正是越南与中国宋朝军队兵戎相见的时期。无论是扶董天王抗击外敌的英雄人物传记，还是抗击赵佗武王入侵的安阳王事迹，都是不同时空关系下的历史移植。

南宋人周去非在赴任广西的路上记录其所见所闻，是为《岭外代答》（1178年）。书中周去非将岭南历史的开端定为秦始皇“略定扬粤”，但赵佗治南越的事迹并不见于行文。在正统史观中，南越国一直被认为是地方的“割据政权”；地方知识分子在追溯本地历史的同时，着意强调“归汉”的文化倾向，淡化“自立”的意味。周去非的记录可视为这种记录文体的代表。而在更早之前，《广州记》中描述了与赵佗有关的政治景观：

> 熙安县东南有固冈，高数十丈，有冈西面为羊肠道，说者云尉佗登此望汉。①
>
> 越台井，井在州北越王台下，深百尺余，砖瓦完备，云南越赵佗所凿。广之井泉率卤硷，惟此井冷而且甘。②

这类记载追认了南越与汉室关系中的关键事件，构造出汉文化向南渗透的变化历程。但注意到这类文本的题材和作者，必然要对其写作背景和理念做一比较。即如沈怀远作《南越志》，沈怀远初为始兴王濬征北长流参军，因坐事徒广州，后官武康令，《南越志》就是他在广州时所撰。外来文人进入当地，以“广州夷人”的基调认识和处理所见风土习闻，并以范式化的地方志文类写作模式绘画和追认本土历史，赵佗的形象在其中更侧重土著酋长的一面。

明人吴中、王文凤纂修《广州志》（成化）时，职官表上只有汉使臣陆贾、将军杨仆、路博德，而不见赵佗的名字。直至黄佐纂修《广州志》（嘉靖）时，才将赵佗列入南越国赵氏世家，与五代十国的刘氏南汉国、元末东莞何真何氏家族并列，对赵佗的评价落脚在断代史与地方史的研究价值之上。追溯岭南历史的系统表述的建立，还应从屈大均写的《广东新语》开始。③ 欧大任、屈大均等认为吕嘉才是“越人之雄”，具有进步开化之功；相反，赵佗以一中国人入越，反而不泽被汉化：

> 自秦始皇发诸尝逋亡人、赘婿、贾人略取扬越，以谪徙民与越杂处。又适治狱吏不直者，筑南方越地。又以一军处番禺之都，一军戍台山之塞，而任嚣、尉佗所将率楼船士十余万，其后皆家于越，生长子孙，故嚣谓佗曰，

①【晋】顾微：《广州记》。
②【唐】刘恂：《岭表录异补遗》。
③范端昂：《粤中见闻》，广州：广东高等教育出版社，1988年。

颇有中国人相辅。今粤人大抵皆中国种，自秦汉以来，日滋月盛，不失中州清淑之气，其真笔者劗发文身越人，则今之徭、僮、平鬃、狼、黎、岐、蛋诸族是也。夫以中国之人实方外，变其蛮俗，此始皇之大功也。佗之自王，不以礼乐自治以治其民，仍然椎结箕踞，为蛮中大长，与西瓯、雒、越之王为伍，使南越人九十余年不得被大汉教化，则尉佗之大罪也。盖越至始皇而一变，至汉武而再变，中国之人，得蒙富教于兹土，以至今日，其可以不知所自乎哉。①

明末清初这一王朝交替时期，欧、屈等以汉族文化为本位的知识分子精英参与反清运动，并倡言以“汉”文化为本位的统合认知。因此，通过捍卫历史文脉中汉文化权威的地位，以达到解释当世历史的目的，是当时知识分子在学理上证明和诠释政治形势的必要手段。

19世纪中后期，如梁廷枏的《南越五主传》中对赵佗的评价又发生微妙的变化：“佗之成王，嚣成志。……论者以椎结箕踞待汉使，谓犹有夜郎自大心，不知佗方欲自外乎蛮夷，示无远大志，俾汉之君臣荒陋置之；又报文帝书曰：‘妄窃帝号，聊以自娱。’盖始以倔强，而终以滑稽，皆所以杜兼并之祸于无形，而并令受之者无以测也。”② 梁廷枏认为赵佗的政治智慧远高于汉室的估计，如果不是后世不能承继基业，南越的自立仍将延续相当长的一段时间。

明清以降，大量汉族文人进入此地，以见闻轶事为题材，以游记体著述了一批地理书和笔记。范端昂的《粤中见闻》就分天、地、人、物四部，考究地方物产、风俗、人情，以辨识“粤自赵佗谓居蛮夷久，人遂执为定论”的判断。③ 对赵佗以及南越国史的认知，在不同的社会阶层中被表达为越族在中国南方边缘的社会记忆。近代之前，秦和汉被视为南越时代最初两个最重要的时间节点。明末清初，秦始皇和南越国丞相吕嘉均得到正面评价，这从另一个侧面对赵佗的“蛮夷化”进行了批判。地方志体裁中，“中原汉化”的教化和影响，揭示了地方文化在南越时代的创造与历史书写。在南越史的背后，知识分子所关怀的，不仅是官修地方志中“普天之下，莫非王土”的想象，更是南越历史观与国家—边界明确文化观念的磨合和改变。

---

①屈大均：《广东新语》，北京：中华书局，1974年，第232页。

②梁廷枏、杨孚等：《南岳五主传》，收于《南越五主传及其它七种》，杨伟群校点，广州：广东人民出版社，1982年，第13页。

③程美宝：《地域文化与国家认同：晚清以来“广东文化”观的形成》第二章“岭外入中国”，上海：生活·读书·新知三联书店，2006年，第47－48页。

二、“地上”文本与近世之前的南越史研究

清代著名学者梁廷枏在《南越五主传及其它七种》序言中对南越相关史籍作了一个简要回顾：

然当时别无记载，传后陆贾《南越行纪》，今固不可见。由汉而来，《南越》《虞衡》二志，及《录异》《代答》《草木状》诸编，不过偶具一二轶事。传广州先贤者，陆、刘两家，又仅见《唐志》；黄氏书及欧氏《百越先贤志》，虽并断自汉，而于南越旧事尤属寥寥。故佗之立国，反以《史记》《汉书》犹为粗具始末……①

这一段总结所透露的信息至少有两点：南越历史的主要来源仍然仰赖经典文献《史记》和《汉书》，后来者的记录被史家视作轶闻奇谈。《南越五主传及其它七种》仿效考异体例，博取各种文本，“创造”了南越国历史的基本面貌。尽管如此，它的写作仍然不脱《史记》《汉书》窠臼，梁廷枏自言其成书“不能如《南汉书考异》之条分缕析”，先世文献阙如是其中重要的原因。南越文本在19世纪出现新的变化，一方面，地方精英分子对本土历史考辨得失、条理源流的努力蔚为风潮；另一方面，游记见闻的个人记录等“边缘文本”的大量存在，糅合了当时不同社会阶层的识见和面相。

关于南越和南越史的本土写作，在19世纪的地方文史编纂潮流中便有所追认。② 19世纪之前，南越的历史观念被包裹在地方史（或者“岭南史”）之内。唐宋之前，包括沈怀远的《南越志》以及范成大的《桂海虞衡志》等，都是地方官员游历或搜集罗列地域沿革、山川名由、民俗物产等方面的内容，这些材料或多或少包括了各种不同来源的早期历史的神话传说和故事。更重要的是，其背后是“普天之下，莫非王土”的想象，都表达了天下和九州的观念。③ 沈怀远在《南越志》中曾指出：

南越之地斗牛之分，扬州之末土也。南有大山，是为秦望。又有石匮峻

---

①梁廷枏、杨孚等：《南越五主传及其它七种》，杨伟群校点，广州：广东人民出版社，1982，第2页。

②麦哲维（Steven Miles）指出，此举除了表达广东学人对本地文化历史的推崇，他们也借着这类课题的研究表现了自己的考据功力。“Rewriting the Southern Han (917—971): The Production of Local Culture in Nineteenth-Century Guangzhou”, Harvard Journal of Asiatic Studies, Vol. 62, No. 1, June 2002: 39 - 75.

③关于南越、杨越和九州的观念辨考，已多有学者总结注释。参见屈大均：《地语·越》，收于欧初、王贵忱主编：《屈大均全集》，北京：人民文学出版社，1996年，第28页。钱穆：《史记地名考（下）》卷三十三《南粤东越地名》，北京：商务印书馆，2001年，第1458页。

起壁立，内有金简玉字，夏禹得之，以知百川之理也。①

类似的文法体裁屡见不鲜，在叙述本地历史之时，南越代表了地方开化和国家秩序建立的开始。一系列方志和笔记类小说在追溯中表达了对中国正统性的追认，表达“同一”起源的论述。具体而言，可以归结为三种类型：正统文本、神话志怪以及边缘文本。②

正统文本的叙事是南越历史的完整追溯。《史记·南越列传》以“中国人”作为南越的对立论述者，试图“想象”这一群生活在汉代中国南方的人们的故事。司马迁拟定的列传体裁的叙事文类在史记中“以记王侯将相英贤，略立功名于天下”，而材料来源皆以其涉猎游历作为佐证。李龙章据马王堆 M3 所出《地形图》考证，长沙国军事控制区边界向南逾过九嶷山，达到萌渚岭下的冯乘、谢沐一带。③ 因此司马迁的田野考察路径可能仅限于长沙国南界之内。集合了文献、行为仪式、口述等方面的社会记忆，包括了神话、传说和民间故事在内的散体叙事，都构成了南越“文字”历史的重要组成④——尽管在传统史学的考据方法中，如人物故事、道德故事、程式化故事往往被首先理解为彰显作者史志的意图，而未从“说书人”的第三者现场角色进行考虑。王靖宇在讨论《左传》的写作手法时就曾指出，历史学者为了追求叙事体本身的合理性和完整性，会不自觉地表现出小说家追求“情节的编造”的文学写法，《左传》作者就是“想写成一本对于某个历史时期的人和事的生动而真实的记载”。⑤ 然而，正如司马迁拟定的列传体裁，南越被置身于“天下”，亦即“中国”的南向观念之中，从而成为南越历史最“可信”的官方文本。《史记·南越列传》所传递的历史信息，表达了一套中原王朝文化南渐的曲折历程，这种信念直至 20 世纪 30 年代在广东本地知识分子中仍可见端倪，这种历史叙述一直作为印证南越历史的考古证据的基本动力。

神话志怪是最有选取性的社会记忆。在 13 世纪以前的汉文文献之中，无论是游历笔记还是正史文献，蜀王降诸雒、金龟筑螺城、赵佗败安阳王是反复出现的三种故事题材。但故事情节却发生了不同的走向，这一点一直持续至当代，并

---

①沈怀远：《南越志》，收于《五朝小说大观》，上海：上海文艺出版社，1991 年。

②关于神话和故事的界定，劳里·杭柯提出了四个准绳：形式、内容、功能和情境。参见《神话界定问题》，收于邓迪斯：《西方神话学读本》，朝戈金译，桂林：广西师范大学出版社，2006 年，第 63 – 65 页。而“边缘文本”在王明珂看来，则是“产生于各种认同与记忆混杂的边缘地带，产生于糅合各种记忆与认同以产生新记忆、新认同的边缘时间”，参见《英雄祖先与弟兄民族——根基历史的文本与情境》，台北：允晨文化实业股份有限公司，2006 年，第 145 页。

③李龙章：《“楚国南界已越过南岭”质疑——兼谈两广青铜文化的来源》，载《广东社会科学》1994 年第 3 期，第 73 – 74 页。

④关于“散体叙事”的讨论，参见威廉·巴斯科姆：《口头传承的形式：散体叙事》，收于邓迪斯：《西方神话学读本》，朝戈金译，桂林：广西师范大学出版社，2006 年，第 8 – 13 页。

⑤王靖宇：《中国早期叙事文研究》，上海：上海古籍出版社，2003 年。

影响了新型“节日”的出现与改变。张兆和在分析广西沥尾京族起源神话时发现，“蜈蚣精尸首断为四截”的故事发生了变化，在京族知识分子的表述中，“四截”变为“三截”，他们将神话起源从中越之间改写为发生在中国国境之内的故事。[①] 而另外一部分可检验的资料在《越南汉文小说丛刊》之中得到总结。成书于14、15世纪的《岭南摭怪列传》《越甸幽灵》等，记录了古代岭南百粤民族的传说，显示出对“我越有国”以来本地历史建构的想象。[②] 这类想象，既包括援引于不同故事情节中的历史起源（如《碧潭奇遇记》），也包括各类祖源记忆的“华夏之后”的记录（如《狐精传》《金龟传》），以及本国历史的重大事件追认（如《一夜泽传》）。所有的汇编分别集中在《越甸幽灵》同时代的若干个版本之中，内容杂糅。郑阿财在讨论越南地方神祇扶董天王的故事之时，便曾援引其中的条目作为例证：地方神明在文学记录中被彰示为越南历史上抗拒外敌的英雄人物，进而逐渐演化为民间供奉的重要守护神。[③]

边缘文本是来自越南知识分子对本土历史的反思和认识。越南史相关的重要史籍在3世纪之后逐次成型，这与明王朝对安南的统治策略的改变密切相关。约翰·惠特莫尔（John K. Whitmore）指出，公元939年中国对越南的直接藩属开始之后，越南文化已经独立生成。[④] 14世纪越南知识分子根据汉字创造喃文，但汉文仍被认为是传统越南的“官方语文”。[⑤] 潘文阁将儒学在越南的发展分为四个时期，其中黎朝（1428—1788）是儒学统治地位的确立及鼎盛时期，而阮朝（1802—1945）则是儒学复兴期。[⑥] 此时的越南经历了黎朝、阮朝的更迭，礼仪危机（ritual crisis）也在这一时期埋下伏笔。越南文人黎季犛（Ho Quy Ly）对儒家经典作了新的解释，现代主义改革派在后期占据上风，在文化策略上的改变正是对明朝制度的挪用和实践，并在其中加入了与越南风俗相关的习惯法，设修学塾的风气在当时的红河流域极其普遍。1442—1448年，中国正统在越南历史上首次经受考验，但最终黎朝在越南实现了明朝统治及其智识系统的制度——这也是

---

①张兆和：《沥尾京族起源神话与跨境文化连系》，载《华南研究资料中心通讯》，1998年第12期，第7-8页。而在另外一篇文章中，张对跨国身份认同的问题做了进一步的解释，她认为晋代历史上中越边界确立后京族身份在国家体制中的变化，反映在社区文化、仪式和故事上确立了新的秩序，参见《中越边境跨界交往与广西京族跨国身份认同》，载《历史人类学学刊》，2004年第4期，第89-133页。

②陈庆浩等：《岭南摭怪列传、外传及天南云籙》，收于《越南汉文小说丛刊第二辑》，台北：学生书局，1992年，第2页。

③郑阿财：《从越南汉文社会史料论人物传说与地方神祇之形成：以扶董天王为例》，载《成大中文学报》，2007第7期，第153-186页。

④John Whitmore, “Foreign Influences and the Vietnamese Culture Core: A Discussion of the Premodern Period”, in Truong Buu Lam, ed. Borrowings and Adaptations in Vietnamese Culture, 1987: 1-21.

⑤Nguyen Van Huyen, The Ancient Civilization of Vietnam, Ha Noi: The Gioi Publishers, 1995: 27.

⑥潘文阁：《深受中国文化影响的越南传统文化》，载《新加坡国立大学汉学研究中心专题演讲》1999年第1期，第9页。李焯然：《朱子思想与越南儒学》，载《中国文化研究所学报》，2003年第12期，第455页。.

明王朝制度首次在越南的官方体系中得以完全建立。受到儒家教育的年轻越南知识分子开始考虑如何撰写本国历史，潘清简在《钦定越史通鉴纲目》的《卷首·奏议》中则以雄王为“越史建统”的开始，讨论陈黎朝以前的疆域四至以及国家与民族的起源。“藩属”的身份也在这一时期通过文字的合法化被确立，前期的故事情节被统一纳入《史记》《汉书》的书写体系。几乎同一时期的还有《皇越一统地舆志》（成书于1806年）、《大南会典事例》（1851年编成）、《大南实录》（1811年开始编纂）以及高春育的《大南一统志》（1865年开始编述）等基本史地典籍。在更早的时期，陈朝的黎休编纂《大越史记》（1272年编成），这与吴士连的《大越史记全书》（1497年吴士连编纂，1697年黎僖增补），以及后黎朝时期潘孚先的《大越史记续编》（1455年开始编修）汇为一同。

其中一本进入现代研究者视野的是黎崱的《安南志略》。这是一本14世纪在中国撰写的越南史志。作者黎崱是陈朝人，后“归顺”元朝，自谓“仆生长南越，十岁间奔走半国中”，故依循中国志体写就安南史实。《安南志略》既吸取了中国文献固有的记叙笔法，又在编织、整合本地社会记忆的过程中，表明本地原有族源以及历史认同。这一儒化文人官修编年体通史的风潮，既与国朝对地方文脉的控制相关，亦同时产生了新的南越历史脉络。基于对官修正史文本的认可，《大越史记全书》的国统体例中，将赵佗（Trieu Da）以及士燮（Si Nhiep）列作越南王朝更替中的两位开国君主，置于前编卷首。[①] 阮朝的史学家吴时士（Ngo Thi Si）以及稍后时期潘氏的《钦定越史通鉴纲目》却开始弱化这点内容。至迟在18世纪晚期，关于赵佗和士燮在越南历史中的地位的讨论主要落在他们是否为“纯粹的越南人”这一问题上。同时，对安阳王和文郎国的故事记载的怀疑，也动摇了越南史学家对开国史本源的原有观点。日本学者宫本一夫则认为，这或许受到了同时期中国朱子学说的影响。[②]

1803年，复国的阮朝嘉隆帝阮福映（Gia Long，1762—1820）向大清嘉庆皇帝上书，要求将汉籍文献中的“安南”改为“南越”，朝贡称臣。这一奏议并未得到清廷的同意，而改称“越南”。

“安南”之名在南宋绍兴十四年（1144）、绍兴二十六年（1156）已见记载；待到淳熙元年（1174）初，李朝国王李天祚遣使入贡，南宋孝宗始正式“诏赐国名安南，封南平王李天祚为安南国王”；次年八月，又“赐安南国王印”。安南之名自此开始。清《嘉庆重修一统志》对更名一事作出解释：

---

①吴士连：《大越史记全书》卷一《赵武王二十五年》. 东京大学东洋文化研究所附属东洋学文献センター（昭和59-61年），第1984-1986页。

②Kanji Tawara，“A History of Vietnamese History，From ‘Dai Viet Su Ky Toan Thu’ to Archaeology after 1954”，in Anna Karlstrom and Anna Kallen，eds.，Fishbones and Glittering Emblems，Southeast Asian Archaeology 2002，Sweden：Museum of Far Eastern Antiquities，2003：449-450.

先是，阮福映表请以“南越”二字锡封。上谕大学士等曰：“南越”之名，所包甚广。考之前史，今广东、广西地亦在其内。阮福映即有安南，亦不过交趾故地，何得遽称“南越”？该国先有越裳旧地，后有安南全壤。天朝褒赐国号，著用“越南”二字，以“越”字冠其上，仍其先世疆域；以“南”字列于下，表其新赐藩封；且在百越之南，著于《时宪书》内，将“安南”改为“越南”。

这一礼仪事件背后的政治角力牵涉了历来朝野对越南定位的微妙心态。交趾、扶南、安南、南越、越南的定名变化，既在不同历史情境中赋予不同地理位置以相应的文化含义，同时也在一系列的历史演变之中显现越南地位的改变。王明珂在讨论《汉代中国人的边疆异族意象》中这样总结：“但在《史记》的《南越列传》《东越列传》，到《汉书》的《西南夷两粤朝鲜传》中，都没有关于越人的‘奇风异俗’的描述。并且在‘起源’上，都强调他们与中国的关系……由此可见，在西汉之后越人逐渐已被视为华夏的一部分。”① 同时还通过拟订的两个标准，将南越归为“定居、行农业并统于国君的人群”。② 一方面，王明珂点出了南越与“中国”之间的微妙关系；另一方面，见诸中原文献的历史追认的南越，在文字模式和书写体例上必以上述关系作为书写历史的基础。南越与中原的关系定点是将南越放在自中原向外辐射的视野考究，包括“南越”的定名也是他者的阐述。③ 被定点的南越地理，明代中后期在各种地理书和绘制地图中被不断划分和限定。早期的方志典型包括地理、历史、传记、风俗等，对后来的一统志的纂修也有功用。方志中的地图，主要用于弥补文字的不足。明中期至清代，从邓钟的《安南图志》、姚虞的《岭海舆图》、郑若曾的《安南图说》到王锡祺的《小方壶斋舆地丛钞》所收录的地书（如《越南地舆图说》《越南疆域考》《南越笔记》等），或以考据地名、探究地方源流为宗旨，或循政治、军事的用途记录当地历史。许云樵认为，东方的南洋研究都抱着“海客谈瀛洲”的心态，学者以研究舆记为时髦，并枚举王锡祺等人为例。而正如王本人在《小方壶斋舆地丛钞》序中所言：“历代疆寓延袤，山川阨塞，类有文人辞士舟车过从，

①王明珂：《华夏边缘：历史记忆与族群认同（允晨丛刊66）》，台北：允晨文化实业股份有限公司，2001年，第309页。

②王明珂：《华夏边缘：历史记忆与族群认同（允晨丛刊66）》，台北：允晨文化实业股份有限公司，2001年，第310－311页。

③有学者从甲骨文的释文探讨“越”的形成，认为越人首先发明和使用了“钺”这种工具/武器，所以中原人因为其所用“钺”而名其族。但此处更关注所谓“南”的方向问题，这不仅仅是自然地理的相对定位，也包含了政治意念以及自我认识的过程。前述见吴建华、刘佐泉：《岭南开拓者——赵佗》，载丘权政：《佗城开基客安家——客家先民首批南迁与赵佗建龙川二二一二年纪念学术研讨会论文集》，北京：中国华侨出版社，1997年，第211－212页。

抽妍骋秘，以纪其土风物产形势沿革……"[1] 这为政府对各地的信息控制和了解提供了较为可靠的文字材料。在更早时期的明代，屈大均、黄佐等为地方人物、时俗写下了总结性的评论与考据；而集译著、游记之大成的清代舆地研究，只为后世提供了一份详尽的索引名目而已。

余定国（Cordell D. K. Yee）指出，历史地图学（historical cartography）是清代考据学的一个重要组成部分，除了考证和改正前人对古典经史的错误解释外，还藉此了解地图在中国政治文化中的多方面功能。[2] 今天所见的中越书目汇编之中，以南越地理为主题者就占了其中的三分之一。[3] 地图中对"岭海舆地"的描绘，并不是在近世欧洲地图学影响下的科学量度的绘图结果——更多的时候，从16世纪末叶开始，没有量度的地图测绘是中国地图学中的脱离常轨现象——而是一种表达中心和边缘的文化观念的图像。从这一点来看，南越的空间观念是一个变化中的文化表述。

一般而言，方志中都包括一卷地图。罗洪先的《广舆总图》的西南却是一片陆封的疆域。而无论在《安南图志》抑或《岭海舆地》中都表现出开放性的环海图样。更有意思的是，《岭海舆地》中广州（明清时期，广州府有两个附郭县，南海县和番禺县）被置于中心，而四向中的"西南"，作者使用了"至交趾分芽"的表述。

完成于19世纪晚期的《同庆地舆志》，是越南极其重要的地理书，在阮朝景宗同庆年间官撰。日本学者山本达郎在图例解说中援引了同时期的地书，如《舆地志》《天下版图》等进行了相关的比较。[4] 伯希和、马伯乐、鄂卢梭以及加斯帕东（E. Gaspardone）都曾着力于安南地书的相关搜集和研究。[5] 远东学院旧藏

---

①王锡祺：《小方壶斋舆地丛钞》，《影印清光绪上海著易堂本》，光绪十七年（丛钞），杭州古籍书店，1985年，第2页。

②余定国：《中国地图学史》，北京：北京大学出版社，2006年，第84页。

③这以张秀民的《安南书目提要九种》《安南书目提要十一种》《中越关系史书目续编》《中越关系史书目续编二》《中越关系史书目续编（新）》为统计基础，另参见松元信广：《河内法国远东学院所藏安南本书目》，载《史学》1934第13期，第4页；《越南王室所藏安南本书目》，载《史学》1935第14期，第2页；山本达郎：《河内法国远东学院所藏字喃本及安南版汉籍书目》，载《史学》1938年第16期，第4页；《河内法国远东学院所藏安南本追加目录》，载《东学报》1953年第36期，第2页；《巴黎国民图书馆所藏安南本目录》，载《东学报》1953年第36期，第1页；《巴黎亚细亚协会所藏安南本书目》，载《东洋文化研究所纪要》1954年，第5页；川本邦卫：《越南社会科学书院所藏汉喃本目录》，载《庆应义塾大学言语文化研究所纪要》1971年，第2页；藤原利一郎：《巴黎国立图书馆新收安南本目录》，载《史窗》1974年第32页；《东洋文库朝鲜本分类目录附安南本目录》，载《东洋文库》，1939；Cornell University Libraries——Southeast Asia Catalog. Boston. 1976：1－7。

④山本达郎：《关于安南的地志——同庆地舆志解说》，《同庆御览地舆志图》，东京：东洋文库，1943（昭和18年）年，第1－15页。

⑤H. Maspero，"Le Protectorat general d'Annam sous les T'ang. Essai de geographie historique（I）". BEFEO. 1910，X. pp. 540－546；E. Gaspardone，"Bibliographie annamite". *BEFEO*. 1935，XXXIV.

以及河内汉喃研究院新编都收录了《北城地舆志》《交州舆地图》，这是《同庆地舆志》编录的基础。此书并没有绘制越国全境的地图，同时每县下辖的分布以文字为主，图作为辅，但在地界划分上却只标识出行政区名、河流、山脉的简图，更未见地理坐标方格；在处理与中国接壤疆域时皆用略笔注记，距离以文字说明而非数学比例，其迹更接近于空间关系中的心理景观（mindscape）。

固然，在政治上，越南本土反对中国的情绪和民族意识日渐浮现，但文化上的认同和联系却日益加深，两者之间形成了强烈的对比。① 李焯然指出，程朱之学在越南的传播乃至流行，无处不渗透中国官方儒学的影响——从政治体系的确立，到官修史书的编撰，都受此影响，程朱之学的主导地位可以说非常明显。②“中国模式”（Chinese Model）至迟在19世纪中期以前延伸至越南的大部分地区。关于儒家文化在东亚文化圈的影响，日本、朝鲜在其中一直扮演最为重要的角色，而越南在其中所起的作用因受限于汉文典籍记载阙如而少见讨论。尽管如此，在19世纪越南成为法国殖民地之前，汉文作为越南官方文字，记录了绝大部分的越南历史和文化，从而见证了汉文史书体例在越南留下的痕迹。

三、现代意义中的南越：考古诉求与本地史写作

由此，有限的“地上”文本记录使南越的早期研究只是见诸古典文献的一个“真实”的历史记载。在19世纪末20世纪初的数十年间，民族学、考古学、体质人类学等学科知识进入中国。传统文本中的南越时代进入了新的解释模式：从了解国家文化向地方渗透的过程，向认识地方文化的国家观念转变。

回溯近代南中国考古发掘事业，自1907年（清光绪三十三年）的南越残瓦的发现肇始，广州城东成为南越物质出土的关键区域。③ 广九铁路在广州东山龟岗一带开始动工，由于翻土修筑路基，大量瓦片碎件伴随泥土露于地面，这些“残瓦虫书”引起潘六如的注意，后他将其整理为《南越故宫残瓦记》《南越故

---

①Truong Buu Lam 在讨论越南对中国的政治立场和知识分子的看法时，援引了当中的越南史家在编撰本国历史时的思想表态。Truong Buu Lam，“Comments and Generalities on Sino – Vietnamese Relations”. In Edgar Wickberg，Historical Interaction of China and Vietnam：Institutional and Cultural Themes. Center for East Asian Studies. The University of Kansas. 1969：37 – 49。

②李焯然：《朱子思想与越南儒学》，载《中国文化研究所学报》2003年第12期，第453 – 470页。

③后来者的研究指出了这一分布趋势的原因：“广州汉墓的墓区分布与城区的发展扩大紧密关联。广州西汉早期的墓多见于当日南越国都城的‘番禺城郭’的西、北和东北面的山岗丘陵台地。尔后，随着人口日益增长，城区扩展，墓葬区渐次南移。广州城区的地理特点是靠山临水，西江水流经广州城，分为珠江前航道和珠江后航道的两支水流。由西而东横穿城区，到黄埔又合流出海。夹在前、后两航道当中的‘河南地’，位处当日都城的南郊，靠舟楫过渡往来，所以‘南越墓不过江’实在与交通不便有关。”广州市文物考古研究所、广州市番禺区文管会办公室：《番禺汉墓》，北京：科学出版社，2006年，第1页。

宫残瓦文字》等，汇编成《潘六如南越瓦文稿》①；其后，蔡守在此基础上编成《集南越瓦文》一书；此外，潘和、谢英伯、邓尔雅、黄佛颐、曾传轺、黄文宽等学者先后搜集研究南越残瓦文字，并拓印一批南越瓦文拓本。潘六如在《南越故宫残瓦记》中曾对南越故宫遗物有如下定义说明："今又发现'长寿''万岁'等瓦当，确为王宫遗瓦。然西汉前，粤之有王宫，可知为赵佗故物，故曰南越故宫残瓦也。"② 曾传轺综合地形因素，考释："（时人得者），因其文字制作，雅近西京，因而定为南越故物"，并引《姚文式问答》、阮元修《广东通志》等考证赵佗朝天子的"朝台之地，实非广州东山莫属"。③

1917年1月8日，香港《华字日报》登载了一条题为《谭镖证明南越古冢之呈文》的消息。消息谈到，1916年5月台山商人黄夔石等人于广州东城五里许东山庙前购得的官产鸦冈地一建筑楼房中发现"一南越贵人遗冢"，墓中有"横列大木，长一二丈不等，木端刻有文字，凡十四章"。这些刻字木被分藏各家，"台山黄夔石藏甫八、甫十一、甫十三；香山李文枢藏甫十二、甫十五、甫十八；番禺江兆镛藏甫廿；新会林泽丰藏甫十；（谭）镖藏甫五、甫六、甫七、甫九、甫十四、甫十六，中有两枚系梁启超以写字易给得镖收藏者"④。谭镖时任广州文庙奉祀官，兼任广东通志官员，热衷于搜寻古物，在发现古冢后亲自前往调查，内容可信。时隔七年，《广州民国日报》登载了转自旧金山报纸的一则消息——《南粤赵佗墓中古物谈》，报道指李姓商人在"广州城外十五英里之处，合购地产一区"，在下掘的过程中发现古墓，并详细列出墓中发现的器物。此名李姓商人（月庭）可能即是《华字日报》中提及的"香山李文枢"。"识者知为南粤王赵佗之墓"云云。⑤

胡肇椿在《广州考古事业之纪略》中有进一步的说明，他提出了两个宏愿：了解南越民族问题，以及致力中原文化南渐之研究：

> 不过在西南考古事业当中，我已经拿广州做一个起点；而它的发轫和公

①《广仓学窘》所刊《南越残瓦十二品》有《潘六如十年间广州东山拾得》及《六如拾得至中审定》两印。邓尔雅题记亦云："此残瓦乃南海潘六如自广九铁路开筑以来十年间所拾得。"林雅杰等：《南越陶文录》，天津：天津人民美术出版社，2004，第2页。

②林雅杰等：《南越陶文录》，天津：天津人民美术出版社，2004年，第155页。

③曾传轺：《南越朝台残瓦考》，载《考古学杂志》1932年（民国二十一年创刊号），第22页。

④彭仲辉，侯丽蓉：《民初谭镖关于发掘南越古冢的报告》，载《岭南文史》1996年第3期，第33－34页。谭镖所得的甫五、甫七、甫十四三章转卖给邹少毅，邹氏又转赠给关寸草，参见朱万章：《李凤公、黄少梅等〈南越木刻斋图〉考释——关寸草与国画研究会及海上画坛的一段翰墨因缘》，收于米万章：《岭南近代画史从稿》，广州：广东教育出版社，2008年。

⑤《南粤赵佗墓中古物谈》，广州民国日报，1924年5月5日第5版。邹安：《南越文王冢黄肠木刻字及明器》，上海仓圣明智大学，广仓学窘丛书，1918年；马小进：《西汉黄肠木刻考》，收于《广东文物·集国父遗墨》，中国文化协进会，1941年，第1004－1008页。

开研究也不过始于二十年一月……

在藏古以外还有多数的私掘或盗掘，私掘最可代表的算民国五年的东山龟岗的传南越文王冢，据《广仓学窘》艺术临时增刊所载，有所谓黄肠木刻字“甫五”以至“甫卅”的，所谓明器里，有铜鼎，壶，鬹，镜，钱，石鼎，瓦钟，钫，【垂氏】（?）、瓮、□，井，砖的；又据广州文庙奉祀官谭镖上朱省长广澜请保存南越木刻文字呈，更有玉器的壳璧出土，于此可见出土物品之多。但又据上述呈文，一则曰：“尚有头骨一片，手足骨数节，发掘时即信手毁弃。”再则曰：“冢堂中则有周、秦稀罕古物甚伙，……工人分占散沽，已无可追诘。”也可见没有计划的发掘，对于古物多么糟蹋，多么散落，于是埋没了多少新史实！

广州的正式发掘工作，始于去年一月二十九日的执信学校校园的汉冢发掘。……二月二十六日，复发现市东郊猫儿岗汉冢，仍由市博物院主办之下，请蔡哲夫先生主掘。其后蔡先生有详细报告（刊入考古学杂志创刊号，广州黄花考古学院出版），并疑这冢是南越王赵兴冢，冢中铜器、陶器出土很多，很可代表南越文明的伟观。①

1929 年 1 月 26 日（星期六），教育局令博物院派员搜索南越王冢古物。广州市东山口再度引起人们的关注。

迳启者　现接敝校考古学会主席商承祚函，众谓民五夏间东山曾发见南越王冢内有黄肠木刻字及铜陶等祭器，后又掘出篆文残瓦甚多。于是求者纷然，现今此物遂少。祚昨亲往调查其地，当东山广成马路以下之西头地名松岗，瓦在塘旁，塘之南为梁氏宗祠，瓦砾垒垒，在竹树之下（面积长约三丈许，宽可七八尺）。当时遂取得断瓦筒一，其式甚大，文字之瓦亦得其二，已破之缶，身作布文，具有圆花印印于腹间，两形文之断砖，则在在皆是，图恩本会如不从事清理，今后恐皆散失，应请转函市厅饬属妥为保护，禁止他人盗掘，以偲收存，而重（?）古物，等由，相应函请贵由准此。除函复外，合行令仰该局长即便遵照，转行博物院筹备委员会按址他说你所，以广搜罗，而慎保管，并一面出示严禁盗掘为要，仍将办理情形具账。

此令

等因奉此。

合行令仰该会遵照，迅即派员前赴该处调查清楚，具报核办，切切此

①胡肇椿：《广州考古事业之纪略》，载《西南研究（创刊号）》，国立中山大学西南研究会刊行，1932 年第 2 期，第 10 页。

令。[①]

同年五月三日，又有发现汉晋古物的消息：

本市由长庚路直通西村车站，由西村车站开筑马路，通车增埗，名为工专路，增埗之有碍，即工专学校，该学校之东边，即系坭城，查坭城为汉高祖时代使臣陆贾到越，招谕赵佗为汉时驻节之地，该处立有开越陆大夫驻节地址，石碑遍地，茂林修竹，风景颇佳，……[②]

与此同时，以西南边疆研究会等学术机构为首的研究者和团体，对珠三角区域进行民族志的调查，既要认识“陆上的广州”，更要了解“水上的广州”的社会面貌和人群生活。[③] 在考察水上人生活的研究过程中，涉及近世以及百越民族的源流考证；[④] 归根结底，仍然与两个核心问题相关——南越民族的由来和汉文化南渐问题。

20 世纪 30 年代的一个显著个案，是广州黄花考古学院的“考古”工作。主要组织者之一谢英伯在《考古学杂志》创刊号发表《黄花考古学院的组织和使命》一文，文章对广州有如下表述：

我们中国文化的策源地，为黄河流域，扬子江流域，和西江流域三地望。……惟西江流域，包含不同血系，不同文化系的民族甚多。形成今日之所谓西南民族，其分布的地域极广。又此等西南民族，多属于汉族和其他民族的混血儿。其固有的本族文化，和汉族的移殖的文化，由接触而混合，复由混合而演化，二千年间，已形成了一种新文化，陆离光怪，璀璨于五岭之南，广州便为其结晶地。因此欲在西江流域，从事搜集文化史料，广州呢？确为其最当注意，和最有希望的一个地域了。[⑤]

现代意义中的南越史研究是从广州开始的。20 世纪 30 年代间，以黄花考古

---

①《教育局令博物院派员搜索南越王冢古物》，载《广州民国日报》1929 年 1 月 26 日，星期六。

②《工专路旁发现汉晋两代古物，发现汉高使臣陆贾到越驻节之坭城井》，载《广州民国日报》1929 年 5 月 3 日，星期五。

③陈序经：《沙南疍民调查报告》，载《岭南学报》1934 年；何格恩：《疍族的来源质疑》，载《岭南学报》，1936 年第 5（1）期，第 23 – 36 页；何格恩：《疍族事迹年表初稿》，载《岭南学报》1937 年第 6（4）期，第 221 – 235 页。

④参见程美宝：《地域文化与国家认同：晚清以来“广东文化”观的形成》第二章“岭外人中国”以及第五章“由民俗到民族”，北京：三联书店，2006 年。

⑤谢英伯：《黄花考古学院的组织和使命》，载《考古学杂志》1932 年（创刊号），第 3 – 4 页。

学院、广州市立博物院（后改名广州市立博物馆）以及国立中山大学考古学会等公立机构及社会团体为主所进行的收藏、发掘、研究工作，构成了广东文化研究取向的主导力量。谢英伯在其中担任重要的组织角色。1929 年广州市立博物院成立，谢英伯兼任广州市立博物院管理委员会常务委员，1936 年起任院长，屡次为市博的展览陈列提供私藏，并在北京等地搜集展品。胡肇椿在回顾广州考古事业的发展之时，就曾多次提及谢氏在当中的努力。① 而在"广州市第一次展览会"（1932）以及"广东文物展览会"（1940）上，谢英伯更清晰地表述了广东文化的"四大文化史期"观点，其最初依循即来源于此。

谢英伯将广州城市历史划分为四个时期，共约 1900 年。其"广东四大文化史期"的观点，影响了"广州市第一次展览会"（1932）以及"广东文物展览会"（1940）的旨趣和主题分类：第一个时期是"自周赧王建筑南武城起，迄赵佗建立南越帝国"时期的广州，是"百粤民族接受汉族文化的开始的时候"。在 1932 年广州市展览会中，谢英伯与陈大年一起担任古物馆主任一职。谢氏撰写了文物陈列第四室出品的说明书。谢英伯认为，第四室的陈列品，与其提出的广东四大文化史期的观念密切相关。第二文化史期即南越期：

> 这一期不但我汉族已逐渐南侵战胜各土族且能建立起一个南越大帝国。那位赵佗老先生，简直自称为蛮夷大长，可知其已经取土族酋长的地位而统治广东，虽然这个南越帝国短期内便已崩溃，惟是从那时起汉族的中原文化，便源源不断地输入来了。于是岭表的文化（即大庾岭的东南），便依着时间进展，好像由一株古树接驳了新枝，由枝而干，由干而花而实，成为我们广东今日异样的光荣的文化。②

对于这一史期的断代以及总结，需要注意的是汉族与土族、中原文化和广东文化的关系。这两组关系贯穿于四个文化史期的分析之中，在谢氏看来，至若唐宋，汉族的中原文化在"广东"衔接进化，最终成为与中亚西亚海洋文化相抗衡的力量。然而从四次展览会"南越期"的器物来看，无论是私掘所得的黄肠木刻

---

①胡肇椿指出，广州的考古事业，"虽在三四月间（注：1931 年）经过广东教育厅长金湘帆先生及谢英伯先生的提倡，曾传韶先生的努力，打算援国府颁布的古物保全法在广州设立古物保管机关，一方积极发掘地下的蕴藏和修复保存地面上的古迹，以杜盗窃和盗掘；一方积极严防私售古物给外国人，在这古物流散、盗风炽盛的时候，为国家保存古代文化，为民族争一点历史上的光荣。又当中央对古物古迹的保存三令五申之际，原属忿于当务，争奈不久因广东时局发生变化，古物保管机关的计划和声浪，因而消沉下去，真可痛惜！"《广州考古事业之纪略（广东卷）》，《西南研究（创刊号）》，广州：国立中山大学西南研究会，1932 第 2 期。

②谢英伯：《广州第一展览会·第四室说明书》，《文史学界消息·广州市展览会古物馆一般概况》，《国立中山大学文史学研究所月刊》，1933 年第一卷第二期，第 69 页。

文字，抑或是木塘岗、猫儿岗的汉冢发掘的明器，都不足以得出广东文化的“光荣”结论。谢氏的文化史期似和其专著《中国古玉时代文化史纲》的观点一脉相承：汉族南渐造成的文化转移，反映了从落后到进步的传播路径。学者对黄花考古学院的关注以及研究，多集中在与会成员 1929—1932 年在广州的发掘活动中作出的贡献。早期南越文化的认定与判断是从几次广州东山的意外发现与发掘工作开始的。① 但从学院成员胡肇椿、蔡寒琼夫妇的早期工作来看，仍然采用了狭义历史考古学的处理方式。这一时期，乡邦文化、民族精神与西南研究触发了南越历史观念上的变化：循文献释读肇始的南越史传统，在这一时期呈现出多种智识的转写。

20 世纪 80 年代，在南越文王墓发掘之后，时人对赵佗的评价变得正面起来，舆论认为他对岭南的开发具有积极作用，加快了南越的汉化进程，使其从秦之前的荒蛮之地逐步走向文明。② “造船台遗址”、南越王墓以及南越宫署遗迹的发现和发掘，反映了南越政权对创造地方文化的高度贡献，赵佗以其“开创者”的身份成为百越地区的重要英雄人物。在书写“岭南史”的社会文化与历史变迁中，赵佗及其统治的时代不再是为知识分子所诟病的蛮夷长老的割据政权，新的分类与研究视角的引入，对赵佗的国家、地方、族群与文化身份也有了新的诠释和认知。戴安娜·拉里（Diana Lary）指出，1983 年南越文王墓的发现，在南越、岭南和岭北之间建立了新的对应关系，但同时也引发了现今不同区域之间的族群和文化争议。③ 由于现代民族主义的影响，中国学者在考察岭南文化时忽视了古代文明区系关系，人为隔断了岭南地区与东南亚大陆地区青铜文化之间的关联；在更具普遍性的史学命题上，岭南地区的早期国家形态仍然被先入为主地定位为次生类型地域文明。因此在南越王赵佗的历史定位、南越王墓墓主身份以及南越与汉王朝关系这三个问题上就出现了不同时代的学术范式的错位和叠加，后者更成为处理历史问题的主要注脚。

四、小结

在南越时代，南越国同时兼有多重身份以保证其政治控制和经济网络的有效

---

①20 世纪 30 年代广州的主要发掘工作共计十次，其中汉冢发掘地点为东郊木塘岗和猫儿岗，皆是正式发掘。参见胡肇椿：《广州古物发掘追记》，收于广东文物展览会编《广东文物（下册）》，广州：广东人民出版社，2013 年。

②《广东省博物馆建馆三十周年论文集》，北京：紫禁城出版社，1989 年，第 166 - 182 页；司徒尚纪：《广东文化地理》，广州：广东人民出版社，1993 年，第 34 - 37 页；蒋祖缘、方志钦：《简明广东史》，广州：广东人民出版社，1993，第 70 - 72。

③Diana Lary, “The Tomb of the King of Nanyue - The Contemporary Agenda of History: Scholarship and Identity”, *Modern China*, 1996, 22 (1): 3 - 27; “Regions and Nation: The Present Situation in China in Historical Context”, *Pacific Affairs*, 1997, 70 (2): 181 - 194.

权力。南越国被灭后至三国这一相当长的时期内，南越地区处于权力的真空和边缘地带。南越重新成为“国”，已经是中近世以后的文本重塑和话语改变的事情了。换言之，当同一历史事件、同一人物的不同面相的史料来源导致出现不同的解释时，不仅要有“古书辨”，更需要“古史辨”。对传说、小说和故事中的“历史”描述，研究者应追溯其背景和渐变的时空线索，因为不同写作人对南越历史的“考古”既是自身观念的“移植”，也是那个时代思想和文化的最好反映。从这个观点出发，南越国、南越史乃至本文所分析的赵佗个案，既是不同时代社会观念的折射，也是层层累积形成的认知，从而使得新的文献认识标准乃至史观得以建立。①

①Francis Allard 在解释滇文化的历史文本时，认为“范式历史”（standard histories）都把注意力放在时代最杰出的少数人和王朝更替上，关注事件多于过程，关注结论多于变化，关注立场多于事实。这一观点是非常中肯的。Francis Allard, Stirrings at the Periphery: History, Archaeology, and the Study of Dian, *International Journal of Historical Archaeology*, 1998, 2 (4): 321 -341.

希罗多德“埃及卷”释读＊

杨　扬

“埃及一直‘萦绕’着欧洲，这远胜于埃及一直为欧洲所‘接受’”，埃及学家扬·阿斯曼曾经如此说道。然而时至今日，反观源于希腊语的“埃及”一词①，我们所“接受”的埃及，又何尝不是为欧洲所“萦绕”。希伯来文明中那个残暴、粗野的埃及，可以追溯到《圣经·旧约》的第二卷“出埃及记”。古代希腊对埃及的了解则主要来自希罗多德《历史》的第二卷“埃及卷”，在这位“历史之父”的记述中，埃及却呈现了另一番景象，那是一片古老而又文明的土地。为什么埃及在不同的文明记忆中呈现出迥然不同的形象？西方观念中的埃及形象从何而来，它又发生了怎样的变化？近年来，希罗多德“埃及卷”因其独特而重要的影响引起了学者们的关注，并由此引发了一系列的讨论②。本文力图在前人研究的基础上，将希罗多德置于具体的社会语境之中，分析“埃及卷”的编纂，“埃及范式”的建构及其对希腊人埃及观念形成的影响，并勾勒出其在西方思想史中的定位。

＊希罗多德《历史》第二卷整卷为有关埃及的叙述，西方学术研究中多用“第二卷”（*Book II*）作为简称，笔者以为该卷内容独立，所记述的内容又都与埃及有关，因而可以称之为“埃及卷”。

①古代埃及人称自己的国家为“Hwt - ka - ptah”，“*Aigyptos*”则是希腊语的发音，这一名称最早出现在迈锡尼的“ai - ku - pi - ti - jo”，作为形容词使用。文中希腊语均转写成拉丁形式，用斜体标示。下同。

②克里斯蒂安·弗拉德夫迪称希腊人观念中的埃及是一个“幻象”，希腊人对埃及的观念具体表现为三种形象，即诗化的、历史化的和哲学化的埃及。劳埃德在1975至1993年间出版了关于“埃及卷”的评注本（A. B. Lloyd, *Herodotus*, *Book II. Introduction*, *Commentary*, Vol. 1 - 3, Leiden: Brill, 1975 - 1993），这个三卷本的评注本成为“埃及卷”研究的扛鼎之作。弗朗索瓦·阿尔托格则认为，希罗多德是通过将埃及塑造希腊人的反面，更好地认识希腊自身来获得希腊人自身的认同。菲罗泽·瓦萨尼亚在此基础之上，运用了后殖民批评理论和跨文化的比较研究方法，全面地考察了古典时期不同希腊文献中的埃及形象，其中有关希罗多德的两章分别从空间和时间入手，揭示了隐藏在“自我”与“他者”之后的政治。黄洋进一步指出，像埃及这样的“他性”类型的建立并不意味着一味的贬损，更多地在于建立一个根本上不同的类型，而这背后是东西方二元对立的思想。参见 Christian Froidefond, *Le mirage égyptien dans la littérature grecque d'Homère à Aristote*, Aix - en - Provence: Faculte des Lettres, 1971; François Hartog, *The Mirror of Herodotus*, Janet Lloyd (tr.), Berkeley: University of California Press, 1988; Phiroze Vasunia, *The Gift of the Nile: hellenizing Egypt from Aeschylus to Alexander*, Berkeley: University of California Press, 2000; 黄洋：《古代希腊罗马文明的“东方”想像》，《历史研究》，2006年第1期，第114 - 123页。

一、希罗多德的社会语境与“埃及卷”的编撰

埃及最早的希腊定居者可以追溯到普萨美提克一世（Psammetichus I）统治时期，据希罗多德记载，正是希腊人帮助他废黜了十一位国王，而大殖民时代的希腊也开始向埃及派遣移民，他们在三角洲建立定居点或贸易站，其中以提供科林斯陶器的诺克拉底斯（Naukratis）最为著名①。但是由于黑暗时代存留下来的史料和考古证据极少，所以我们无法断定当时希腊与埃及是否保持着密切的联系②。随后“东方化时代”的希腊与埃及之间的联系日渐增多，考古和艺术史的材料提供了有力的证明③。例如，这一时期的雕塑家忒勒克勒斯（Telecles）和忒奥多鲁斯（Theodorus），他们的作品显然受到了来自埃及的影响，雕像的姿势多为手指并拢垂直置于身体两侧，相对于古风时期的人物立像比较僵硬，这种差异到了古典早期自然主义转变时期尤为突出。希腊散文记事家们对埃及的描述则是有关埃及的早期文献来源，他们当中较为著名的应属公元前6世纪中至5世纪初的米利都的赫卡泰乌斯（Hecataeus of Miletus），此人有两部著作残存至今，一部名为《地理志》（*Periodos tes ges* 通常也被称为 *Periegesis*），这其中就包含了关于埃及的记载。除了米利都的赫卡泰乌斯，公元前4世纪阿布德拉的赫卡泰乌斯（Hecataeus of Abdera）也有关于埃及的记载，不过他现存的残篇很少，在他之后还有一位同样来自阿布德拉的赫卡泰乌斯写了一部《埃及志》（*Aegyptiaca*），但也仅有残篇存世。不过，至于他们的残篇是否混淆，我们至今仍然无法确认。

希罗多德时代的埃及处于第二十七王朝，恰逢波斯帝国统治之下。希波战争之后，阿尔塔薛西斯一世统治期间，埃及在伊纳罗斯（Inaros）的领导下爆发了遍及全境的反波斯暴动，并且获得了雅典的支援。此时，希腊世界与埃及的联系日益紧密，希罗多德也具备了旅行的客观条件。他在提到波斯国王冈比西斯出兵埃及时说道：“许多希腊人也跟随着来到了埃及，有些是为了贸易，有些是充当雇佣兵，有些则是为了观光”。尽管如此，我们仍然无法确定希罗多德在埃及的具体行程，按照他自己的说法，“直至埃勒方提那（Elephantine）是我亲眼所见，从此往南则仅仅是道听途说”。学者们对此也都纷纷提出各种假设。不过，希罗

---

①本文所引的古典文本参考了各前辈学者的译本，译文由笔者自译，下同。根据国际惯例，引文标注方式均采用卷数、节数或行数，后不再一一注明。

②斯蒂芬妮·韦斯特就曾批评劳埃德“埃及卷”评注本在某些与希罗多德相关度较少的方面过于详细，如过分关注迈锡尼时代的联系，却忽视了黑暗时代的希腊本土与埃及之间联系的断裂。

③奥斯温·默里在1980年首次引入了“东方化时代”，所指时间大约是从公元前8世纪至公元前6世纪，这一概念最先使用在艺术史范畴之内，后来则被逐渐引入其他领域。随着“东方化时代”被普遍接受，西方学术界肯定了东方文化对希腊文化的根本性影响。参见奥斯温·默里：《早期希腊》，晏绍祥译，上海：上海人民出版社，2008年第一版。

多德很可能到过上埃及，这仍是大多数学者所普遍接受的一种假设。同样，希罗多德游历埃及的时间也无法确定，唯一能够肯定的时间便是在公元前459年之后，因为他提到了希腊人参加的帕普雷米斯（Papremis）之战，据精通希罗多德文献的埃及学家劳埃德推测，希罗多德埃及之行的时间可能是在公元前449至公元前430年间。但是不管怎样，正如劳埃德所言，“希罗多德是公元前664年至公元前525年间埃及历史的唯一连续记述者，尽管记载有误，它仍然是现代研究这一时期的基础”。

纵观《历史》，希罗多德用将近一半的篇幅记述了波斯帝国境内外各民族的历史、文化和习俗，直到第五卷才进入希波战争这一主题。其中“埃及卷”为第二卷，主要内容可以分为三个部分，即埃及地理、埃及风俗以及埃及历史①。希罗多德如此编撰《历史》，显然有他自己的用意。按照希罗多德自己的说法，“没有任何一个国家有这样多令人惊异的事物，没有一个国家有这样多非笔墨所能形容的巨大业绩”。后世学者对这个解释历来有着不同的意见，最为常见的一种解释认为，希罗多德在《历史》中插入“埃及卷”是作为波斯帝国的背景介绍，通过记述如埃及这样曾经如此强大的国家最终也被纳入波斯帝国的版图，进而衬托希腊在波斯帝国的西进运动中却能够独善其身。此外，希罗多德在叙述过程中经常使用“插话”作为波斯帝国的背景介绍，由于插话的出现十分频繁，以至于常常出现“插话中的插话”，“埃及卷”整卷似乎就是这样一个典型的“插话”。因此也有学者从叙事方法的角度加以论证，将之归因于口述传统的影响。不过，“埃及卷”的作用绝不仅仅属于背景介绍抑或一段插话而已，斯蒂芬妮·韦斯特就曾批评劳埃德将“埃及卷”与全书其他内容之间的关系简单化，低估了希罗多德早期的思想发展。劳埃德在最近的牛津版《历史》评注本中吸收了学界的意见，他指出希罗多德在对“业绩”关注的同时，序言中的那些道德和教诲的也遍及整个“埃及卷”。对此，大卫·阿舍利的解读颇具启发性，“埃及卷”的统一性不在于编撰，而在于“渗透其中的民族、历史和哲学精神”，他进而指出，希罗多德最重要的成就便是“发现或发明了世界历史的空间”，而他给自己的任务便是“寻找希腊文化和经验在其中的定位”。埃及成为这个世界历史空间中一个重要的时间坐标。可以说，由于他们的侧重点不同，学者们的解释都有其特定的合理性。那么，希罗多德试图构建起怎样的一个埃及形象？

二、“埃及范式”的建构

希罗多德是首个系统地记述埃及历史的人，他涉及的领域非常广泛，从尼罗

---

①相对应的具体卷数和节数分别为，埃及地理（2.1－2.34）、埃及风俗（2.35－2.98）以及埃及历史（2.99－2.182）。

河的泛滥到法老的统治，从金字塔的修建到木乃伊的制作。可以说，“埃及卷”开创了一个独特的思想范式——“埃及范式”，将埃及作为一个独立的非历史性文化空间观念。这具体表现在对埃及空间、时间以及人与物的建构。

（一）空间

“埃及卷”为我们展现了一个多维度的埃及空间，具体可以将之分为三个层次：自然空间、政治（意识形态）空间，以及文化空间。希罗多德首先确定了埃及的自然边界，计算出国土面积，列举了主要的山脉，甚至还包括了海岸线的长度。尽管在某些现象的解释上可能存在错误，但他显然已经把握住埃及地理的诸多要点。希罗多德尤其强调尼罗河的重要性，也正是他首次提出埃及是“尼罗河的赠礼”。在此基础之上，他仔细分析了三角洲形成的原因，并对尼罗河的源头做了一番考证。

然而，希罗多德对疆域的描述不是纯粹的地理学叙事，他对空间的划分还隐含着意识形态的区别。除了自然的国界，埃及又是法老的疆土，这具体体现在法老们的建筑工程，或者更加准确的说法“业绩”。埃及的第一位国王米恩修筑了一道堤坝把孟菲斯和尼罗河隔开。而这个曾是法老治下的国度，现在已是波斯帝国的属国。瓦萨尼亚指出，希罗多德在叙述埃及的统治者通过调整景观形成空间之时，将这种“几何设计”与“知识与权力”结合起来。可以说，地理与王权在记载中被统一之后，埃及的空间已然具备了意识形态。希罗多德如此强调地理环境与埃及社会之间的关系，这与他所处的社会语境有着密切联系。例如，在同一时期的希腊作品当中，埃斯库罗斯按照神对统治权的划分，就将亚细亚归属于波斯，欧罗巴归属于希腊。而在希波克拉底文集中，一篇名为《空气、水》的文章论述了政治制度与地理环境之间的关系。

最终，希罗多德通过神谕对埃及的疆域及人口进行了定义，“全部埃及是尼罗河泛滥和灌溉的土地，而全部埃及人就是住在埃烈旁提涅的下方并且饮用尼罗河的河水的那个民族。”相比较之下，荷马的世界里只有欧罗巴和亚细亚；而赫卡泰乌斯的世界渐渐分为三部分，出现了利比亚。希罗多德批评了当时伊奥尼亚人将世界分为三部分的说法，指出他们没有把埃及的三角洲计算在内是错误的。他认为埃及是独立于亚细亚和利比亚之间的一块地方，是亚细亚与欧罗巴的“过渡地带”。可见，埃及被视为一个独立的文明地区，而从文化空间上来说，它与波斯帝国之内的其他国家相区别。

（二）时间

埃及因其独特的历史价值成为衡量其他地区的立足点，“至于埃及人本身，应当说，居住在农业地区的那些人在全人类当中是最用心保存过去的记忆的人，而在我所请教的人们当中，也从来没有人有这样多的历史知识。”除了普里吉亚人之外，埃及人是所有人类中最古老的，他们是有知识的人（*logiotatoi*）。希罗多德显然乐于承认这一点，他指出希腊文化中的诸多因素都是借鉴了埃及文明，如宗教、神名、仪式以及法律。皮埃特罗·万尼切利则认为，希罗多德以埃及可证的记载定义人类历史的起始和程度，他细分历史空间为不同的时代是为了证明普世价值——人类的功业。

同时，希罗多德也意识到将希腊的时间与埃及平行会造成的问题，那将会使希腊神话体系出现时代错位，进而导致希腊的历史体系崩溃，他最终选择将埃及那些古老的神祇与希腊同名的不朽英雄区分开来。对此，依安·莫耶尔指出，希罗多德是利用埃及僧侣提供的关于人类过去的认识来批评系谱和神话的表述，进而发展出有关过去历史的认识。

另一方面，希罗多德的埃及又是无时间性的。“埃及卷”中的时间可以分为两部分——历史与当下。希罗多德虽然承认埃及历史的悠久，但是并没有说埃及文明比希腊文明更优越。他记述的埃及是历史化的，而非当下的，这是一个去除了当代场景的埃及，一个被历史符号化了的文化区域。这对矛盾恰恰是源于希罗多德的历史观，正如阿舍利所阐释的那样，希罗多德如何将历史从基于线性的谱系模式中分离出来，对于他来说，世界历史既是线性的，同时也是循环的，伴随着帝国的兴起、鼎盛和衰落这一模式。

（三）人与物

希罗多德可能是承袭了古风时代的诗人品达的那句格言“习俗是万物之王”，他对埃及人的习俗表现出了极大的兴趣。他花了大量的篇幅来记载埃及人的与众不同，“倒错”和“对称”则是他叙事的主要特点，“不仅是那里的气候和世界各地不同，河流的性质和任何其他河流的性质不同，而且居民的大部分风俗习惯也和所有的其他人的风俗习惯恰恰相反。他们上市场买卖的都是妇女，男子则在家里纺织……在书写和计算时，其他人如希腊人从左向右写，埃及人则从右向左写。”对此，阿尔托格的解释颇有启发性，“埃及人似乎是人类日常行为的反面”，埃及和斯基泰是两个“镜面”，而希腊则是中间。

逝去国王的“业绩”（*to thomasion*）处于纵向时间轴上的空间之中，它恰好能够连接空间、人和时间的纽带。瓦萨尼亚指出，“希罗多德会认为这些巨大的历史遗迹是依靠奴隶完成的，并由此进一步归因于埃及的专制主义，此时的埃及重新回到现实，成为波斯帝国的一部分。因此，从政治立场上来说，埃及无法成为民主希腊的学校。”劳埃德的观点则更具“现代性”，他认为祭司口中的法老历史，实际上是当时埃及的一种政治宣传，而希罗多德显然轻信了这些意识形态方面的宣传。而黄洋则在阿尔托格的基础之上，强调隐藏在这背后的是东西方世界二元对立的思想。希罗多德对埃及习俗的一番“探询”显然是具有倾向性的，但是，同时应该注意的是，我们应该避免陷入“倒错”和“对称”的陷阱。对于希腊人来说，埃及与波斯真的都仅仅是异邦人，而并无二致吗？如果只谈根本性的“他性”，这样就很容易简单地将之归因于“东西方二元对立”的思想，这样往往会忽视了作为“他者”的异邦人之间的差异，过度地阐释了希罗多德的本意。实际上，希罗多德对包括埃及人在内的异帮人持一种开放态度，他承认埃及曾经对希腊文明产生过重要的影响，这也就是被伯纳尔称为“古代模式”（ancient model）的观念。

三、“埃及范式”的接受史及其在西方思想史中的定位

希罗多德在世的时候，《历史》在希腊世界就已经十分流行。根据尤西比乌斯（Eusebius）的记载，公元前445—公元前444年，雅典人曾经奖励希罗多德在公众面前朗诵他的作品。雅典的狄卢斯（Diyllus of Athens）甚至说，那个著名的苏格拉底的控诉者阿尼图斯（Anytus）曾经提议给予希罗多德10个塔兰特的奖励。希罗多德同时代或稍晚一些的古典作家，其作品中涉及埃及这一主题的主要有埃斯库罗斯的《乞援人》、欧里庇得斯的《海伦》以及伊索克拉底的《布希里斯》（*Busiris*）。虽然这些作品都只是将埃及作为一个背景，但能够隐约从中看到希罗多德“埃及范式”的影子。

令人遗憾的是，希罗多德的地理学、人种志的研究方法，却没有被他的后继者延续。由于希罗多德的方法论并不能使人完全信服，而且他又记载了太多的奇闻轶事，这也随之引出另一个问题，即“埃及卷”的真实性问题。修昔底德就委婉地批评了希罗多德更加关注的是“取悦听众”，他放弃了希罗多德的探究方法，将目光转向了政治军事历史的研究。柏拉图更是将希腊人的“埃及范式”引向另一条道路。虽然柏拉图没有专门的篇章谈论埃及，但他的《斐德罗》《蒂迈欧》《克拉提诺》均以埃及作为背景。在《蒂迈欧》中，希腊七贤之一的梭伦与埃及祭司的对话，“你们希腊人总是小孩。在希腊是没有人能够成为老人的。”可以说，柏拉图在部分接受希罗多德的“埃及范式”基础之上，将埃及抽象化为一个哲学符号，成为哲学意义上对希腊“自身文化的反思”。亚里士多德显然熟知希罗多德的作品，他在《修辞学》中就曾引用了《历史》开头“这里发表的是希罗多德的探究成果……”而亚里士多德本人也在很大程度上延续了希罗多德的探究，他在《天象学》中对埃及进行了详细的描述，他还断言埃及人是最古老的民族。

亚里士多德的学生亚历山大没有直接向东进攻波斯，而是首先征服了埃及，并在那里建立了以自己名字命名的城市——亚历山大里亚。瓦萨尼亚指出，正是“希罗多德、荷马和亚里士多德，定义了部分构成亚历山大征服埃及的意识形态背景。”虽然这一观点稍显牵强，不过，通过阿蒙神谕宣称他是“神之子”，是

埃及的新法老，籍此合法取得了埃及的政权，似乎倒是借鉴了希罗多德对待埃及神谕的态度。

亚历山大之后，希腊语逐渐成为传承埃及文化的语言。希腊化时代的亚历山大里亚学者将《历史》分为九卷，并分别以九位缪斯女神的名字来为之命名。埃及祭司曼涅托（Manetho of Sebennytus）则攻击希罗多德《历史》的真实性，他应托勒密一世的指示用希腊语撰写了30卷的《埃及史》。书中罗列了完全不同的埃及国王谱系，此外，他还专门撰写了一本攻击希罗多德的小册子。

罗马不仅是希腊文化的继承者，同时也是批评者，他们对待希罗多德的态度正如西塞罗那样矛盾，在赞扬希罗多德为“历史之父”的同时，又将“谎言之父”的称呼赋予了他。西西里的迪奥多鲁斯（Diodorus Siculus）在其《历史丛书》（*Bibliotheca historica*）第一卷记载了埃及的历史和文化，也被认为是根植于希腊的思想而非埃及。地理学家斯特拉波（Strabo）则是另一位继承者，在其《地理志》（*Geographica*）第十七卷中，也有有关埃及的记载。老普林尼的《自然史》（*Historia Naturalis*）显然是回归了希罗多德的传统，其中的第六卷也记述了埃及历史，不过，战争和习俗不再是老普林尼关注的主题，“自然”成为叙事的中心。帝国时代的希腊史家普鲁塔克在《道德小品》（*Moralia*）中有一篇名为《伊希斯与奥西里斯》的文论以埃及作为背景，他甚至还写了《论希罗多德的阴险》一文，指出希罗多德的偏私和不真实。

经过了漫长的中世纪，文艺复兴和拿破仑对埃及的远征被认为是埃及研究“复兴”的两个重要时期。文艺复兴时期主要是“文本”的复兴，这一阶段大量希腊罗马的文献被重新编辑或翻译。由于大量有关希罗多德《历史》“新的”文献涌现，学者们主要的精力集中在对文献的考订和重新阐释。1474年，瓦拉（Laurentius Valla）将《历史》翻译成拉丁文。马努蒂乌斯（Aldus Manutius）于1502年在威尼斯出版了希腊文版本。随着希罗多德的作品被重新发现，他的“埃及范式”也被进一步传播。1566年左右，斯泰法努斯（Henricus Stephanus）在其《为希罗多德辩护》（*Apologia pro Herodoto*）中首先意识到新的地理发现对于评价希罗多德的影响。

拿破仑远征时期则是“文物”的复兴。拿破仑追随着亚历山大的脚步，不过他的远征军带了近160位学者，他们负责各种系统的科学考察，尤其是对埃及的“业绩”进行大量的考古发掘，并建立了埃及研究院，随之产生了鸿篇巨制的《埃及志》（*Description de l'égypte*），这套由众多学者完成的巨著正是对希罗多德博学的回应。

希罗多德的埃及范式面临的真正挑战来自法国天才商博良（François Champollion）成功地释读埃及圣书体文字，以及在此基础之上建立起的现代埃及学。由于商博良的工作，埃及的古代文字变成了识读文字，学术界的知识结构发生了根本性的变革，埃及学日渐成为研究基础，希罗多德的记述不再是匮乏而单一的文献来源。另一方面，伴随着19世纪中叶“欧洲中心论”的高涨和埃及再次被欧洲列强征服，西方世界的主流思想发生了改变，希罗多德对待异域文明所持的开放态度，即“古代模式”不再被重视，取而代之的则是所谓的“雅利安模式”（aryan model），强调来自北方说印欧语言的入侵者对希腊，乃至欧洲文明形成起着决定性的作用，而且这种观点至今仍在很大程度上笼罩着西方世界。

进入20世纪，埃及考古取得了长足的发展，希罗多德的记载也得到了更多的支持。而近年来，随着人类学、后殖民主义、历史叙事学等跨学科研究方法的兴起，西方学术界也从多种角度对希罗多德的叙述进行重新解构和阐释。埃及范式自然也被重新考察，纵观各种理论与解释，劳埃德的评价颇具代表性，“希罗多德提出了一个有关埃及历史的范式，但是这一范式对埃及历史的理解并不准确，所有的记述都是根据希腊人的喜好，而这正是一种希腊的范式。”

结　语

综上所述，尽管随着时代的变化各种思想不断推陈出新，后世对希罗多德的埃及描述褒贬不一，但是无论赞扬抑或批评，以何种方法和立场去引申发挥，今天我们也无法否认这一事实，“西方世界”观念中的埃及，或多或少地都能够在希罗多德所建构起的“埃及范式”找到一些影子。“历史之父”希罗多德的“埃及范式”之所以有如此强大的生命力，也许就在于它早已“萦绕”于西方世界，并且成为西方思想史中不可或缺的一部分。

参考文献

[1] ASSMANN J. Moses and Egyptians: the memory of egypt in western monotheism [M]. Cambridge MA.: Harvard University Press, 1997.

[2] VASUNIA P. The gift of the Nile: hellenizing Egypt from Aeschylus to Alexander [M]. Berkeley: University of California Press, 2001.

[3] HERODOTUS. The histories [M]. New York: Oxford University Press, 1998.

[4] WEST S. Review: Herodotus on Egypt [J]. The Classical Review, 1978 (2): 230 - 233.

[5] RICHTER G M A. Kouroi: a study of the development of the Greek kouros from the late seventh to the early fifth century B. C. [M]. Oxford: Oxford University Press, 1960.

[6] PEARSON L. Early Ionian historians [M]. Oxford: Clarendon Press, 1939.

[7] ASHERI D, LLOYD A B, CORCELLA A. A commentary on Herodotus books I-IV [M]. Oxford: Oxford University Press, 2007.

[8] HARTOG F. The Greek as Egyptologists [M] //COLEMAN, WALI. Greeks and Barbarians. Edinburgh: Edinburgh University Press, 2002.

[9] ROSALIND R. Herodotus in context [M]. Cambridge: Cambridge University Press, 2000.

[10] AESCHYLUS. Suppliants [M]. Cambridge MA.: Harvard University Press, 2008.

[11] LLOYD G E R, et al. Hippocratic writings [M]. London: Penguin Books, 1978.
[12] GRIFFITHS J G. Hecataeus and Herodotus on "a gift of the river" [J]. Journal of Near Eastern Studies January, 1966 (1): 57-61.
[13] VANNICELLI P. Herodotus' Egypt and the foundations of universal history [M] // LURAGHI N . The historian's craft in the age of Herodotus. New York: Oxford University Press, 2007.
[14] MOYER I S. Herodotus and an Egyptian mirage: the genealogies of the Theban priests [J]. The Journal of Hellenic Studies, 2002 (1): 70-90.
[15] HARTOG F. The mirror of Herodotus [M]. Berkeley: University of California Press, 1988.
[16] LLOYD A B. Herodotus' account of pharaonic history [J]. Historia, 1988 (1): 22-53.
[17] 黄洋. 希罗多德：历史学的开创与异域文明的话语 [J]. 世界历史，2008 (4): 4-12.
[18] BERNAL M. Black Athena: the Afro-asiatic roots of classical civilization [M]. London: Free Association Books, 1987.
[19] THUCYDIDES. The Peloponnesian war [M]. Indianapolis: Hackett Publishing Company, 1998.
[20] PLATO. Timaeus [M]. Indianapolis: Hackett Publishing Company, 2000.
[21] ARISTOTLE. Meteorologica [M]. Cambridge MA.: Harvard University Press, 1952.
[22] ARISTOTLE. Rhetoric [M]. New York: Oxford University Press, 2007.
[23] MANETHO. History of Egypt and other works [M]. Cambridge MA.: Harvard University Press, 1940.
[24] CICERO. De legibus [M]. Cambridge MA.: Harvard University Press, 1977.
[25] BURTON A. Diodorus siculus: a commentary [M]. Leiden: Brill, 1972.
[26] 莫米利亚诺. 现代史学的古典基础 [M]. 冯洁音，译，上海：华东师范大学出版社，2009.

（原文发表于《西南大学学报》（社会科学版）2011 年第 3 期）

记忆、修辞与历史

——从集体记忆视角看修昔底德的演说词使用

杨　扬

自19世纪以来，修昔底德被视为客观历史学的典范和“科学的历史学家”，这一观念也为多数学者所接受。不过无论是此前还是以后，他的历史编纂手法也并非完全没有学者提出质疑，尤其在当今的后现代语境中更是难免受到冲击。20世纪70年代以降，伴随着学界对“科学的（或者说客观的）修昔底德”质疑之声不断，更有学者提出了“后现代的修昔底德”，此时一个具有强烈修辞色彩的新修昔底德形象开始进入人们的视线。① 当“科学的修昔底德”形象被打破之后，研究热点也转向叙事风格、体裁及修辞手法等方面，这位历史学家又被推向了另一个极端，仿佛成了一位修辞学家。修昔底德记载的演说词的客观真实性成为讨论的焦点问题，学界也形成了两个截然对立的派别。② 近年来，伴随着两派的争论不断深入，现在越来越多的学者开始持一种“折衷”的观点。③ 修昔底德的演说词的真实性已经成为无法回避的问题，它反映的内容到底是客观真实的抑

①这种质疑早在20世纪初就已出现，然而在实证主义的影响下，康福德的声音却显得非常微弱，不过他对后来的学者们产生了巨大的影响。此后，伍德曼提出这实际上是一个“修辞问题”，在其颇具颠覆性的《古典历史编纂的修辞》一书中，他说道“这（修昔底德）实际上是误导了现代学者，使他们将这种修辞学方法作为一种科学的方法”。详见参考文献［6］及参考文献［3］（11）；W. R. Connor, “A Post Modernist Thucydides?”, *The Classical Journal*, Vol. 72, No. 4.（Apr. – May, 1977）: 289 – 298.

②持传统观点的学者认为修昔底德记载的演说词如实地反映了历史；反对者则认为是不真实的，将之视为修昔底德本人的杜撰，属于文学性的创作，而非历史真实的反映。详见参考文献［3］；A. W. Gomme, *A Historical Commentary on Thucydides*, Oxford: Oxford University Press, 1945; Kenneth J. Dover, “Thucydides”, *Greek & Rome*, New Surveys in Classics7, Oxford, 1973: 26 – 27; Donald Kagan, “The Speeches in Thucydides and Mytiline Debate”, *Yale Classical Studies*, Vol. 24（1975）: 71 – 79; Virginia Hunter, *Thucydides, the Artful Reporter*, Toronto: Hakkert, 1973.

③1987年霍恩布洛尔在戈姆的修昔底德“历史评注本”（*HCT*）基础之上，编订了三卷本的“新修昔底德评注本”，其关注的焦点转向了“非历史”内容。罗德斯在为该书所写的书评中写道，“在他看来修昔底德是一位运用文学工具来讲述真实的作者”。详见Simon Hornblower, *A Commentary on Thucydides*, Oxford: Oxford University Press, 1997 – 2009; P. J. Rhodes, “Reviewed work: Thucydides by Simon Hornblower”, *The Journal of Hellenic Studies*, Vol. 109（1989）, p. 219; Simon Hornblower, *Thucydides and Pindar: Historical Narrative and the World of Epinikian Poetry*, Oxford: Oxford University Press, 2006; 周兵：“西方古典修辞学与史学——以修昔底德为例”，《史学理论研究》，2004年第3期，第55 – 65页；李隆国：“叙事理论对历史研究的影响——以修昔底德的写作策略为例”，《河北学刊》，2007年第1期，第120 – 125页；黄洋：“修昔底德的理性历史建构”，《历史教学》（高校版），2007年第6期，第7 – 12页。

或虚假的？这些演说词又是否具有历史真实性？在做出判断之前，我们首先需要回到当时的历史语境之中。

一、《伯罗奔尼撒战争史》中的演说词及其引发的问题

修昔底德一个极其显著的特点就是在其作品中使用了大量的演说词，传统上认为全书八卷当中总共安放了40篇演说词，除了最后一卷以外其余各卷皆有。①如果按照篇幅来计算，书中演说词占全部内容的“四分之一左右”。不过，学术界并未对演说词具体篇章的划分形成统一标准，近来有学者提出了以第三人称转述的“间接对话”（indirect discourse）概念，而据此计算得出演说词总共141篇。② 亚里士多德将这些演说词分为三种，即城邦公共事务演说、诉讼演说和典礼演说，《伯罗奔尼撒战争史》中出现的演说词以城邦公共事物演说为主。③ 这其中又尤以记载雅典和斯巴达交战双方代表在公民大会进行的演说为主，总共占了所有演说词的三分之二；而典礼演说则以伯里克利那篇著名的葬礼演说为代表。对于修昔底德使用大量篇幅演说词的原因，学者们从不同角度分析，得出三种主要观点。一、演说词反映了城邦的政治生活；二、荷马和希罗多德使用了演说词，修昔底德出于竞争的目的使用更多的演说词；三、演说词是一个暂停点，是一个重大事件发生的前奏，起到铺陈作用。然而，他们都未能揭示修昔底德的根本目的。

修昔底德本人在第一卷中提出了所谓的“方法论”，当中也明确地指出了他的编纂目的，“如果那些想要清楚地了解过去所发生的事件和将来也会发生的类似的事件（因为人性总是人性）的人，认为我的著作还有一点益处的话，那么，我就心满意足了。”由此可见，修昔底德比希罗多德更进一步，因为对于他来说，历史记载不仅是人类过去的“伟大功业”，更重要的是那些“将来也会发生的类似的事件”，这一理想实际上是将历史研究的意义提升到了另一个境界，即将探

---

①其中第一卷9篇，第二卷5篇，第三卷5篇，第四卷7篇，第五卷2篇，第六卷9篇，第七卷3篇。现代的一些评论家将之视为《伯罗奔尼撒战争史》未完成的标志，不过也有学者同意古代作家克拉提普斯（Cratippus）的观点，认为这是一种新的写作技巧的尝试。参见 Simon Hornblower & Antony Spawforth eds., *The Oxford Classical Dictionary*, New York: Oxford University Press, third Revised edition, 2003, p. 1518.

②有的学者将同一事件中多人发表的演说视为同一篇演说词，有的学者如斯塔德塔尔（Philip A. Stadter）则分开计算，霍恩布洛尔甚至将一些信件也视为演说词。按照拉蒂摩尔的“间接对话”方式划分则为：第一卷19篇，第二卷18篇，第三卷9篇，第四卷19篇，第五卷13篇，第六卷17篇，第七卷9篇，第八卷37篇。详见参考文献［10］（6）及参考文献［4］（484－491）。本文所引用古典文献均依照国际惯例，列出卷数、节数或行数。下同。

③有学者译为政治演说或称议事演说，详见罗念生先生关于参考文献［2］的上海人民出版社中译本。不过，相对于政治或议事而言，更确切的表述应为城邦公共事务演说。此处所用术语系笔者根据希腊原文自行翻译。

寻普遍规律的任务从诗歌转向了历史，赋予历史研究以揭示事实、发现真相的社会功能。[①] 而要想清楚地了解过去的事情，首先就必须保证其作品的真实，不过在修昔底德看来，远古的历史是不可靠的，他在“古代论”（Archailogia）中只是简要地回顾了古代的历史。修昔底德是在不点名地批评希罗多德的同时，暗示只有当代的历史才有可能被记载下来。那么什么样的材料才能够满足这样的要求？修昔底德通过对编纂内容的反思，最终选取了数量庞大的、当代的材料——演说词，作为其著作的史料来源。可见，对演说词的选择体现了修昔底德与希罗多德所不同的史料观的变化。

然而，这些演说词的风格却一直饱受争议，古代批评家哈利卡纳索斯的狄奥尼索斯（Dionysus of Halicarnassus）在《论修昔底德》一文中赞扬了修昔底德对真实的激情、对动机和个人个性判断，同时他也表达了按季节顺序编排历史的不满，并对第三卷打断了连续性深感不解，在他看来第一卷中的矛盾、断裂和不明晰之处是难以接受的，并且一针见血地指出，“大部分的演说词使用了同一种语言风格”。狄奥尼索斯的评价极具穿透力，以至于现代的英译者也不得不在译本的前言中这样说到，“狄奥尼索斯的这个批评使人觉得他变成了历史学家，而修昔底德则变成了修辞学家”。千篇一律导致后世对其内容的真实性也产生了怀疑，康福德则指出修昔底德的历史运用了“戏剧化”的描写，“从一开始就显示出悲剧的影响”，而在大多数情况下，“修昔底德是写完事件的叙述部分之后，再将演说词填充完整”。哈蒙德则进一步强调《伯罗奔尼撒战争史》中大部分的演说词很可能是修昔底德的“建构”。安德鲁斯在《剑桥古代史》中承认，对话中独特的语气是修昔底德的“自由创作”。柯林武德指出演说词成为修昔底德与希罗多德一个重要的区别，即“合理的证据”，在他看来，修昔底德没有继承希罗多德的“历史科学”，那些“粗暴”和“千篇一律”的演说词源于修昔底德的“反历史”，“这些演说似乎本质上并不是历史学，而是修昔底德对演说人行动的评论，是修昔底德对演说人的动机和意图的重建”。

修昔底德自己显然也已经预见到了可能存在的质疑，他在“方法论”中先是说明了演说词的来源，“在这部历史著作中，我利用了一些现成的演说词，有些是在战争期间发表的；有些是我亲自听到的演说词中的确实词句，我很难记得了，从各种来源告诉我的人也觉得有同样的困难；所以我的方法是这样的：一方面尽量保持实际上所讲的话的大意；同时使演说者说出我认为每个场合所要求

---

①今天，历史与史诗或戏剧本质的区别在于历史是为了追求真实，而文学通常被视为虚构的作品。但是在古代希腊情况却恰恰相反，亚里士多德在《诗学》中对诗和历史如此评价，史诗高于历史，因为史诗所表现的事件具有普遍性，而历史记载的事件只有特殊性。不过，当时的“历史”又并非 19 世纪以来形成的专业化学科，使用亚里士多德或今天的标准来评价修昔底德，这显然并不公平。详见参考文献［13］（1459a）及参考文献［10］（10）。

他们说出的话语来。”随后，他总结了叙述的原则，“不要偶然听到一个故事就写下来，甚至也不单凭我自己的记忆作为根据；我所描述的事件，不是我亲自看见的，就是我从那些亲自看见这些事情的人那里听到后，经过我仔细考核过了的……我这部历史著作很可能读起来不引人入胜，因为书中缺少虚构的故事。”不过，正是由于一方面承认演说词真实性的困难，另一方面又强调其作品中缺少虚构，这种前后矛盾的说法使修昔底德陷入了“主观”与“客观”进退两难的境地。现代学者们通过对“方法论”的文本进行深入的分析，提出了各种各样的解释。一种解释强调作者的“主观性”，认为修昔底德写下他所需的，其中包括了演说者确实讲过的，采取了理性的历史建构，而非其标榜的那样做到客观真实；另一种是强调客观性，并将之区分为修昔底德自己撰写的和确实出现过的演说词，但都反映了客观真实；还有一种观点是承认演说词既有“主观性”又有“客观性”。基于修昔底德在演说词使用时面临的“两难”境遇，考察他当时的写作背景对于理解其创作思路就显得具有极其重要的意义。

二、口述传统与面对面城邦语境

修昔底德生活在雅典由盛转衰的时代，民主和城邦是他的基本历史语境，而且只有深入到这两个核心观念当中，我们才能进一步揭示他的创作理念和思想。古典时代，希腊大多数城邦都处于一种“小国寡民”的状态，柏拉图认为一个理想的城邦应该限制在5040个公民，还有足够大声的传令官以便于传令。亚里士多德继承了他老师的观点，尽管他没有对人口数量给出一个明确的数字，但是他认为城邦的大小应该适度，公民互相认识。在此基础之上，芬利（M. I. Finley）提供了一个很好的解释模型——城邦是一个面对面社会（face-to-face society），他借用了彼得·拉斯莱特（Peter Laslett）对前工业化英国乡村生活的研究，指出雅典城邦也处于一种口头社会。芬利的假说在政治参与程度上受到了欧波尔（Josiah Ober）等学者的挑战，但这对社会模型所关注的政治参与者本身的记忆并不构成影响。因此这一假说对于解释古代希腊城邦的信息传播，以及记忆形成仍然是一个严密的社会模型。基于此，城邦的信息传播主要是通过口头完成，所以话语（*logos*）对于城邦来说就显得格外重要。由于公共生活的需要，民主语境下的雅典也出现了各种各样的口头竞争，从诗歌、戏剧比赛，甚至到法庭诉讼。公元前5世纪的雅典人对演说可谓既欣赏又怀疑。一方面，公开发表演说、当众朗诵其作品，这些都通常被视为公民的基本权力，并且是一种至高无上的荣誉，无论是诗人、剧作家还是演说家，没有人不渴望戴上桂冠，公演他们的悲剧或喜剧，或是在众人面前发表演说。另一方面，城邦涌现出大量教授演说术的智术师，这些人自然也不会放过任何一个能够当众宣传他们学说的机会，然而他们讲授的演说术经常“使弱的话语变强，使强的话语变弱”，这在当时甚至后来都受到人们的指责。① 但是无论如何，演说对于雅典的城邦公共生活却是至关重要的。

尽管一些学者会强调书写对当时的社会所产生的作用，但是我们也不能高估书写在当时的影响。② 考虑到当时只有重要的城邦文献才会成为刻在石头上的铭文，而从埃及进口用来书写的纸草更是价格不菲，所以书籍的使用和传播并不广泛。③ 而且当时大众的识字水平也值得斟酌，许多雅典人很有可能是文盲或半文盲。柏拉图甚至认为文字无法强化记忆，反而会使人变得更加健忘。因此，对于当时的人们来说，“讲述”的地位要高于“写作”，可以说，讲述在某种程度上甚至包括了写作。一个作者写出来某段文字，必须要等到讲给大家听之后才算是完成了其“写作”，“写作”只能算是“讲述”的准备。自希罗多德开始，“历史”作为一种新的叙事方式出现，作品能够被当众朗诵显然也是一种光荣。据说，当修昔底德还是一个孩子的时候，当他听到希罗多德当众朗诵《历史》的时候，激动得泪流满面。虽然日后的修昔底德并没有继承其前辈的历史编纂方式，但他也一定会以希罗多德为自己的榜样，期望日后在众人面前朗诵他编纂的历史。因此，即使修昔底德“写作”了历史，也并不排斥他的作品被当众朗诵。而从时间上来看，修昔底德和希罗多德至多相差一代人，即使当时希腊的信息传播方式发生了革命性的变化，也很难想象到了修昔底德的时代，希腊城邦就会完全摆脱口述传统的影响。正如莫米亚诺所指出的那样，“修昔底德接受了希罗多德的假设，历史（编纂）是由明显的口述传统构成的”。

修昔底德为人诟病的演说词，其千篇一律的风格恰好从另一方面体现了荷马以来的口述传统烙印。荷马的史诗中经常出现程式化用语，以及关于某个主题和典型场景的描写，正是诗人为了便于记忆在创作中经常使用的方式。古风时代梭伦的挽歌对句（elegy）中也秉承了这种口述传统。《伯罗奔尼撒战争史》中最能体现这一传统的莫过于将军在战前鼓舞士气所进行的演说。这也是亚里士多德所

---

①当时希腊社会对于演说术所持的各种复杂看法。参见 Aristophanes，*Clouds*；Plato，*Sophist*.

②阿尔托格通过词源学的分析指出修昔底德对“写作”（συνγράφειν）一词的选择是有目的性的，他认为该词前缀 συν－意为“和”或“用”，词根 γράφειν 意为“写”，从而得出修昔底德完全是从书写的角度出发。罗沙琳德也认为，“修昔底德的散文体，通常被认为是书写和‘会读写的人’的智力的产物，而不是希罗多德为了聆听而做的《历史》。”参见 François Hartog，*The Mirror of Herodotus*：*The Representation of the Other in the Writing of History*，Berkeley：University of California Press，1988，p. 285；Rosalind Thomas，*Literacy and Orality in Ancient Greece*，New York：Cambridge University Press，1992，p. 103；Alan K. Bowman，Greg Woolf eds.，*Literacy and Power in the Ancient World*，New York：Cambridge University Press，1994：33－50.

③直到公元前5世纪中期，希腊世界才出现存在书籍买卖的证据。例如，在柏拉图的《申辩》中，苏格拉底说人们可以用一个德拉克玛去买一部阿纳克哥拉斯（Anaxagores）的作品，而阿里斯托芬的《蛙》第1104行则暗示了大量书本存在的可能。参见 L. D. Reynolds and N. G. Wilson，*Scribes and Scholars*：*A Guide to the Transmission of Greek and Latin Literature*，Oxford：Clarndon Press，3 edition，1991，p. 2. Rosalind Thomas，“Literacy and the city－state in archaic and classical Greece”，in *Literacy and Power in the Ancient World*，Alan K. Bowman and Greg Woolf. eds.，Cambridge/New York：Cambridge University Press，1996.

没有提到的演说类型，它们在全书当中总共出现了 14 段。此种演说有一个显著的特征，即描绘一个典型的场景，通常是将领召集士兵，鼓舞士气。例如第二卷中纳谟斯和伯拉西达发表演说鼓舞士气，“伯罗奔尼撒人！如果因为上次战争的结果，你们中间有人害怕战争的话，那么，现在我们又将作战了；我们应当说，这种畏惧是毫无理由的。”另一方的福密俄也召集雅典人，“士兵们！我看见你们因为敌人人数众多而惊慌；我召集这个会议，因为我不希望你们在没有什么值得可怕的时候感到恐惧。”可以看出，战前动员演说与史诗中经常出现的程式化场景描写类似。

修昔底德有着远大的理想，“我的著作不是只想迎合群众的一时的嗜好，而是想垂诸永远的”。不过，这也并不是意味着修昔底德不希望他的作品在民众当中广泛传播，他只是不想像诗人或散文记事家那样夸大事实，通过作品中的种种奇闻轶事来吸引听众，因为他所追求的是对事件的真实记载。虽然我们没有确切的证据能够证明修昔底德的作品在当时广为朗诵，但是通过其对后世产生的巨大影响，仍然可以推测出他在当时受欢迎的程度。而在他去世后不久，色诺芬就宣称其《希腊史》是继续修昔底德的工作，克拉提普斯也曾把自己的著述看作《伯罗奔尼撒战争史》的续篇。据说，年轻时口吃的德摩斯提尼为了学习他的雄辩，口中含石将他的《伯罗奔尼撒战争史》朗诵了八遍。如果在当时并没有通过口述传播，对众人讲述他的历史，很难想象他的作品能够流传至今而且范围如此广泛。

修昔底德之所以能够广为流传，一方面得益于《伯罗奔尼撒战争史》中大量的演说词满足了当时社会政治的需要。正如有学者指出的那样，“修昔底德是希罗多德时代一个例外的多产作者。他们通常只写一些短小的作品，而非长篇大论。散文体的作品一般比诗体的作品要短，因为散文体更难记住……5 世纪晚期的读者想要短小的书，因为他们可以记住，以便日后能够在公共场合面对听众大声地朗读出来”。另一方面，则是他历史作品的吸引力——对于历史真实的探寻，这也是其最大的魅力。因为演说词是城邦公民之间互动的载体，演说者与听众都是历史的亲身经历者。这些城邦公共事务的参与者既是演说词的听众，又是修昔底德历史作品的听众，他们都聆听过伯里克利那篇著名的葬礼演说，他们也都在队列中听过将军鼓舞士气的演说。这些演说词是他们的共同经历，同时也构成了城邦的记忆，或者说集体记忆。

三、演说词的真实性与集体记忆

鉴于个体性记忆所使用的语言、逻辑和概念必然会受到社会框架的结构性限制，对此，涂尔干最先在社会学领域有关纪念仪式的讨论中提出“群体记忆”。

系统的“集体记忆”概念则是由法国社会学家莫里斯·哈布瓦赫（Maurice Halbwachs）提出，该理论认为记忆不仅是心理和生理的功能，实际上也是社会的功能，个人记忆之所以能够存在，是由于存在着“集体记忆”，社会的相互作用是记忆的重要因素，社会环境提供了在空间和时间中调整回忆的可能性，它是回忆本身以及体现这些回忆的源泉。同时，每个社会都有不同的群体，这些群体之间的记忆并不一定是同质的。而作为个体口述材料的演说词无可避免地会受到记忆准确性的困扰，其内容的真实性就是修昔底德所不得不面对的一个重要问题。修昔底德显然也注意到了“记忆的不安全”，如他在“古代论”中对远古历史真实性提出的质疑。他是这样看待真实与记忆的，“在研究过去的历史而得到我的结论时，我认为我们不能相信传说中的每个细节。普通人常常容易不用批判的方式去接受所有的古代的故事——就是对于那些和他们本国有关的故事，他们也是这样……其他希腊人也同样地不但对于记忆模糊的过去，而且对于当代的历史，有许多不正确的猜想……事实上，大多数人不愿意找麻烦去寻求真理，而很容易听到一个故事就相信它了。”不过，修昔底德似乎找到了可以追寻真实的途径，这就是通过批判的方式。

在古希腊人的思维里，是记忆女神的长女克里奥（意为“荣誉”）掌管着“历史”，位居九位缪斯女神之首，历史就是为了保存人们对于荣誉的记忆。正如希罗多德编纂《历史》是“为了保存人类的功业，使之不致由于年深日久而被人们遗忘。”“记忆”与“真实”有着十分紧密的联系，从词源学来看，古希腊文中的“真实”（áλήθεια）一词，其词根 λήθη 有“遗忘”之意，加上一个表示否定的前缀 α－则意为“不遗忘”“记忆”。希罗多德关于“真实”一词所使用的爱奥尼亚方言 áληθείη 与修昔底德使用的阿提卡方言中的 áλήθεια 虽然语音有所差异，但含义却是完全一致的。对于这些希腊人来说，“真实”就是符合“记忆”。亚里士多德在《论记忆与回忆》中认为，记忆就专指“过去的事物”（του γενομάνου）；谁都不能回想于“现在”（το παράν），不能回想当前“正在”的事物。他进一步阐明，对于人类来说，仅有记忆是不够的，因为记忆仅仅是基础，更重要的是回忆———个追索的过程。亚里士多德所说的这种“回忆”显然是一种共同体的集体记忆，是共同体的传统。

古代希腊人集体记忆的保存是通过诗人的传诵来完成的。荷马就是希腊集体记忆最早的保存者，因而诗人也被认为是真实的掌握者。维尔南在其富有洞见的分析中说道：“一个人或一群人的存在或曾经存在的意义，作为不死的标志即永恒的存在，是保留在集体的社会记忆的阳光之下，它可以有两种方式：通过一代又一代诗人不断重复地传唱，或者是他墓前矗立的纪念碑。集体的记忆作为一个确保个人的威望在其光荣逝去之前得以保存的机制。”芬利则进一步指出，“那些失去的事实，即被所有个人完全地、不可挽回地遗忘的事实数量巨大，遗忘过程永无止境。这取决于这个个体家族是否幸运，他们特殊的记忆是否成为公众记忆，然后取决于传统在后代中是否延续并保持原貌。”到了古典时代，希腊世界经历了从神话思维（*mythos*）向理性思维（*logos*）的转变，诗人作为记忆与真实的掌握者的形象被削弱。尤其是在民主语境的雅典，记忆和真实的标准也正在被民主化。演说词作为城邦公共生活的产物，正好是个体与城邦交织、构成集体记忆的汇合点。然而，伴随着集体记忆的“民主化”，问题也会接踵而来。

集体如何记忆？哈布瓦赫认为，“一旦一个回忆再现了一个集体知觉，它本身就是集体性的了。”德利奇则指出，“我们不可将当代历史化简为个人记忆。另一个人或其他人是我们记忆的基础，尤其是对于我们不能记住的而言。”诚如史林普顿所言，在古代希腊“历史真实的判定是共同体的权力，并从不容许个人涉足。”城邦对过去记忆的选择在希罗多德的记载中得到了充分体现，帕罗斯远征失败后不久，悲剧诗人普律尼科司（Phrynichus）上演了《米利都的陷落》，雅典人认为这使他们记忆起了同胞令人痛心的灾祸，因而课以他一千德拉克玛的罚金，并且禁止此后任何人再演这出戏。由此可见，城邦的记忆，或者说集体记忆是有选择性的，这也随之引出了另一个问题。

集体记忆就是真实的吗？阿莱达·阿斯曼认为，“回忆固然并非总是真实，我们却不得不认为我们的回忆是真实的，因为它们是我们赖以汲取经验和建立关系，尤其是赖以绘制自我认同图像的材料。在我们的回忆当中，只有一小部分是经过语言处理并构成一种未言明的生活史支柱”。这样的解释过于悲观，正如柯林武德所说，“如果过去能够被人记忆，那就不需要有历史学家了。”虽然修昔底德撰写的演说词是作为一个个体的记忆呈现，但是，对于演说词回忆的“复述”行为，一个重要的前提就是将事件“现在化”了。由于公共生活高度的参与性，修昔底德在批判的时候，也会被同时代的其他公民评判，因为这些人也同样是他的记忆基础。当时许多的听众曾经亲身经历，对演说词的内容仍然十分熟悉，只有修昔底德所记载的演说词内容符合集体的记忆，才能确保他自己反复强调的真实性。同时，修昔底德作为个体的回忆不是简单的再现，而是以其当下为起点经过反思和推论去铺排和重构过去，而这个反思和推论的逻辑和框架依赖于社会和集体记忆的演变方向。而演说词一旦是为了迎合某些人而杜撰，它必然会面临其他方面的批评，个体或城邦之间的竞争，为了荣誉“公正是最好的办法”。的确，修昔底德无法确保演说词内容的绝对精确，而且这显然也是不可能的。然而，演说词的编排却恰恰体现了修昔底德作为历史学家的主体性，而主体性显然并不等于主观性，口述语境中的城邦集体记忆会通过种种不同的批评来矫正偏差，所以在很大程度上能够反映历史的真实面貌。

修昔底德将历史真实的内涵扩展为人类的真实，这实际上是将其记载视为社会发展的一般规律，超越了亚里士多德对历史的“特殊性”定义，使之提升到了与“诗”同样的境界。《伯罗奔尼撒战争史》中对所载演说词进行了个体的理性批判，而其真实性最终又通过集体的记忆得以实现。

参考文献

[1] 张广智. 西方史学史［M］. 上海：复旦大学出版社，2005.

[2] ARISTOTLE. The art of Rhetoric［M］. Cambridge Mass.：Harvard University Press，1926.

[3] WOODMAN A J. Rhetoric in classical historiography［M］. London：Croom Helm，1988.

[4] THUCYDIDES. The Peloponnesian war［M］. Cambridge：Hackett Publishing Company，1998.

[5] DIONYSIUS OF HALICARNASSUS. Critical essays［M］. Volume I，Cambridge，Mass.：Harvard University Press，1974.

[6] 康福德. 修昔底德：神话与历史之间［M］. 上海：上海三联书店，2006.

[7] MARINCOLA J. Greek historian［M］. Oxford：Oxford University Press，2001.

[8] LEWIS D M，BOARDMAN J，DAVIES J K. The Cambridge ancient history（Volume V）［M］. 2nd ed. Cambridge：Cambridge University Press，1992.

[9] 柯林武德. 历史的观念［M］. 北京：商务印书馆，1997.

[10] HORNBLOWER S. Thucydides［M］. Baltimore：The Johns Hopkins University Press，1987.

[11] PORCIANI L. The enigma of discourse：a view of Thucydides［C］// MARINCOLA. A companion to Greek and Roman historiography，Part Ⅲ：readings，alden. MA：Blackwell，2007.

[12] PLATO. Laws［M］. Cambridge Mass.：Harvard University Press，1926.

[13] ARISTOTLE. Politics［M］. Cor. ed. Cambridge Mass.：Harvard University Press，1944.

[14] OBER J. Mass and elite in democratic Athens：rhetoric，ideology，and the power of the people［M］. Princeton：Princeton University Press，1991.

[15] THOMAS R. Literacy and orality in ancient Greece［M］. Cambridge/New York：Cambridge University Press，1992.

[16] PLATO. Phaedrus［M］. Cambridge Mass.：Harvard University Press，1914.

[17] Suidae Lexicon［M］. Lipsiae：In aedibus B. G. Teubneri，1971－1989.

[18] MOMIGLIANO A. Studies in historiography［M］. London：Weidenfeld & Nicolson，1966.

[19] 洛德. 故事的歌手［M］. 北京：中华书局，2004.

[20] IRWIN E. Solon and early Greek potery：the politics of exhortation［M］. Cambridge：Cambridge University Press，2005.

[21] FLORY S. Who read Herodotus' histories?［J］. The American Journal of Philology，1980（1）.

[22] HERODOTUS. Histories［M］. Oxford：Oxford University Press，1998.

[23] LIDDELL H G，SCOTT R. A Greek-english lexicon［M］. Oxford：Oxford University Press，1996.

[24] ARISTOTLE. On memory and recolletion［M］. Rev. ed. Cambridge Mass.：Harvard University Press，1957.

[25] VERNANT J P. The Greeks［M］. Chicago/London：The University of Chicago Press，1995.

[26] FINLEY M I. Myth, memory and history [J]. History and Theory, 1965 (3).
[27] 哈布瓦赫. 论集体记忆 [M]. 上海：上海人民出版社, 2002.
[28] 德利奇. 记忆与遗忘的社会建构 [J]. 国外社会科学, 2007 (4).
[29] SHRIMPTON G S. History and memory in ancient Greece [M]. Montreal: McGill-Queen's University Press, 1997.
[30] 韦尔策. 社会记忆：历史、回忆、传承 [M]. 北京：北京大学出版社, 2007.
[31] SCANLON T F. The clear truth' in Thucydides 1. 22. 4 [J]. Historia: Zeitschrift für Alte Geschichte, 2002 (2).

（原文发表于《中南大学学报》（社会科学版）2011 年第 2 期）

伊特鲁里亚占卜述评*

杨　扬

内容摘要：占卜在伊特鲁里亚宗教文化当中占有举足轻重的地位。伊特鲁里亚人使用了种类繁多的占卜形式，多以观察鸟、内脏和闪电来进行预测和阐释，占卜执行者也因应不同的对象而细分，因而与之对应的占卜空间及其构造均不尽相同。伊特鲁里亚的占卜对后世，尤其是罗马产生了深远的影响。

关键词：伊特鲁里亚　占卜　宗教　空间

占卜的程式不止一种，有的用于公共事务，有的用于私人事务。且不说其他民族，我们又缺少哪些占卜形式！传说，罗慕路斯，我们的城邦之父，不但求了鸟占才去建城，而他本人就是一名出色的占卜师。在他之后的国王们也常求教占卜技艺。在他们下台以后，无论涉及内政还是军事，人们从不忘求问鸟占。依据献祭的牲畜内脏占卜，这项技艺据说非常重要，一般用来预测未来，妥善处理事态，或解释奇迹，采取必要的相应措施，为了显得没有遗漏任何占卜程式，我们向伊特鲁里亚借用了这门技艺的全套规范。

——西塞罗：《论占卜》，1.3.2

伊特鲁里亚人生活在现今的意大利托斯卡纳地区，在罗马人崛起之前，这群人对意大利半岛的文化产生了最为持续和深远的影响。伊特鲁里亚人自称瑞森纳人（Rasenna），希腊人称之为第勒尼安人（Tyrrhenian），而罗马人称之为伊特鲁里亚人（Etruscans）。[①]李维曾这样记述，伊特鲁里亚人被认为“相比其他民族对于宗教更为虔敬，他们在这一领域的实践也更为优秀”。[②]占卜在其宗教当中占有

*本文为广东省教育厅普通高校青年创新人才类项目（人文社科）“伊特鲁里亚宗教初探”（2016WQNCX115）阶段性成果。

①“伊特鲁里亚”又译“伊达拉里亚”，自公元前10世纪到公元前1世纪兴盛。关于伊特鲁里亚人的起源，学界尚存争论。一派遵照希罗多德的说法，认为他们是来自小亚细亚城邦吕底亚的移民。另一派则认为在意大利本土。参见Herodotus, *The Histories*, 1.94.

②Livy, *Ab urbe condita*, 5.1.6.

举足轻重的地位，并渗入社会生活的方方面面。遗憾的是，伊特鲁里亚人并没有多少文献传世，而且由于其文字至今仍未能完全释读，今日所见有关伊特鲁里亚占卜的文献大多是源自罗马作家的记载，内容涉及文学、史学、哲学、神学、古物学、建筑学等领域，诸如西塞罗、塞涅卡、普林尼、李维、维特鲁威（Vitruvius）、费斯图斯（Festus）等古代作家的作品，此后，玛尔提亚努斯·卡佩拉（Martianus Capella），以及公元6世纪的拜占庭学者吕杜斯（Johannes Lydus）。①

伊特鲁里亚在中世纪似乎被人遗忘在历史的尘埃中，直到文艺复兴时期它才再次为人所关注。19世纪，意大利对伊特鲁里亚的研究显然有着得天独厚的优势，这尤其体现在考古学方面获得的成就。伴随着现代学科的发展，德国学者从擅长的古典语文学和历史学出发，穆勒（Karl Otfried Müller）、德克（Wilhelm Deecke）和图林（Swede Carl O. Thulin）等人奠定了伊特鲁里亚宗教研究的基础，他们的著作也大都涉及占卜问题。②

进入20世纪，博纳米奇（Guilio Buonamici）对伊特鲁里亚历史文献的梳理涉及不少占卜的内容。鉴于现代考古学取得了长足发展，托斯卡纳地区发掘出土大量与占卜有关的遗存和器物，这些考古材料成为研究伊特鲁里亚宗教文化不可或缺的资料。③ 学者们在此基础上进行了深入和系统的研究，出版了大量与之相关的论著。帕罗蒂诺（Pallottino）和普菲夫希（Ambros Josef Pfiffig）的研究方法成为伊特鲁里亚研究的标准。社会科学领域出现了各种理论和研究方法的变革，引领潮流的法国学者也将这些方法应用到伊特鲁里亚的研究当中，其中代表人物便是吉塔尔（Charles Guittard）和布里凯尔（Dominique Briquel），他们出版了一

①与伊特鲁里亚占卜有关的文献主要有，西塞罗的《论占卜》（Cicero, *De divinatione*）和《论神性》（Cicero, *De Natura Deorum*），塞涅卡的《自然问题》（Seneca, *Quaestiones Naturales*），普林尼的《自然史》（Pliny, *Historia Naturalis*），李维的《建城以来史》（Livy, *Ab urbe condita*），维特鲁威的《论建筑》（Vitruvius, *De architectura*），费斯图斯的《辞疏》（Festus, *De significatu verborum*），吕杜斯的《论天象》（Johannes Lydus, *De ostentis*），以及玛尔提亚努斯·卡佩拉的《论“精神”和“语文学”的结合》（Martianus Capella, *De nuptiis Mercurii et Philologiae*）。

②详见 Karl Otfried Müller & Wilhelm Deecke, *Die Etrusker*, 2 vols., 1877; Carl O. Thulin, *Die etruskische disciplin*, University of California Libraries, 1906; Ambros Josef Pfiffig, *Religio Etrusca*, Graz: Akadem. Druck - u. Verlagsanst, 1975.

③Guilio Buonamici, *Fonti di storia etrusca*, Florence, 1939. 伊特鲁里亚基金会主办的《伊特鲁里亚研究》杂志（*Etruscan Studies*）是该领域的重要期刊，该刊刊载了大量考古发掘报告和研究论文。

系列有关伊特鲁里亚宗教的著作，占卜是其中一个重要的考察对象。①

21 世纪初，英语世界编辑、翻译了不少其他语种有关伊特鲁里亚宗教的经典著作，并且也涌现出了许多研究论著。② 伊特鲁里亚的相关研究在我国尚处于起步阶段，因此相对于希腊罗马文明来说还稍显陌生。③ 本文试图总结归纳国内外前辈学者的研究成果，综合相关的文献与考古材料，在此基础上对伊特鲁里亚占卜的历史进行概述和评论。

一、塔吉斯和维哥娅：从占卜师到祭司

> 据说，从前，在塔尔奎尼伊的乡间，当土地正被犁耕，突然，塔吉斯从一条深挖的犁沟中跳出，向犁地的人说话。这个塔吉斯，据伊特鲁里亚人书上说，他有着孩童的相貌、长者的智慧。农夫瞠目结舌，大声惊呼，人群迅速聚集，全体伊特鲁里亚人都来到此地。于是，他向众多的听众讲了许多事情，他们尽信他所言并付诸文字。他的整个讲话包含了占卜的准则。后来，新的事物被学习并适用于同样的原则。我们从他们（伊特鲁里亚人）那里接受了这些事物，而他们将那些文字视为准则加以保存。④

在罗马作家的文献之中，塔吉斯（Tages）是伊特鲁里亚宗教最初的占卜师和预言家。除了西塞罗的记载，弗拉库斯曾提及塔吉斯是革尼乌斯（Genius）之子、朱庇特（与之对应的伊特鲁里亚神明是提尼阿［Tinia］）之孙。吕杜斯则告

①相关研究论著详见 Charles Guittard, ed. , *La divination dans le monde etrusco - italique*, Actes de la Table ronde Paris 1986, 3 vols. , Caesarodunum 52. 56, Paris, 1986; Charles Guittard & Dominique Briquel, eds. , *Les écrivains du siècle d'Auguste et l'Etrusca Disciplina*, Caesarodunum, Supplément 61, Tours, 1991; Charles Guittard & Dominique Briquel, eds. , *Les écrivains du siècle d'Auguste et l'Etrusca Disciplina II*, Caesarodunum, Supplément 63, Tours, 1993; Charles Guittard & Dominique Briquel, eds. , *Les écrivains et l'Etrusca Disciplina de Claude à Trajan*, Caesarodunum, Supplément 64, Tours, 1995; Charles Guittard & Dominique Briquel, eds. , *Les écrivains du deuxième siècle et l'Etrusca Disciplina*, Caesarodunum, Supplément 66, Tours, 1996; Françoise Gaultier & Dominique Briquel, *Les Plus religieux des hommes: état de la recherche sur la religion étrusque*, Paris, 1997.

②详见 G. Dumezil, The religion of the Etruscans', *Archaic Roman Religion*, vol. 2, Chicago - London, 1970, appendix; Nancy Thomson, de Grummond, *An Encyclopedia of the History of Classical Archaeology*, 2 vols. Westport, Greenwood Press, 1996; Jean - Rene Jannot, *Religion in Ancient Etruria*, Jane K. Whitehead translated, Madison: University of Wisconsin Press, 2005; Nancy Thomson de Grummond & Erika Simon (eds.), *The religion of the Etruscans*, Austin: University of Texas Press, 2006; Nancy Thomson de Grummond, *Etruscan Myth*, *Sacred History*, *and Legend*, Philadelphia, PA: University of Pennsylvania Museum of Archaeology and Anthropology, 2006.

③孙守春、李保华：《伊达拉里亚宗教初探》，《蒲峪学刊》，1994 年第 4 期，第 4 - 6 页；叶民、王敦书：《伊达拉里亚人起源考》，《世界历史》，2001 年第 5 期，第 96 - 102 页；黄洋：《伊特鲁里亚文明与罗马文明》，《上海文博》，第 26 - 31 页。

④Cicero, *De divination*, 2. 50 - 51. 23.

诉我们，这个农夫不是别人正是该城的创建者塔孔（Tarchon）。不过费斯图斯（Festus）和弗拉库斯指出，这个孩子是将知识传授给“伊特鲁里亚十二族（*duodecim populi Etruriae*）”。① 而在吕杜斯的版本中，塔孔将这个孩子带到了“圣地”并向他学习。通过汇集各种版本的描述，我们逐渐勾勒出塔吉斯的轮廓，这些文献的共同特点是，塔吉斯所传授的知识被记录下来，而在这个过程中，伊特鲁里亚的宗教领袖（*lucumones*）是传递预言的渠道。②

塔吉斯传授的内容，据西塞罗所说是关于脏卜（*haruspicina*），即通过观察牺牲动物的内脏来解释众神的意愿。不过，西塞罗在《论占卜》中说，塔吉斯所教授的内容仅仅与伊特鲁里亚的教仪（disciplina of the Etruscans）有关，其他文献还提及闪电、内脏、地震、众神居住的层级等。③ 这些材料被称为《塔吉斯书》（*Libri Tagetici*），并且在《脏卜书》（*Libri haruspicini*）和《来世救赎仪式书》（*Libri Acherontici*）当中都有所涉及。

文献当中的描述在考古发掘出的器物上得到了印证。例如，在一面公元前3世纪的青铜镜上刻画了如下场景：一位头戴圆锥形帽子的年轻人，以宗教仪式的姿势站立，左脚踩在一块石头上，正在凝视着一片肝脏。此人身旁的铭文标注其为“*pavatarχies*”，伊特鲁里亚语中并没有辅音“g”，因此塔吉斯（Tages）很有可能是伊特鲁里亚词汇“*Pava Tarχies*”的拉丁化拼写。④

图1　塔吉斯铜镜

①伊特鲁里亚文明实际上是由十二个城邦组成的联盟，这十二个城邦分别是维伊（Veii）、塔尔奎尼伊（Tarquinii）、科瑞（Caere）、克鲁西翁（Clusium）、科托纳（Cortona）、佩鲁西亚（Perusia）、乌尔奇（Vulci）、沃尔西尼伊（Volsinii）、威图罗尼亚（Vetulonia）、（Volaterrae），以及阿雷佐（Arretium）。不过，正如希腊一样，这个松散的城邦联盟最终未能抵御罗马的侵蚀。参见 Festus, *De significatu verborum*, 359. 14.

②Nancy Thomson, de Grummond & Erika Simon (eds.), *The religion of the Etruscans*, Austin: University of Texas Press, 2006, p. 27.

③详见 Arnobius, *Adv. nat.* 2. 69; Lydus, *De ostentis*, 54c; Lactantius, *Comm. in Stat. Theb.* 4. 516.

④Nancy Thomson, de Grummond & Erika Simon (eds.), *The religion of the Etruscans*, Austin: University of Texas Press, 2006.

维哥娅（Vegoia）又称维库维娅（Vecuvia），她在拉丁文献中常常被称为“贝哥俄仙女”（Nymph Begoe）。《维哥娅书》（*Libri Vegoici*）是记载与雷电有关的历书，不过，后世将之归于罗马学者尼吉狄乌斯·菲古卢斯（Nigidius Figulus）名下，此后，可能是西塞罗同时代的伊特鲁里亚作家塔克文·普里斯库斯（Tarquitius Priscus）将此书译为拉丁文。① 《维哥娅书》将全年分为十二个月，每月均为 30 日，如果当中哪一天出现雷电，历书上均会有对应的事件发生。

古代地中海世界的占卜与各种宗教活动有着紧密的联系，我们很难严格地从中划出一条界线并加以区分。占卜在古代希腊语中被称为“μαντικήν”，从事占卜的多为先知（μάντις）或祭司（ἱερεύς），最著名的先知莫过于时常出现在神话传说中的忒瑞西阿斯（Tiresias）和卡珊德拉（Cassandra），而在现实生活中则是那些德尔菲和多多那神庙里解释神谕的女祭司。② 同样，罗马宗教中占卜的执行者有许多种类，如脏卜师（*haruspex*，阳性动物）、鸟占师（*auspex*）、脏卜师（*extispex*，阴性动物）、占卜师（*augur*）、大司祭（*pontifex*）、祭司（*flamen*）等。③

伊特鲁里亚的占卜师与祭司在一定程度上也会出现身份的重合，托斯卡尼旁边的皮萨罗（Pesaro）地区的一则伊特鲁里亚语和拉丁语的双语铭文记载了一个名叫卡法提乌斯（Lucius Cafatius）的祭司，他既是脏卜师（*netsvis/haruspex*）又是预言家（*trutnut*），而且还是闪电占卜师（*frontac/ fulguriator*）。④ 遗憾的是，卡法提乌斯是目前所知为数不多的祭司之一，伊特鲁里亚祭司的名字很少流传下来。因应场合的不同有时也会对职责进行区分，例如伊特鲁里亚语中祭司通常被称作“*cepen*”，或是“*ceepena*”“*cipen*”，值得注意的是，萨宾人称呼他们的祭司为“*cupencus*”。伊特鲁里亚语中的“*cepen*”能否和拉丁语中的“*sacerdos*”相对应，一直是学者们关注的重要问题。⑤

根据考古学的材料，伊特鲁里亚的祭司有着独特的装束，头戴高帽，身着长袍，部分祭司雕像还手持“螺线形魔杖”。螺线形魔杖是伊特鲁里亚祭司著名的装备之一，拉丁语称之为“*lituus*”，它顶部弯曲，呈螺线形，因此得名。罗马的祭司后来也沿袭了这一魔杖，据说罗慕路斯（Romulus）是第一个使用魔杖的罗

---

①塔克文·普里斯库斯与罗马王政时代的国王老塔克文（Lucius Tarquinius Priscus）并非一人。关于《维哥娅书》的成书年代，参见 Jacques Heurgon, “The Date of Vegoia's Prophecy”, *Journal of Roman Studies*, vol. 49 (Nov. 1959), pp. 41－45.

②Sarah Iles Johnston, *Ancient Greek Divination*, Chichester, West Sussex: Wiley－Blackwell, 2008.

③关于各种占卜师的译法，参见魏明德、吴雅凌：《古罗马宗教读本》，商务印书馆，2012 年。

④这则双语铭文的时间大约是在公元前 1 世纪，其内容为：[L. Ca] fatius. L. f. Ste. haruspe [x] fulguriator / cafates. lr. lr. nets'vis. trutnut. frontac. 参见 Massimo Pallottino, *Testimonia Linguae Etruscae*, Firenze: La Nuova Italia Editrice, 1954, p. 87, no. 697.

⑤Nancy Thomson, de Grummond & Erika Simon (eds.), *The religion of the Etruscans*, Austin: University of Texas Press, 2006.

马人。① 弗拉维王朝韦帕芗皇帝的银币上背面上下分别有铭文“AVGVR”和“TRIPOT”，中间从左到右分别为长柄勺（*simpulum*）、圣水掸（*aspergillum*）、罐子和魔杖的图案。②

图2　祭司及螺线形魔杖

除了在日常和宗教活动当中扮演重要角色，祭司们也会出现在战场上，并且是一支极具威慑力的力量。李维就曾记载了这些祭司的“惊人”战斗力，当法利人和塔尔奎尼伊人在一次战斗中向一位执政官进军之时：

> 最令人恐惧的便是他们的祭司，这些人手持火把和巨蛇，就像复仇女神一样进行攻击，面对这些非同寻常景象，罗马军队陷入慌乱之中。当他们被吓得目瞪口呆、发狂的时候，就落入到了自己摇摆不定的战线之后。随后，执政官、总督和保民官嘲笑并斥责了他们，因为他们战栗的样子就像孩子面对使人惊讶的空虚景象，罗马的士兵们立即感到羞愧并重整精神，他们像盲人一样冲向那些刚刚使他们溃逃的东西。然后，他们从敌人的机械装置旁边疾驰而过，自己撞向那些手持武器的人，重新夺回了整条战线。③

上述有关占卜师和祭司等名称一般是指男性，提及伊特鲁里亚女性占卜师或祭司（*hatrencu*）的文献相对较少。其中较为著名的是老塔克文（Lucius Tarquinius Priscus）之妻塔娜奎尔（Tanaquil），她被描述成一位精通占卜的女性。出身高贵的塔娜奎尔鼓励老塔克文从塔尔奎尼伊前往罗马去寻求荣耀，并且最终建立起王政时代的塔克文王朝。众所周知的是，塔尔奎尼伊正是著名的伊特鲁里亚城邦之一。他们碰巧到了雅尼库鲁姆（Janiculum）。在那里，当他与妻子坐在车上时，一只鹰展翅轻轻落下，带走他的帽子，呼啸着飞停在车上方，仿佛是为此差事受神所遣，又将帽子端正地置在他头上，然后向高处离去。据说，塔娜奎尔，

①Cicero, *De divinatione*, 2. 80; Livy, *Ab urbe condita*, 1. 18. 7; Vergil, *Aeneid*, 7. 187.

②钱币正面刻有头戴桂冠的头像，以及铭文“韦帕芗皇帝”（IMPCAESVESPAVGPM），铸造时间约为公元70－72年。

③Livy, *Ab urbe condita*, 7. 17. 2－6.

正如大多数伊特鲁里亚人那样，这个对于天空预兆有着天赋的女人，欣然接受了这一鸟兆。拥抱丈夫后，她命他期待杰出与伟大：这只鸟来自天空的这个区域，是作为这个神的信使。它在人的最高部位周围显示了预兆，带走用人手置于头上的饰物，以便通过神谕将它归还于同一人。[①]

此外，乌尔奇（Vulci）一处墓葬的铭文上刻有被认为是女祭司的12位贵族女性之名，而大英博物馆中的一尊伊特鲁里亚雕像似乎是描绘了酒神的女祭司。[②]这似乎也印证了伊特鲁里亚女性具有较高的社会地位。

二、占卜术：鸟、内脏与闪电

古代地中海世界的占卜术种类繁多，根据西塞罗的记载，斯多葛学派哲学家昆图斯（Quintus）在回应一个伊壁鸠鲁学派哲学家之时曾经提及不同的占卜方式，“世界上某些事情总会在先前出现一些迹象，有时是通过内脏和鸟，有时是通过闪电、征兆、星星，有时是通过梦，有时则是通过狂怒的人。”[③] 公元2世纪的希腊学者和占卜师阿尔忒弥多鲁斯（Artemidorus Daldianus），在其《释梦》（*Oneirocritica*）一书中划分了17种占卜技艺。[④] 比如像对于各种征兆的解读、抓阄等方式也是常常用于日常的占卜方式。尽管我们无从得知那些虔诚的伊特鲁里亚一共存在着多少种占卜方法，不过根据文献和考古材料来看，比较常见的方式是用鸟、内脏和闪电进行占卜。

伊特鲁里亚信奉启示性宗教，即通过祈求神谕和解释神谕来指导宗教和世俗生活。他们认为仙女维哥娅掌握着启示命运的权力，并将其启示方法整理为三部著作：《祭司书》（*Libri haruspicini*）从作为献祭动物的内脏，特别是肝脏的观察结果中预见未来；《闪电书》（*Libri fulgurales*）从闪电中分析神启；《仪规书》（*Libri rituales*），解释各种求神的仪式和规定。[⑤] 这三部著作收录在被后人称为

---

①Livy, *Ab urbe condita*, 1.34. 8－9, 1. 39.1－4. 中译文参见李维：《建城以来史（前言·卷一）》，穆启乐等译，上海人民出版社，2005年。

②关于女祭司的研究详见 Lesley E. Lundeen, “In search of the Etruscan priestess: a re－examination of the hatrencu”, in Celia E. Schultz, Paul B. Harvey (eds.), *Religion in Republican Italy*, Cambridge University Press, 2006, pp. 34－61.

③Cicero, *De divinatione*, 1.118.

④根据《苏达辞典》（*Suda*）的记载，阿尔忒弥多鲁斯曾经写作了《释鸟》（*Oiônoscopica*）和《相手术》（*Chiroscopica*），但均已亡佚，唯一传世的是《释梦》，这部著作可谓弗洛伊德的先驱，详见 Artemidorus, *Oneirocritica*, 2. 69; Daniel E. Harris－McCoy, *Artemidorus' Oneirocritica: Text, Translation, and Commentary*, Oxford: Oxford University Press, 2012.

⑤目前，关于《伊特鲁里亚教仪》（*Disciplina Etrusca*）及其当中各卷名称尚未见统一中译名，本文参考了《伊达拉里亚宗教初探》《伊达拉里亚人起源考》等文，综合了相关译法。参见孙守春、李保华：《伊达拉里亚宗教初探》，《蒲峪学刊》1994年第4期，第4－6页；叶民、王敦书：《伊达拉里亚人起源考》，《世界历史》2001年第5期，第96－102页。

《伊特鲁里亚教仪》(*Disciplina Etrusca*)的宗教文献集成之中，成为伊特鲁里亚各种占卜技艺的经典文献。[1] 奥古斯都之孙的导师弗拉库斯（Verrius Flaccus）曾经写作《伊特鲁里亚事物书》(*Libri rerum Etruscarum*)，遗憾的是此文已经亡佚，当中的部分内容被费斯图斯收录到《辞疏》当中，该书曾对此作出如下描述：

> 那些名为《教仪》的伊特鲁里亚书籍，当中规定了城邦怎样建立，祭坛和神庙如何献祭，何谓神圣城墙、管理城门，部落、议事会、森多利亚如何划分，军队怎样构成，以及其他跟战争与和平有关的事物。[2]

根据鸟的种类、数量、飞行区域和路线进行预言，是伊特鲁里亚人重要的占卜形式之一。虽然鸟占这项技艺并非伊特鲁里亚所独创，而且许多古代文明都曾使用过这种占卜方式，但是伊特鲁里亚人显然十分精通此术。[3] 考古材料显示，塔尔奎尼亚的“占卜师之墓”（Augurs）上的彩绘，一个祭司装扮的男性身旁两只鸟。

图3　占卜师墓室壁画

---

①《伊特鲁里亚教仪》曾在马克西慕斯（Valerius Maximus）和西塞罗等人的作品中被提及。参见 Valerius Maximus, *Factorum et Dictorum Memorabilia*, 1. 1.

②Festus, *De significatu verborum*, 285.

③古代的两河流域、埃及、中国、希腊、罗马都十分盛行鸟占。例如，赫西奥德（《工作与时日》，826－828）曾说“能识别鸟类的前兆”。

希腊和罗马的学者都曾提及伊特鲁里亚人的杰出技艺，哈利卡那索斯的狄奥尼索斯（Dionysios of Halikarnassos）记载了“第勒尼安人的鸟占术”（τυρρηνική ορνιθοσκοπί α）；普林尼也注意到了《伊特鲁里亚教仪》中有关“鸟占”所涉及的各种不同的鸟类。① 普鲁塔克在讲述罗马建城的时候，详细地记载了鸟占的过程，他认为这是罗马人向伊特鲁里亚人学习占卜技艺的结果之一。

> 他们刚着手建城，就在城址一事上发生了争论……他们后来同意让飞鸟做征兆来解决这场争吵，于是就分开两处，各自坐在地上观望。据说雷慕斯看见了六只秃鹫，罗慕路斯却看见十二只。但是有些人说雷慕斯真的是看见了六只，而罗慕路斯看到十二只却是扯谎。但是当雷慕斯到罗慕路斯那里去的时候，确确实实看见了十二只秃鹫。所以直到今天罗马人以飞鸟占卜时，主要还是以秃鹫为准。②

秃鹫是罗马鸟占中最为重要的一种，普鲁塔克援引赫罗多汝斯·蓬提科斯的解释说道：“赫丘利从事英雄事业时，看到了一只秃鹫，也十分高兴。因为在所有的猛禽中，它是最无害的。不糟蹋谷物、不害牲畜、靠吃腐肉过活。它从不杀害或者虐待任何生物，至于鸟类，哪怕是死的，它连碰也不碰一下，因为它们是同类……它们的出现是如此稀罕和捉摸不定，占卜者甚至认为它们的降临既不是自然而然的，也不是自发自愿的，而是由神祇遣送来的。”③

鸟占在老塔克文统治时期奠定了至高无上的权威地位，这位来自伊特鲁里亚城市塔尔奎尼伊的罗马国王起初对于鸟占似乎有所质疑，根据李维的记载：由于罗慕路斯在观鸟兆后才做这事，阿图斯·那维乌斯，一个在那时闻名的观鸟兆者，说，既不可改变什么又不可设置新东西，除非鸟赞成。为此，王发火了；据传，他嘲笑这种技艺，说道：“行了，你，卜者，占卜一下我现在想的能否发生。”当这个人通过鸟兆验证了这事……如此大的荣誉赠给鸟兆和观鸟兆者的祭司职位，以致后来在战争与和平时，除非观鸟兆，任何事不得进行，当鸟不准许时，人民会议、召集军队以及至关重要的事情必须中止。④

有关脏卜的记载最早出现在两河流域。希腊神话中，具有预知能力的普罗米修斯教会了人类如何利用内脏进行占卜，人类从他那里学会了种种占卜的技艺，

---

①Pliny, *Historia Naturalis*, 10. 30 – 39.

②Plutarch, *Life of Romulus*, 9. 中译文详见普鲁塔克：《希腊罗马名人传》，商务印书馆，1990 年，第 48 – 49 页。

③Plutarch, *Life of Romulus*, 9. 中译文详见普鲁塔克：《希腊罗马名人传》，商务印书馆，1990 年，第 49 页。

④Livy, *Ab urbe condita*, 1. 36. 3 – 6. 中译文参见李维：《建城以来史（前言·卷一）》，穆启乐等译，上海人民出版社，2005 年。

但是普罗米修斯也因此而被绑在高加索山上，一只鹰每天都会来啄食他的肝脏。① 然而，我们无法确定这种占卜方式是否由两河流域经希腊传至伊特鲁里亚。

伊特鲁里亚人的祭司（*haruspex*）通常根据动物的内脏解释神谕、占卜未来，考古材料表明他们显然是经过长期的训练。1877 年，皮亚琴查（Piacenza）出土了一件青铜制动物肝脏模型，其年代大致为公元前 2 世纪晚期，它是用于教授脏卜技艺的工具。学者们认为这个模型是地中海东部克里特——迈锡尼文明的遗址中所发掘出的陶制动物肝脏模型的“翻版”。② 皮亚琴查肝脏模型被分为 40 个部分，上面刻有伊特鲁里亚众神之名的铭文，对此，有学者指出伊特鲁里亚人将动物肝脏的形状和结构等同于宇宙的结构。③

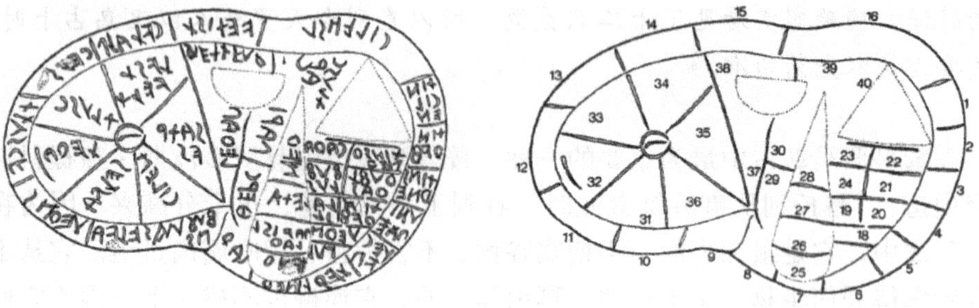

图 4　皮亚琴查肝脏模型

表 1　皮亚琴查肝脏模型铭文

外圈铭文	内圈铭文
1. tin [ia] /cil/en	17. tur [an] (Venus)
2. tin [ia] /θvf [vlθas]	18. leθn
3. tins/θneθ	19. la/sl (Lares?)
4. uni/mae uni/ea (Juno?)	20. tins/θvf [vlθas]
5. tec/vm (Terra)	21. θufl/θas
6. lvsl	22. tins/neθ
7. neθ [uns] (Neptunus)	23. caθa

①普罗米修斯（Prometheus）的名字本身就是一个充满内涵的象征，其前缀“Pro -”是“先”“前”的意思，意为“先知先觉者”，而他的弟弟厄庇米修斯（Epimetheus），前缀“Epi -”是“后”的意思，意为“后知后觉者”。参见 Aeschylus, *Prometheus Bound*, 484 - 499.

②叶民、王敦书：“伊达拉里亚人起源考”，《世界历史》，2001 年第 5 期，第 96 - 102 页。

③模型上的铭文收录在 TLE（*Thesaurus Linguae Etruscae*）719。对于青铜肝脏的考察，详见 Lammert Bouke Van der Meer, *The Bronze Liver of Piacenza: Analysis of a Polytheistic Structure*, Amsterdam: Brill, 1987.

续表

外圈铭文	内圈铭文
8. caθ [a] (Luna?)	24. fuf/lus
9. fuflu/ns (Bacchus)	25. θvnθ (?)
10. selva (Silvanus)	26. marisl/latr
11. leθns	27. leta (Leda)
12. tluscv	28. neθ
13. celsc	29. herc [le] (Hercules)
14. cvl alp	30. mar [is] (Mars)
15. vetisl (Veiovis?)	31. selva
16. cilensl	32. leθa [m]
	33. tlusc
	34. lvsl/velch
	35. satr/es (Saturnus)
	36. cilen
	37. leθam
	38. meθlvmθ
	39. mar [is]
	40. tlusc

如果说“鸟占”和“脏卜”在古代世界其他地区都较为常见，那么通过闪电进行预言可以算作伊特鲁里亚人十分独特而又举世闻名的占卜形式。闪电占卜（Ceraunomancy）曾在古代地中海世界许多地区出现，巴比伦、埃及、希腊、罗马、凯尔特都有相关记载。伊特鲁里亚很可能是受到希腊文化的影响，因为在希腊的神话当中，众神之父宙斯正是手持闪电，而闪电也成为奥林匹斯山上至高无上的权力象征。伊特鲁里亚人和希腊人一样惊讶于闪电的强大威力，但是，他们对闪电却有着超乎想象的重视，塞涅卡记述了它在占卜中起到的重要作用：

图5 卡帕纽斯（Kapaneus 鲁里亚铭文为 Capne）遭受来自宙斯的雷劈

> 我们与那些完美地诠释了闪电的伊特鲁里亚人的不同之处在于：我们认为闪电的释放是云朵碰撞的结果，他们则认为云朵碰撞是为了产生闪电。因为他们将所有的事情都归于众神的意愿，他们相信，不是事情的发生会产生含义，而是因为它们的出现必然有其含义。①

《维哥娅书》也被称为《闪电书》，是为数不多能够流传至今的伊特鲁里亚典籍，公元6世纪的哲学家吕杜斯在《论天象》（Johannes Lydus，*De ostentis*）一书中引用了这一文献，这也成为今天研究伊特鲁里亚占卜的宝贵资源。② 对于伊特鲁里亚人来说，闪电并不仅仅是一种自然现象，更是一种与各种宗教仪式有着密切关联的现象。《维哥娅书》对每天伴随着雷电出现的事件都有预言。例如，“朱诺之月”（June）的第一日：“如果出现雷电，将会果实充裕，除了大麦；不过身体将会遭受危险的疾病”；“玛尔斯之月”（March）的第一日：“如果出现雷电，整年将会充满纷争与分歧”。根据塞涅卡的记载可以归纳出13种类型的闪电，详见下表：

表2　伊特鲁里亚占卜中的闪电类型

闪电名称	闪电类型	闪电功能
postulatoria	苛求型	如果受到侵扰或未按适当方式进行，将会要求重新祭祀
monitoria	警告型	必须提防
pestifera	致命型	预示死亡或流放
fallacia	欺骗型	会在某些好事的假象下产生损害
dentanea	威胁型	并未呈现出危险外观的危险
peremptalia	取消型	取消先前闪电的威胁
attestata	确认型	确认先前的闪电
atterranea	地下型	出现在非公开的地方
obruta	压倒型	先前已经打击但未受到惩罚
regalia	君主型	共和制的城市受到君主制的威胁
inferna	地狱型	引起跃出大地的烈火
hospitalia	好客型（邀请型）	召唤或邀请，朱庇特会伴随祭祀
auxiliaria	帮助型（召唤型）	会对召唤者有益

①Seneca，*Quaestiones Naturales*，2．32．2.

②20世纪初，德国学者最先关注《闪电书》，涌现出一批研究成果，其中（Usener）的研究已经成为经典，吉尔伯特（O. Gilbert）极具科学视野的考察，以及库克（A. B. Cook）对Usener的补充和说明。斯特凡·魏因施托克（Stefan Weinstock）指出，先前学者们对于《闪电书》的研究侧重于宗教和科学，这并不是伊特鲁里亚人关注的重点，因此他们忽视了更为重要的占卜功能。详见Stefan Weinstock，“Libri fulgurales”，*Papers of the British School at Rome*，vol. 19（Nov. 1951），pp. 122－153.

赫西奥德在《工作与时日》的末尾部分也曾提及“幸运的日子”，但是他并未将之与闪电联系起来。[①] 古代中国也有类似的文献，《皇历》记载了不同时日的吉凶。伊特鲁里亚闪电占卜中预言的事件可以推迟，这就是所谓的“可延迟的闪电”(*fulgura prorogativa*)，推迟的时间，个人最长是10年，城市最长则为30年。

三、占卜的空间：天地之界与公私之界

伊特鲁里亚用于占卜的空间，与边界有关的词汇可能是“*tular*”，发现一块公元前2世纪的界石，上面刻有铭文“拉尔那家边界”（*tular larna*）。不同的空间和区域对应着相应的边界。边界的确定源自祭司的占卜，划定边界正是《伊特鲁里亚教仪》中所传授的技艺之一。

对于伊特鲁里亚人来说，世界可以分为天空、大地和地下三个不同的空间。天空属于众神，那是边界之外凡人无法企及的空间。天空被认为是众神居住的空间，天空与地面之间的边界，拉丁语中“宗教”（*religio*）一词正是神与人的连接。根据天空中的征兆，占卜者可以预测神的意旨。西塞罗还对伊特鲁里亚人的天空划分进行了描述：

> 伊特鲁里亚人将天空分为十六个部分。当然，将我们分成四部分的天空加倍，对于他们来说是很容易的，因为两者都是根据闪电出现来划分。第一个部分当中的位置有什么区别？而在第二个部分当中又预示着什么？显而易见的是，原始人出于对雷电的惊讶和恐惧，这些因全能朱庇特而产生的现象，成为其信仰的源头。因此，我们在占卜的编年史记载中发现了它，朱庇特的雷电选出那些不虔敬者。[②]

普林尼也说伊特鲁里亚人将天空分为十六部分：第一个四等分是从北到二分点的日出处（东），第二个到南，第三个到二分点的日落处（西），第四个则占了从西到北的剩余部分。这些四等分每个又再分为四个部分，他们称自东方左手边起的区域为“八原点”，而右手边的区域为“八对点”。[③]

学者们在皮亚琴察的青铜制动物肝脏模型的铭文中辨认出伊特鲁里亚诸神之名，如提尼阿（Tin/Tinia）、乌尼（Uni）、太阳神乌西尔（Usil）、月亮神蒂沃尔（Tivr）、赫拉克勒斯（Hercle）、卡斯（Cath/Cautha/Kavtha）、命运之神奇伦斯

---

①赫西奥德：《工作与时日》，765－824。

②Cicero, *De divinatione*, 2. 18. 42.

③Pliny, *Historia Naturalis*, 2. 55. 143.

(Cilens) 等。青铜肝脏的外圈边缘被划分为十六个部分，每个部分都刻有铭文。罗马的玛尔提亚努斯·卡佩拉（Martianus Capella）指出，外圈边缘处铭文对应的是天空的十六个部分，这些神名是用来指代天空。① 提尼亚是伊特鲁里亚的主神，他也被认为与神圣的边界有关，他掌控着群山之巅——天空与大地之间的区域。正如宙斯与赫拉居于奥林匹斯山顶一样，朱庇特和朱诺则居住在卡庇托(Capitoline) 山顶。此外，另一位与“边界”有着密切关联的神明名叫塞尔梵斯(Selvans)，他就是罗马神话中的西尔瓦努斯（Silvanus），这位“林地之神”就像希腊神话中的阿尔忒弥斯一样代表了神圣的边界。②

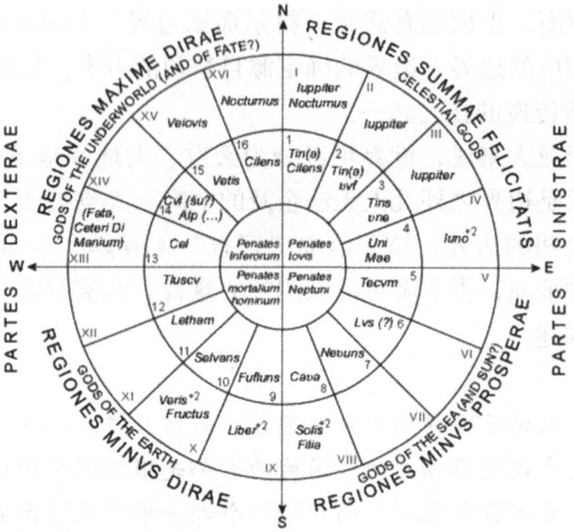

图 6　伊特鲁里亚的天空划分

引自 A. Maggiani in M. Cristofani (ed.) *Gli Etruschi. Una nuova immagine* (1984) Fig. on p. 139.

伊特鲁里亚的城邦规定并控制着周边的空间，而且它与诸神共享这些空间。神祇们保护着边界及其内部区域。伊特鲁里亚城邦专用于公共活动的必要场地，必须通过占卜来界定，并举行隆重的划定仪式。神圣城界把城邦及其周边领地区别开来。有些神在神圣城界以内敬拜；另一些神只能在城邦之外敬拜。③

圣所的大小和功能不一，界定和管理这些圣所，必须遵循不停演变的复杂法律观念。博尔塞纳（Bolsena）的一块界石上刻有献给塞尔梵斯的铭文。例如，派吉港（Pyrgi）的圣所之墙就是采用“方石筑墙”（*opus quadratum*）的方式，

①Martianus Capella, *De nuptiis Mercurii et Philologiae*, 1.45－61.

②P. T. Dorcey, *The Cult of Silvanus*, Leiden, 1992.

③L. Banti, *Etruscan Cities and Their Culture*, Berkeley, 1973.

维特鲁威曾具体介绍了这种建筑方法。[①] 伊特鲁里亚的圣所不一定建有神庙，但是该区域是受到神所支配，这样的区域相当于希腊的“圣域”（τέμενος）。圣域与其他区域是隔离的，神圣空间中进行的活动是占卜。

现代考古发掘出许多伊特鲁里亚城市遗迹，瓦罗曾明确说拉丁城市是按照伊特鲁里亚的教仪建立起来的城市：一对牛，当中包括一头公牛和一头母牛，它们身负轭犁奔跑着出犁沟。出于宗教的缘故，他们会选择一个吉日进行，这样他们就会因为一条沟和一堵墙而得到增强。他们犁耕之地，深耕而空的内里称为“沟”，翻露在外的土壤称为“墙”。随后由此犁耕而成的“圈”则是“城”的开始，因为“圈”在“墙”之后，因而称为“墙后之地”，它限定了“城”使用鸟占的范围……“城址”的石碑矗立在阿里西亚和罗马的周围。[②]

普鲁塔克也详细记载了罗马城的建立，基本的细节与瓦罗的描述大致相同。根据他的说法，兄弟在发生争执之后，罗慕路斯把死去的雷慕斯同养父一道埋葬在雷摩尼亚圈地内，然后就着手建筑城市。罗慕路斯首先从图斯卡尼召请来一些人，他们根据某些神圣的风习和典籍，规定了所有的细节，并且就像在宗教仪式中那样，现身说法把一切都教给罗慕路斯。

环绕着现在的公众议事集会的地方，罗马人挖了一道环形的壕沟……他们以这条壕沟为中心，绕着它画了一个圆圈，标出城市。这位罗马城的创建者，先给犁装上一个黄铜犁铧，再套上一头公牛和一头母牛，就亲自赶着牛，绕着城市的界线，犁出一道深深的垄沟。那些跟在后面的人们，则将犁起的土块翻到城内一边，不让任何土块堆放在城外。他们就把这条线路作为城墙的走向，用一个缩合词称为“波墨里乌姆”（pomerium），就是城墙背后或城墙附近的意思。在打算要开城门的地方，他们就将犁铧抽出地面，把犁抬过去，留出一块空地。他们把整个城墙看作是神圣的，唯独城门除外，道理就在于此。倘若他们把城门也视为神圣的话，且不说宗教方面的顾忌，就是将那些虽然污秽不洁然而必不可少的东西运进与送出城市，也必定是不可能办到的事了。[③]

罗马的圣殿（sacrarium）属于祭司，占卜师不属于此处。由于文献相对匮乏，我们尚无法确定罗马对于不同职能的人员进入不同宗教建筑的要求，是否沿袭了伊特鲁里亚的宗教习俗。虽然不是所有的圣所都会有神庙，但是祭坛却是必不可少的，通常还会有上升的台阶和讲坛，这些要素似乎构成了一个“开放”神

---

①Vitruvius, *De architectura*, 4. 4. 4. 中译文参见维特鲁威：《建筑十书》，陈平译，北京大学出版社，2012 年，第 103 页。

②Varro, *De lingua Latina*, 5. 143.

③Plutarch, *Life of Romulus*, 11. 中译文详见普鲁塔克：《希腊罗马名人传》，商务印书馆，1990 年，第 50 – 51 页。

庙。① 祭坛是进行占卜的重要场所之一，尤其是脏卜。②

但是，如果单从建筑本身来看，伊特鲁里亚似乎有着自身的鲜明特点。③ 例如，维特鲁威在《建筑十书》第一卷中的“公共空间的定位”部分曾提及不同神祇的神庙选址当中需要注意的事项：伊特鲁里亚的占卜师在其仪规书中记载，维纳斯、伏尔甘和玛尔斯的神庙应建在城墙外，避免城中的年轻男子和已婚妇女惯于性事之悦。通过仪式和祭祀将伏尔甘的力量召唤出城，使建筑物免于火灾。由于神圣的玛尔斯在城外献祭，公民便不会出现武力冲突，他会让城墙抵御战争的危险。④

维特鲁威十分详细地讲述了托斯卡纳式神庙如何建造。建造神庙的场地，无论多长，都可划分为六个等份。神庙的宽度应为长度的六分之五。将神庙长度一分为二，后半部用作内殿空间，前半部则用来设置圆柱。将宽度划分为十等份，左右两边各三个等份用作副殿，如果以侧殿代替副殿，则作为侧殿。余下的四等份作为神庙的中央部分。位于内殿和门廊的前部空间，以如下方式竖起圆柱：角落上的柱子应正对着墙壁端部，两根中间的圆柱应正对神庙中部与壁端之间的墙壁。在壁端和第一列圆柱之间，竖起第二列圆柱。圆柱底径为柱高的七分之一，而柱高应为神庙宽度的三分之一。圆柱顶部的直径应按底径的四分之一收缩。⑤

结语

伊特鲁里亚的占卜是一系列神圣的仪式和技艺。当时的人们旨在通过占卜与神圣的世界建立联系并进行接触，籍此来获得各种复杂现象的启示和意义。这不仅反映了伊特鲁里亚的宗教信仰，更是其精神世界的独特写照。

---

①Jean-Rene Jannot, *Religion in Ancient Etruria*, Jane K. Whitehead translated, Madison: University of Wisconsin Press, 2005, p. 72.

②关于伊特鲁里亚的祭坛，意大利学者梅尼切利（Silvia Menichelli）做了深入的研究，详见 Silvia Menichelli, “Etruscan Altars from the 7th to the 4th Centuries B. C. E.: Typology, Function and Cult”, *Etruscan Studies*, vol. 12 (2009), pp. 99 – 130. Silvia Menichelli, “Etruscan altars in sanctuaries and necropoleis of the Orientalizing, Archaic and Classical periods”, in L. Bouke van der Meer (ed), *Material Aspects of Etruscan Religion. Proceedings of the International Colloquium, Leiden, May 29 and 30, 2008. BABESCH, Annual Papers on Mediterranean Archaeology, supp* 16, 2010, Leuven: Peeters, 2010, pp. 51 – 74.

③Ve dia Izzet, “Tuscan order: the development of Etruscan sanctuary architecture”, in *Religion in Archaic and Republican Rome and Italy: Evidence and Experience*, Edward Bispham & Christopher Smith (eds.), Edinburgh University Press, 2000, pp. 34 – 53.

④Vitruvius, *De architectura*, 1. 7. 1 – 2. 中译文参见维特鲁威：《建筑十书》，陈平译，北京大学出版社，2012 年，第 70 页。

⑤Vitruvius, *De architectura*, 4. 7. 中译文参见维特鲁威：《建筑十书》，陈平译，北京大学出版社，2012 年，第 105 页。

美国自由通过和飞越国际海峡政策研究（1968—1982）

吴少杰

自由通过和飞越国际海峡是美国接受12海里领海的先决条件，亦是其在第三次联合国海洋法会议（1973—1982）上致力实现的一个至关重要目标①。

西方学者较多从国际法学视角研究国际海峡通行制度问题，较少从国际政治和历史等角度进行研究，而且鲜少对个别国家尤其是海洋大国如美国的国际海峡通行政策进行个案研究。理查德·达曼质疑国际海峡通行制度的重要性，并认为美国把航行自由权利与是否接受海洋法条约挂钩是不对的；W. 迈克尔·赖斯曼肯定国际海峡通行制度的重要性，但是质疑UNCLOSⅢ达成的海峡条款能满足美国国家安全需要；约翰·诺顿·穆尔则对上述两人的观点分别进行了驳斥，不但承认国际海峡通行制度的重要性，还认为UNCLOSⅢ达成的海峡条款足以满足美国国家安全需要；霍勒斯·罗伯逊对美国海峡提案和1980年《联合国海洋法公约》（后文简称《公约》）草案的海峡条款进行比较分析，得出美国海峡目标基本实现的结论。除了达曼的研究，以上研究主要以对1958年《领海及毗连区公约》（后文简称《领海》））和1982年《公约》及《公约》达成过程中产生的若干文本进行分析为主，同时，除了罗伯逊之外，其他人均未考察美国海峡政策出台和谈判的来龙去脉，即使是罗伯逊亦仅简单提及美国海峡提案的出炉和谈判进程而已②。

---

①本文获得2011—2012年“中美富布赖特项目”联合培养博士生子项目的资助。第三次联合国海洋法会议的英文是：The Third United Nations Conference on the Law of the Sea，简称UNCLOSⅢ，后文沿用简称。

②理查德·达曼：《海洋法：重新思考美国利益》（Richard G. Darman, “The Law of the Sea: Rethinking U. S. Interests”），《外交事务》（*Foreign Affairs*）1978年第56卷第2期，第373－395页；W. 迈克尔·赖斯曼：《海峡制度和国家安全：国际立法评价》（W. Michael Reisman, “The Regime of Straits and National Security: An Appraisal of International Lawmaking”），《美国国际法杂志》（*The American Journal of International Law*）1980年第74卷第1期，第48－76页；约翰·诺顿·穆尔：《海峡制度和第三次联合国海洋法会议》（John Norton Moore, “The Regime of Straits and the Third United Nations Conference on the Law of the Sea”），《美国国际法杂志》（*The American Journal of International Law*）1980年第74卷第1期，第77－121页；霍勒斯·罗伯逊：《通过国际海峡：第三次联合国海洋法会议维护的一种权利》（Horace B. Robertson, “Passage Through International Straits: A Right Preserved in the Third United Nations Conference on the Law of the Sea”），《弗吉尼亚国际法杂志》（*Virginia Journal of International Law*）1980年第20卷第4期，第801－857页。

国内学者同样多从法学视角研究海峡通行制度问题，不过研究成果甚少，而关于美国海峡通行政策的研究只有宇宁考察了 1969—1972 年的美国自由通过海峡政策的出台背景、原因及初期谈判，但相关论述犹如蜻蜓点水①。

本文主要依据美国档案文献和相关学者的研究成果，对美国自由通过和飞越国际海峡政策的确立、实质、谈判及结果进行考察和分析，以期抛砖引玉，为我国应对变幻莫测的海洋政治探寻有益启示。

一、政策确立的进程

海峡通行是国际法的一个重要问题。在相当长一段时间里，关于是否应建立独立且统一的海峡通行制度和军舰在用于国际航行的海峡内是否享有无害通过权，国际上曾一直争论不休。1930 年海牙国际法编纂会议曾讨论这两个问题，但均因与会者意见分歧而未能取得任何成果。此后，对于前者，1947 年丹麦学者布吕尔（Erik Bruáel）评论国际海峡问题时，主张国际海峡应该具有独立的法律地位，其通行制度应与领海的无害通过制度区别开来②。对于后者，1949 年国际法院在科孚海峡案（Corfu Channel Case）中作出的判决承认："在和平时期，各国有权派军舰通过两部分公海之间用于国际航行的海峡，如果这种通过是无害的。"③ 1958 年第一次联合国海洋法会议（简称 UNCLOS Ⅰ，后文沿用简称）产生的《领海》并未建立独立的海峡制度，只有第 16 条之 4 对国际海峡通行加以规定："在公海之一部分与公海另一部分或外国领海之间供国际航行之用之海峡中，不得停止外国船舶之无害通过。"④ 这表明无害通过制度适用于国际航行的海峡，只不过这种无害通过"不得停止"，可以说是一种特殊的无害通过制度。此处的外国船舶没有具体限制，因而包括军舰在内的一切船舶，这就意味着国际法院关于科孚海峡案的判决得到承认，而且军舰在国际海峡的无害通过权的适用范围得到了扩大，即除了两部分公海之间用于国际航行的海峡以外，还包括在公海一部分与外国领海之间用于国际航行的海峡。

---

①宇宁：《美国 12 海里领海和自由通过海峡政策探析（1969—1972）》《中国优秀硕士学位论文全文数据库》，2008 年。

②埃里克·布吕尔：《国际海峡：国际法专著》（第Ⅰ卷）（Erik Bruáel, *International Straits: A Treatise on International Law*）（Volume Ⅰ），新北欧出版社 1947 年版，第 38 - 39 页。

③《国际法院判决、咨询意见和命令摘要（1948—1991），ST/LEG/SER. F/1》（中文版），1993 年，第 8 页。http://www.icj-cij.org/homepage/ch/files/sum_1948-1991.pdf.

④1958 年《领海及毗连区公约》（中文版）第 16 条之 4。http://www.un.org/chinese/law/ilc/tsea.htm.

在UNCLOS Ⅰ上，美国支持英国等国提交的关于国际海峡通行的提案①，该提案与最后通过的《领海》关于国际海峡通行的条款基本一致。后来，鉴于其3海里领海提案没有获得三分之二多数的希望，海军部同意提出6海里领海加上6海里附带历史捕鱼权利的毗连区的提案，条件是保证军舰无害通过和飞机飞越国际海峡的权利而无须批准②。在UNCLOS Ⅱ上，美国继续提出类似提案并认为在6海里领海情况下，可能只有11个国家会终止或干涉美国军舰和飞机通过国际海峡，从而损害美国国防能力，不过这种损害属于可容忍范围之内③。然而，美国的两次会议提案均未获通过，领海宽度问题悬而未决，美国回归3海里领海立场，不承认任何大于3海里的领海。

进入1960年代后，由于海洋作为食物和能源来源的用途不断扩大，为了获取更多的海洋资源，沿海国单方面扩大领海宽度的行为愈演愈烈，这就破坏了海洋自由原则，从而威胁了美国的航行自由权利。同时，尽管冷战方兴未艾，美国和苏联之间海洋控制权争夺甚为激烈，但是随着海军实力的上升，苏联逐渐发展为海洋强国，其在寻求制定海洋法方面的利益日趋与美国相近，两国都希冀完善海洋法来应对严峻的海洋形势。

1965年，美国和苏联在华盛顿非正式讨论了召开新海洋法会议能否解决领海宽度的问题，并就同时解决渔业和海峡问题方能解决领海宽度问题达成共识。1967年夏，苏联正式接触美国，征询其关于召开新海洋法会议以确立12海里为最大领海界限的意见。美国表示只有通过和飞越国际海峡权利得到充分保护才同意12海里领海，并愿意参加专家会谈。1968年7月和12月，两国举行了两轮专家会谈，先后产生了分别关于12海里领海、通过和飞越国际海峡权利和承认沿海国在12海里领海或渔区之外的有限渔业优惠权之条款草案ⅰ、ⅱ和ⅲ④。其中

---

①《联合国海洋法会议，正式记录，第Ⅲ卷：第一委员会，会议和附件简要记录，A/CONF. 13/39》（*United Nations Conference on the Law of the Sea*, *Official Records*, *Volume* Ⅲ: *First Committee*, *Summary Records of Meetings and Annexes*, *A/CONF*. 13/39），第93和231页。http://untreaty. un. org/cod/diplomaticconferences/lawofthesea - 1958/vol/english/1st_ Cttee_ vol_ III_ e. pdf.

②《美国对外关系，1958—1960，联合国和一般国际问题：第Ⅱ卷，海洋法》（*Foreign Relations of the United States*, 1958 - 1960, *United Nations and General International Matters*: *Volume* Ⅱ, *Law of the Sea*）第361份文件，第686 - 687页。http://digicoll. library. wisc. edu/cgi - bin/FRUS/FRUS - idx? type = article&did = FRUS. FRUS195860v02. i0010&id = FRUS. FRUS195860v02&isize = M.

③《第二次联合国海洋法会议，正式记录，全体会议和全体委员会会议简要记录，附件和最后决议，A/CONF. 19/8》（*Second United Nations Conference on the Law of the Sea*, *Official Records*, *Summary Records of Plenary Meetings and of Meetings of the Committee of the Whole*, *Annexes and Final Act*, *A/CONF*. 19/8），第108页。http://untreaty. un. org/cod/diplomaticconferences/lawofthesea - 1960/vol/english/vol1 - SummaryRecordsofPlenaryandCommitteeoftheWhole. pdf.

④《美国对外关系文件，1969—1972，第E - 1卷，全球问题文件，第6章：海洋政策》（*Foreign Relations of the United States*, 1969 - 1972, *Volume E* - 1, *Documents on Global Issues*, *Chapter* 6: *Ocean Policy*）第334份文件。http://history. state. gov/historicaldocuments/frus1969 - 76ve01/d334.

的条款ii规定："为了更加充分地保护位于公海一部分与公海另一部分或外国领海之间的用于国际航行的海峡的通过自由，在这种海峡里的领海将始终以提供适合所有船舶和飞机通过的公海通道之方式定界。"① 显然，这项条款沿袭了《领海》关于国际海峡的定义，而且表明美国希望保护的通过和飞越国际海峡权利是通过自由，而享有通过自由的主体是所有船舶和飞机，实现通过自由的手段是在国际海峡里的领海设立公海通道。公海通道的设立表明这种通道属于公海的一部分，这就为所有船舶和飞机享有国际海峡通过自由提供法律依据。

在美苏海洋法谈判期间，美国内部曾在战略制定中的渔业利益权重问题上出现分歧。国务院和国防部认为渔业利益不应影响国防目标的实现，只需考虑若不涉及渔业问题是否影响UNCLOSⅢ之成功，而内政部虽承认国防利益重于渔业利益，但认为后者不可以被完全忽视，且考虑召开忽视渔业问题的UNCLOSⅢ，政治上是不切实际的②。12月12日，时任副国务卿的卡岑巴赫（Nicholas deB. Katzenbach）在三部门会议上作出了有利于国务院和国防部的决定，即承认沿海国在12海里领海之外的特别渔权，以便获得足够多国家支持达成一项确立12海里领海与通过和飞越国际海峡权利的条约③。1969年4月，内政部长希克尔（Walter J. Hickel）致信国务卿罗杰斯（William P. Rogers）反映渔业利益被忽视问题，指出给予沿海国特别渔权会危害国内捕捞业主要领域，要求就确定美国的UNCLOSⅢ立场时考虑国内渔业利益问题开展部门间审查④。罗杰斯以内政部官员参与了渔业条款制定过程为由否认渔业利益被忽视，但表示达成国际协定会包含渔业利益，并愿意审查该问题⑤。后来，美国照旧提交渔业条款，这宣告内政部不满并试图改变政府优先考虑国防利益而忽视渔业利益的做法暂时以失败告终，不过从1971年起渔业利益集团设法影响渔业政策并逐渐取得成效。三项条款草案的产生表明美国把领海、海峡和渔业问题捆绑在一起，以给予沿海国有限优惠渔权作为"胡萝卜"，满足其对海洋资源的渴求，从而换取其对领海与国际海峡条款的支持。此举与美国在UNCLOSⅠ和Ⅱ上让渡渔业利益以获得他国支持其领海提案的做法相似，均反映其重视国防利益甚于渔业利益。

尼克松政府上台后，继承了前任政府的政策，继续和苏联合作，致力游说国

①《美国对外关系文件，1969—1972，第E-1卷，全球问题文件，第6章：海洋政策》第333份文件。http://history.state.gov/historicaldocuments/frus1969-76ve01/d333.

②《美国对外关系文件，1969—1972，第E-1卷，全球问题文件，第6章：海洋政策》第336份文件。http://history.state.gov/historicaldocuments/frus1969-76ve01/d336.

③《美国对外关系文件，1969—1972，第E-1卷，全球问题文件，第6章：海洋政策》第333和336份文件。

④《美国对外关系文件，1969—1972，第E-1卷，全球问题文件，第6章：海洋政策》第336份文件。

⑤《美国对外关系文件，1969—1972，第E-1卷，全球问题文件，第6章：海洋政策》第339份文件。http://history.state.gov/historicaldocuments/frus1969-76ve01/d339.

际社会召开议程围绕三项条款草案的新海洋法会议，并达成海洋法条约。在美国看来，在召开新海洋法会议这个问题上，所有国家都有共同利益：避免单边海洋空间管辖权主张产生的纠纷或冲突的外交利益；确保自由通过和飞越国际海峡所牵涉的安全和商业利益；确保合理利用海洋资源方面的利益①。就美国而言，达成海洋法条约有利于维护上述利益，反之，美国“很可能陷入一个快速侵蚀权利和单边主张增加的困难时期（如同前两次战后海洋法会议部分失败后那样），这将使我们面临在比当前更糟糕的情况下试图行使权利或以其他方式应对不断骚扰的选择”②。在游说过程中，鉴于国内外专家讨论反馈自由通过和飞越国际海峡概念可接受，但非条款ii规定的“公海通道”，美国于1969年10月对条款ii进行了修改：“在公海一部分和公海另一部分或外国领海之间用于国际航行的海峡，所有过境的船舶和飞机，将享有与它们在公海上同样的航行和飞越自由，以便通过和飞越这种海峡。”③ 修改后的条款ii明确了所有船舶和飞机享有如同公海航行和飞越自由一样的国际海峡通过和飞越自由。

随后，美国政府公开领海和国际海峡立场。1970年2月18日，国务院法律顾问史蒂文森（John R. Stevenson）在费城演讲宣布美国准备改变3海里领海立场，致力“缔结一项新国际条约，确定领海界限为12海里，规定自由通过和飞越国际海峡，谨慎界定沿海国的公海优惠捕鱼权”④。史蒂文森的发言没有强调美国同意12海里领海的先决条件是自由通过和飞越国际海峡，国防部对此不满并要求作出明确表示。于是，国务院25日发表领海界限声明指出“假若能够达成世界普遍接受的且规定自由通过和飞越国际海峡的条约，美国就支持12海里作为可接受的最大领海宽度”⑤。5月23日，尼克松总统发表海洋政策声明，重申了史蒂文森的发言内容。然而，10月，政治军事和海洋事务助理法律顾问纽曼（Robert H. Neuman）在一份备忘录中指出，国防部坚持自由通过国际海峡作为同意12海里领海的代价不现实也不必要，因为12海里领海将覆盖的海峡中只有一个对美国海军机动性具有重要战略价值，而且未来技术发展可能会改变美国海军战略，进而可能改变对自由通过国际海峡的需求。纽曼建议承认沿海国的国际海峡防污等权利，无须把自由通过制度应用于所有海峡，区别对待传统上用于

---

①《美国对外关系文件，1969—1972，第E-1卷，全球问题文件，第6章：海洋政策》第357份文件。http://history.state.gov/historicaldocuments/frus1969-76ve01/d357.

②《美国对外关系文件，1969—1972，第E-1卷，全球问题文件，第6章：海洋政策》第364份文件。http://history.state.gov/historicaldocuments/frus1969-76ve01/d364.

③《美国对外关系文件，1969—1972，第E-1卷，全球问题文件，第6章：海洋政策》第357份文件。

④约翰·史蒂文森：《国际法和海洋》（John R. Stevenson，“International Law and the Oceans”），《国务院公报》（*Department of State Bulletin*）1970年3月16日第62卷，第341页。

⑤《美国概述领海界限立场》（“United States Outlines Position on Limit of Territorial Sea”），《国务院公报》（*Department of State Bulletin*）1970年3月16日第62卷，第343页。

和不用于国际航行的海峡，接受某些特别海峡制度，考虑重新定义无害通过的方法，而不必坚持条款ii不可谈判。纽曼还指出上述问题很少被谈及源于国防部以促进和捍卫自身利益为先，同时挑战其他机构优先考虑事项。[①] 纽曼的观点和理由有一定的合理性和说服力，对问题症结的认识一语中的，道出了国防部一部独大的现象。尽管暂无资料揭示美国政府对纽曼意见的态度，而且海洋法谈判之初美国坚持自由通过和飞越国际海峡不可谈判，但是后来其作出的让步与纽曼的建议相近。

1970年12月，第25届联合国大会决定1973年召开全面海洋法会议，并指定海底委员会作为筹备UNCLOSⅢ的负责机构。在1971年8月筹备会议上，美国代表团向海底委员会提交了《美国关于领海、海峡和渔业的条款草案》，其中的海峡条款草案与前文所述修改后的条款ii一致。美国代表团团长史蒂文森表示，如果船舶和飞机自由通过和飞越被领海覆盖的国际海峡之权利得到保证，美国就接受12海里领海，美国“无法想象成功的海洋法会议不包含这些条款目标”[②]。至此，作为接受12海里领海的先决条件和海洋法会议的核心目标，美国自由通过和飞越国际海峡立场确立。

二、政策的本质和考虑因素

自1793年确立领海宽度为3海里以来，美国一直坚持狭窄领海观念。美国此时赞成12海里领海主要是基于两方面的考虑：第一，主张12海里领海的国家已达40个左右，“12海里代表着达成明确规定领海界限和专属渔区要求的国际协定的最后机会”[③]；第二，沿海国单方面扩大领海宽度的行为损害了美国的公海航行和飞越自由权利，迫使其决心解决领海宽度问题，以便遏止单边海洋主张。然而，虽然确定领海宽度有助于遏止单边海洋主张，但是领海宽度扩至12海里又产生了被领海覆盖的国际海峡的法律地位和通行制度问题。为了把领海宽度扩至12海里对公海自由的损害降至最低，维护公海航行和飞越自由，捍卫海洋自由原则，美国提出自由通过和飞越国际海峡，而国际海峡里的领海则在其他方面保持其国家性质，这可从其1971年政策阐释中深窥。

“我们认为通过海峡权利法律上应被视为如其实际情况那般：作为公海航行

---

①《美国对外关系文件，1969—1972，第E-1卷，全球问题文件，第6章：海洋政策》第383份文件。http://history.state.gov/historicaldocuments/frus1969-76ve01/d383.

②《美国呈交联合国海底委员会的关于领海、海峡和渔业的条款草案》（“U.S. Draft Articles on Territorial Sea, Straits, and Fisheries Submitted to U.N. Seabed Committee”），《国务院公报》（*Department of State Bulletin*）1971年9月6日第65卷，第262-264页。

③《美国对外关系文件，1969—1972，第E-1卷，全球问题文件，第6章：海洋政策》第357份文件。

和飞越自由的一种内在且不可分开的附属。没有这种通过权利，如果领海扩大到12 海里被承认和同意，这些公海自由将失去许多意义。”

“当前，宽于6 海里的海峡内包含了公海，各国可以在其中行使公海自由……目前几乎所有有关海峡的国际法规则都是海洋自由。为了达成广泛的国际协定，我们准备放弃这些国际海峡里的公海自由，换取有限但非常重要的权利。仅限于自由通过权利，国际海峡里的领海在其他方面保持其国家性质。新的自由通过权利只应用于1958 年海洋法会议所定义的国际海峡，不会应用于其他领海或国际水域。而且，这种权利是有限的——只是通过海峡的权利，不进行其他活动”。[①]

引文表明：在美国看来，事实上通过海峡权利是公海航行和飞越自由的附属，因而法律上亦应当如此，而且关于海峡的国际法规多是海洋自由。为了达成国际协定，美国把这种海峡通过权利限为自由通过海峡而不开展任何活动，并仅应用于1958 年海洋法会议所定义的国际海峡。这种有限的通过海峡权利既对公海自由的维护意义重大，又对美国非常重要。

首先，确保美国国家安全和战略利益。自由通过和飞越国际海峡牵涉的安全和战略利益主要是确保军队机动性免受干扰和战略核能力免受损害。一方面，在海洋法发展中，军队机动性是至高无上的海军利益之一，因为保护行使个体和集体防卫权利的能力，维持实际或潜在的军事威慑以应对局部侵略，履行全球义务，维护长距离通信，威慑机动部队执行任务均需仰赖机动性，而削弱海军机动性则会加剧对战略优势的争夺[②]。基于此，确保军队的充分战术和战略机动性成为美国海洋政策目标之一，而这种机动性又取决于公海航行自由与自由通过和飞越某些国际海峡[③]。另一方面，核武装与核动力潜艇水下通过重要国际海峡的能力是美国的战略利益[④]，因为战略核能力是维护政治环境稳定的一个必要要素。美国的海上核威慑力量依赖保密[⑤]，如“美国的弹道导弹战略核潜艇（SSBN）要做到刀枪不入，并在充分的二次打击中发挥不可或缺的作用，取决于它们未经通知水下通过国际海峡的权利”[⑥]，而且核潜艇的安全作业要求高。

---

①《美国呈交联合国海底委员会的关于领海、海峡和渔业的条款草案》《国务院公报》1971 年9 月6 日第65 卷，第262 页和263 页。

②《美国呈交联合国海底委员会的关于领海、海峡和渔业的条款草案》《国务院公报》1971 年9 月6 日第65 卷，第262 页；《美国对外关系文件，1969—1972，第E－1 卷，全球问题文件，第6 章：海洋政策》第383 和414 份文件。http://history.state.gov/historicaldocuments/frus1969－76ve01/d414.

③《美国对外关系文件，1969—1972，第E－1 卷，全球问题文件，第6 章：海洋政策》第400 和414 份文件。http://history.state.gov/historicaldocuments/frus1969－76ve01/d400.

④美国对外关系文件，1969—1972，第E－1 卷，全球问题文件，第6 章：海洋政策》第383 份文件。

⑤《美国对外关系文件，1969—1972，第E－1 卷，全球问题文件，第6 章：海洋政策》第414 份文件。

⑥安・霍利克和罗伯特・奥斯古德：《海洋政治新时代》（Ann L. Hollick & Robert E. Osgood, *New Era of Ocean Politics*），霍普金斯大学出版社1974 年版，第91 页。

然而，领海扩大到12海里后，将有100多个6～24海里宽的海峡被领海覆盖，其中包括直布罗陀海峡在内的10多个非常重要的海峡①。在没有建立新国际海峡通行制度的情况下，根据《领海》的规定，这些被领海覆盖的国际海峡将适用无害通过制度。可是，在美国看来，无害通过制度是一种限制性的通行制度，其制度性缺陷将影响美国军队机动性和战略核能力。

（1）“无害通过”定义的主观性。对于怎样通过才算“无害”于沿海国之和平、良好秩序或安全，国际上并没有一致的认识，以致容易出现主观解释“无害”的危险。一些国家认为“无害”是由沿海国决定的主观标准；一些海峡国家认为某些船舶如大型油轮或核动力船舶的通过是“非无害”的，或者“无害”取决于船舶的船旗、货物或目的地②。“沿海国可在其领海内采取必要步骤，以防止非为无害通过”③ 的规定又使“无害通过”存在被干预风险。因此，在没有新国际海峡通行制度下，上述情况都可能削弱美国军队在被领海覆盖的国际海峡的机动性，而自由通过国际海峡则可避免这些不利情况。

（2）潜水船艇通过领海“须在海面上航行并揭示其国旗”④。这将导致美国核潜艇通过被领海覆盖的国际海峡的行动暴露无遗，便利第三方如苏联的侦察、识别和监视，而且其作用恐怕也难以得到最大限度的发挥。此外，由于体积庞大，并受水面天气和波浪运动的影响，核潜艇只有按照本身设计的正常运作模式即水下运行才能避免不利于其行动安全的因素，同时避免危及水面船舶⑤。确立自由通过和飞越国际海峡制度能确保美国水下核力量的安全及其作用的发挥。

（3）飞机没有无害飞越权，不但影响民用飞机对国际海峡的利用，而且尤为影响美国军队的机动性。1973年10月第4次中东战争期间，美国的北约盟国纷纷拒绝其为以色列空运军火的飞机在它们领土降落加油或飞越其领空，其中包括直布罗陀海峡。这使美国国防部深刻地认识到获得国际法保证的飞越权利的重要性，由此强化了在海洋法谈判中坚持自由飞越国际海峡的立场，此则是后话了。

其次，维护美国的商业利益。美国是一个商业立国的国家，商业利益在国家利益中占有举足轻重的地位。某种程度上，维护商船自由通过国际海峡的权利的重要性并不亚于维护军队此方面权利的重要性。这是因为“大约80%的美国对外贸易额由船只完成……美国是世界上主要的商船大国。我们的经济利益是以最

---

①《美国对外关系文件，1969—1972，第E－1卷，全球问题文件，第6章：海洋政策》第341份文件。http://history.state.gov/historicaldocuments/frus1969－76ve01/d341.

②《美国呈交联合国海底委员会的关于领海、海峡和渔业的条款草案》《国务院公报》1971年9月6日第65卷，第262页；约翰·诺顿·穆尔：《海洋法立场评述》（John Norton Moore, “Position on Law of the Sea Reviewed”），《国务院公报》（*Department of State Bulletin*）1974年4月15日第70卷，第398页。

③《领海及毗连区公约》第16条之1。

④《领海及毗连区公约》第14条之6。

⑤安·霍利克和罗伯特·奥斯古德：《海洋政治新时代》，第102页。

小代价获得最大限度的商船航行自由，因而这与我们军队的公海航行自由利益十分相似”①。可见，寻求制定自由通过国际海峡制度，避免对商船如大型油轮等施加管理和限制，并避免不充分或严格的海峡制度所产生的费用，最符合美国的经济利益要求。

最后，维护美国在防止和避免国际冲突方面的政治利益。国际海峡是交通咽喉和兵家必争之地，倘若缺乏完善的法律制度，容易成为滋生纠纷和冲突的温床。“作为一个在全球有盟国、义务和利益的主要军事和经济大国，美国在解决海洋冲突方面存在国际利益。”② 确立自由通过和飞越国际海峡制度能够最大限度地规避因海峡通行问题而起的冲突。

三、政策的谈判与结果

自从向海底委员会提交海峡条款草案之后，美国的自由通过和飞越国际海峡政策开始进入国际谈判阶段。在谈判过程中，1972 年下半年之前，美国坚持政策不可谈判，此后，美国作出了一些让步，不过没有根本改变政策。

1971 年 3 月，海底委员会召开了讨论组织和程序问题的第 1 次 UNCLOSⅢ筹备会议，UNCLOSⅢ进入筹备期。如前文所述，在 7—8 月筹备会议上，美国在第二小组委员会上介绍了领海和海峡条款。结果，12 海里领海获得广泛支持，而自由通过和飞越国际海峡仅获得英国等主要海洋国家的支持，反对声音不绝于耳。反对自由通过的国家要么认为无害通过是充分的，要么主张适当重新定义“无害”这一术语。③ 西班牙是更大沿海国控制权的最强硬倡导者，又是极具战略重要性的直布罗陀海峡的控制者，它虽赞成 12 海里领海，但坚持无害通过制度。为此，尼克松总统曾于 10 月致信西班牙首脑佛朗哥，阐明自由通过和飞越国际海峡对美国的重要性，希冀他支持美国的立场，但遭到其拒绝。

1972 年，海峡议程谈判异常艰难。美国腹背受压，一方面遭遇以西班牙为首的国际反对者的百般阻扰，另一方面面临国内要求改变海峡立场的巨大压力。在 2—3 月筹备会议上，西班牙等 56 国联合提交的清单把国际海峡通过权利限于无害通过，美国认为这“损害了那些国家如美国截然区分无害通过和自由通过国际海峡概念的立场。只提及无害通过，如果这个清单日后成为 1973 年会议议程

①《美国对外关系文件，1969—1972，第 E－1 卷，全球问题文件，第 6 章：海洋政策》第 414 份文件。

②《美国对外关系文件，1969—1972，第 E－1 卷，全球问题文件，第 6 章：海洋政策》第 414 份文件。

③《美国对外关系文件，1969—1972，第 E－1 卷，全球问题文件，第 6 章：海洋政策》第 412 份文件。http://history.state.gov/historicaldocuments/frus1969－76ve01/d412.

的基础，我们可能会发现甚至很难获得表达需要自由通过的观点的机会”。[①] 由于美苏等国提交修正案，该清单未获通过，不过发展中国家对海峡国家心生同情，群起反对美苏海峡立场，并对美国施加指责。面对此种情况，美国内部并非铁板一块，内政部和国务院官员并不关注自由通过海峡是否列入议程，他们只担心议程问题迟迟不决影响成功召开 UNCLOSⅢ的前景，进而妨碍其他美国海洋利益的实现，于是竭力要求国家安全委员会研究海峡政策替代选择。然而，自 1971 年以来，国防部长莱尔德（Melvin Laird）愈益关注海洋法问题，而美国大陆架和渔业立场逐渐倾向沿海国权利和 200 海里区域管辖权又使海峡通过权利危机四伏，这使国防部更加重视自由通过和飞越国际海峡，拒绝考虑任何修改。国防部的意见继续在白宫占据上风，这使 7—8 月会议谈判指示未改变把自由通过海峡列入议程的要求，不过授权美国代表团提议国家航空器行使自由通过权利时，既要遵守国际民航组织标准，又要顾及民用飞机航行安全[②]。

尽管在 7—8 月筹备会议上史蒂文森遵照指示行事，并强调自由通过海峡只是一种通过海峡一端到另一端的简单且有限的权利，不再提及船舶和飞机通过海峡是一种公海权利，同时承认沿海国的国际海峡防污等权利[③]，但是仍未能促进议程问题迅速解决。经过几周艰难的谈判，西班牙提出了一个把“通过权利问题”列入海峡议程的折中方案，尽管该方案的措辞并没有直接体现美国的海峡提议，但是除了国防部代表，美国代表都赞成接受该方案。内政部等部门依然着眼于推动 UNCLOSⅢ早日召开以便实现自身利益，而国防部则担心谈判自由通过海峡的能力受损。后来，该方案被提交给尼克松总统审议和定夺，最后获得批准，议程问题得以解决，会议亦得以继续。[④]

在 1973 年的两次筹备会议上，美国未提交新海峡条款，其海峡政策没有发生质变。面对西班牙等 8 国联合提交的拒绝承认国际海峡通过权利不同于领海无害通过权的领海和海峡提案，美国重申海峡通过必须与领海一般通过分开考虑。然而，由于多数国家仍赞成无害通过概念，或者保持缄默，或者不对任何一方表示支持，对于被 12 海里领海覆盖的国际海峡是否应与领海其他部分区别对待的

---

①《美国对外关系文件，1969—1972，第 E－1 卷，全球问题文件，第 6 章：海洋政策》第 427 份文件。http://history.state.gov/historicaldocuments/frus1969－76ve01/d427.

②《美国对外关系文件，1969—1972，第 E－1 卷，全球问题文件，第 6 章：海洋政策》第 434 份文件。http://history.state.gov/historicaldocuments/frus1969－76ve01/d434.

③安·霍利克：《美国外交政策和海洋法》（Ann L. Hollick, *U. S. Foreign Policy and the Law of the Sea*），普林斯顿大学出版社 1981 年版，第 272 页；《美国对外关系文件，1969—1972，第 E－1 卷，全球问题文件，第 6 章：海洋政策》第 434 份文件。

④《美国对外关系文件，1969—1972，第 E－1 卷，全球问题文件，第 6 章：海洋政策》第 435 份文件。http://history.state.gov/historicaldocuments/frus1969－76ve01/d435.

问题，与会国依然分歧重重①。不过，7—8 月筹备会议“似乎比之前的会议更好地理解美国提议背后的根本原因，而且代表们似乎普遍明白这个问题的可接受条款是促使会议成功所必需的”②。

1973 年 12 月，讨论组织和程序问题的 UNCLOSⅢ首期会议在纽约举行，UNCLOSⅢ进入正式会期阶段。海峡问题属于第二委员会的讨论议题。

1974 年 6—8 月 UNCLOSⅢ第 2 期会议前夕，美国授权其代表团支持 6 海里宽或更窄的等三类国际海峡实行不得停止的无害通过制度，并且“继续强调美国海峡提案的关键因素——水面舰艇、水下和浮出水面的潜艇以及军用飞机无须向沿海国通报或获得其批准，不受阻止地通过和飞越国际海峡，同时淡化‘自由通过’一词的使用”③。前者放弃自由通过所有国际海峡的“一刀切”做法是一种让步表现，旨在增强美国海峡政策的灵活性，但未伤及政策筋骨，因为所排除的海峡只是少数；后者以“不受阻止地通过”替代“自由通过”，意在减少美国海峡政策获得支持的阻力，只是换汤不换药的表现，并未根本改变政策的硬性指标。在该会议上，英国提出连接公海两部分的海峡实行过境通行制度——“船舶和飞机行使过境通行权利应不受阻止或阻碍”，而连接公海一部分和某国领海等三类国际海峡实行无害通过制度的提案，美国和许多国家都予以支持，因为该提案调和了国际社会利益和海峡国家担忧④，而且与美国准备作出的让步大致吻合。最后，会议首次呈现“赞成不受阻止地通过国际海峡（美国的立场）的国家多于赞成无害通过的国家”的局面⑤。这一局面的出现与史蒂文森发表声明表示保证不受阻止地通过国际海峡是美国同意 200 海里专属经济区的前提条件密切相关⑥。

有利于美国的形势继续发展，在 1975 年 3—5 月 UNCLOSⅢ第 3 期会议上，不受阻止地通过国际海峡（美国的立场）获得普遍承认，且会议最后分发了作为

---

①《美国对外关系文件，1973—1976，第 E-3 卷，全球问题文件：海洋法》（*Foreign Relations of the United States*，1973—1976，*Volume E-3*，*Documents on Global Issues*，*Law of the Sea*）第 2 份文件和第 6 份文件。http://history.state.gov/historicaldocuments/frus1969-76ve03/d2; http://history.state.gov/historicaldocuments/frus1969-76ve03/d6.

②《美国对外关系文件，1973—1976，第 E-3 卷，全球问题文件：海洋法》第 6 份文件。

③《美国对外关系文件，1973—1976，第 E-3 卷，全球问题文件：海洋法》第 12 份文件。http://history.state.gov/historicaldocuments/frus1969-76ve03/d12.

④《第三次联合国海洋法会议，1973-82，第Ⅱ卷，第二委员会简要记录，第二期会议：第 11 次会议，A/CONF.62/C.2/SR.11》（*Third United Nations Conference on the Law of the Sea*，1973-82，*Volume* Ⅱ，*Summary Records of the Second Committee*，*Second Session*：11*th* *Meeting A/CONF.62/C.2/SR.*11），第 4-5 页。http://untreaty.un.org/cod/diplomaticconferences/lawofthesea-1982/docs/vol_Ⅱ/a_conf-62_c-2_sr-11.pdf.

⑤《美国对外关系文件，1973—1976，第 E-3 卷，全球问题文件：海洋法》第 16 份文件。http://history.state.gov/historicaldocuments/frus1969-76ve03/d16.

⑥《国务院向国会报告海洋法会议情况和讨论 200 海里渔业管辖权立法》（“Department Reports to Congress on Law of the Sea Conference and Discusses Legislation on 200-Mile Fisheries Jurisdiction”），《国务院公报》（*Department of State Bulletin*）1974 年 9 月 23 日第 71 卷第 391 页。

以后谈判基础的非正式单一谈判文本（The Informal Single Negotiating Text）[①]。该文本由英国和斐济联合主持的非正式小组制定，其中的海峡条款规定过境通行制度和不得停止的无害通过制度在不同类型国际海峡的应用。此后，海峡问题逐渐淡出与会者视线，尽管仍然有部分海峡国家试图改变国际海峡过境通行权的规定，但是那些次流声音只起到暂时干扰的作用，无法改变既成事实，而海峡条款历经小修小补日趋完善。1980 年 UNCLOSⅢ第 9 期会议制定《公约》草案，其中海峡部分规定过境通行“专为在公海或专属经济区的一个部分和公海或专属经济区的另一个部分之间的海峡继续不停和迅速过境的目的而行使航行和飞越自由”，过境通行制度应用于国际海峡已成定局[②]。

由于美国等西方发达国家和 77 国集团等发展中国家在深海海底采矿问题上分歧严重，海洋法公约谈判一度陷入僵局。为了打破僵局，在 1976 年 UNCLOS Ⅲ第 4 和第 5 期会议上，美国作出了接受并行制度等巨大让步，但却换来不可接受的深海海底采矿条款。于是，卡特总统于 1978 年 1 月批准国会启动海底采矿立法作为谈判杠杆，终使海底采矿谈判达成妥协。不过，1981 年里根政府上台后立即进行政策审查，终因无法修改《公约》草案关于海底采矿的规定而于 1982 年 4 月投票反对《公约》。12 月，为了维护美国的航行自由权利，里根政府决定执行《美国行使海上航行和飞越权利计划》，该计划指示国防部和外交部分别通过利用飞机和军舰宣示与行使美国权利和外交渠道方式反对沿海国的过度权利主张。[③]

综上所述，在整个谈判过程中，尽管美国自由通过国际海峡政策始终未发生根本改变，但是经历了一系列微调：从谈判策略而言，从坚持政策不可谈判到作出适当的让步；从通过国际海峡权利的内涵而言，从坚持通过国际海峡权利是公海权利到不再提及；从自由通过应用范围的宽泛而言，从坚持自由通过所有国际海峡到排除部分海峡。此外，从自由程度上而言，美国主张的自由通过和飞越国际海峡与过境通行一致。

---

①《美国对外关系文件，1973—1976，第 E-3 卷，全球问题文件：海洋法》第 19 份文件。http://history.state.gov/historicaldocuments/frus1969-76ve03/d19.

②《第三次联合国海洋法会议，1973—1982，第XV卷，会议文件，第 10 和复会后的第 10 次续会：海洋法草案，A/CONF.62/L.78》（*Third United Nations Conference on the Law of the Sea*, 1973-1982, *Volume XV*, *Documents of the Conference*, *Tenth and Resumed Tenth Sessions*: *Draft Convention on the Law of the Sea*, *A/CONF. 62/L.78*），第 181 页。http://untreaty.un.org/cod/diplomaticconferences/lawofthesea-1982/docs/vol_XV/a_conf-62_l-78.pdf.

③《国家安全决定指令第 72 号：美国行使海上航行和飞越权利计划》（*National Security Decision Directive Number 72*: *United States Program for the Exercise of Navigation and Overflight Right at Sea*），1982 年 12 月 13 日。数字化国家安全档案（Digital National Security Archive），PD01688。

四、几点分析和思索

海洋自由原则的破坏与航行自由权利受威胁都是美国自掘坟墓的结果。为了保护近海石油和渔业资源，1945 年 9 月 28 日杜鲁门总统发布两道行政命令，分别宣称“邻接美国海岸的公海底下的大陆架底土和海床的自然资源属于美国，并受美国管辖和控制”和“在邻接美国海岸的公海区域建立渔业保护区”，史称《杜鲁门公告》（*Truman Proclamations*）①。然而，美国始料未及的是该公告成为沿海国争相效仿的“合法”先例，触发了大陆架权利主张和扩大渔业管辖权的浪潮。更为严重的是，尽管美国力避宣称对大陆架本身及其上覆水域享有所有权，但是有些沿海国主张对大陆架资源甚至大陆架本身包括其上覆水域行使主权，有些国家则干脆一劳永逸地扩大领海管辖权至 200 海里，迫使美国开始了长达近 30 年的反对沿海国扩大近海管辖权的漫漫征程。“1945 年，美国已经成为事实上的领导者，但它对领导权的认识仍然停留在搭便车的层次上。”② 这种对本国地位认识的滞后使美国制定的海洋政策缺乏远见性，成为损害自身海洋权益的祸源。

美国海峡政策体现了其海洋政策优先考虑事项的变化。让渡渔业优惠权和谈判初期坚持海峡政策不可谈判都是最优先考虑关系国家安全的公海航行自由和自由通过国际海峡的表现③。1971 年之后，美国外交优先考虑美苏缓和、美中接触及越战停战等问题，总体外交政策的变化导致海洋政策中的国防利益比重下降，而 1973 年石油危机的爆发又促使美国更加重视石油供应，从而提高了海洋政策中的石油利益比重，加上海洋法谈判中国内外主张 200 海里专属经济区的呼声日益高涨，这使美国日渐无法维持国际海峡航行自由在海洋政策中的总体优先地位，并于 1973 年发布国家安全决定备忘录确定经济利益的重要性④。此后，美国愈益重视经济利益，1974 年同意专属经济区就是一个表现，尽管其同意专属经济区隐含换取沿海国同意国际海峡航行自由之意。里根政府以不满深海海底条款

---

①《行政命令 9633——保留并把某些大陆架资源置于内政部的控制和管辖之下》（“Executive Order 9633——Reserving and Placing Certain Resources of the Continental Shelf under the Control and Jurisdiction of the Secretary of the Interior”）；《行政命令 9634——规定建立渔业保护区》（“Executive Order 9634 - - Providing for the Establishment of Fishery Conservation Zones”），1945 年 9 月 28 日。《杜鲁门总统行政命令，1945 年》（*Executive Orders of Harry S. Truman*）。http://www.presidency.ucsb.edu/ws/index.php?pid=60676#axzz1WAH7CUIL http://www.presidency.ucsb.edu/ws/index.php?pid=59294#axzz1sthSnZPW.

②罗伯特·基欧汉和约瑟夫·奈著，门洪华译：《权力与相互依赖》，北京大学出版社 2005 年版，第 163 页。

③《美国对外关系文件，1969—1972，第 E-1 卷，全球问题文件，第 6 章：海洋政策》第 395 份文件。http://history.state.gov/historicaldocuments/frus1969-76ve01/d395.

④《美国对外关系文件，1973—1976，第 E-3 卷，全球问题文件：海洋法》第 5 份文件。http://history.state.gov/historicaldocuments/frus1969-76ve03/d5.

为由拒签《公约》则是优先考虑事项变化的结果，亦表明在海洋法问题上美国无法继续维持其传统上执行的一贯的等级划分。

美国海峡政策亦体现了国内和国际因素的双重影响。让渡渔业优惠权和谈判初期坚持海峡政策不可谈判主要体现了国防部的立场与影响，而海峡议程和沿海国的国际海峡权利方面的让步则是国内外双重压力的结果。国内外都对美国坚持海峡政策不可谈判不满，但是两者的目的和性质不一。国内希望灵活调整海峡政策，以便顾及其他海洋利益目标的实现，而国外则旨在打压美国的海峡提议，以便确立国际海峡无害通过制度；国内争论实际上是关于沿海经济利益与全球海上利益之争，而国外争论则是沿海国管辖权之争。美国支持部分国际海峡适用无害通过制度则主要体现国际因素的作用。议程问题解决后，美国和国际反对者互不相让使海峡谈判陷入拉锯战，如果美国坚持自由通过所有海峡，有可能导致谈判无果，最终吃亏的还是美国，因为航行自由关系其安全利益，美国比任何其他国家都重视航行自由，而很多国家则只关注如何最大限度地获取渔业和海底等资源。

《公约》的海峡条款基本符合美国海峡目标，因而可以说美国海峡政策取得了胜利。非正式单一谈判文本发布之时，美国就认为该文本的海峡条款接近其自由和不受阻止地通过国际海峡之目标①，而后美国也多次对历经完善的海峡条款表示满意。这是因为在实行过境通行制度的大部分国际海峡里，所有船舶和飞机的过境航行和飞越自由得到了保证，而且没有任何要求潜水艇水面通过国际海峡并展示旗帜，或者要求军舰必须事先通知沿海国或获得其批准才能通过国际海峡的规定。

美国海峡政策客观上反映了国际社会的利益，并对《公约》国际海峡条款的形成作出了贡献。美国曾多次公开强调自由通过和飞越国际海峡是国际社会的共同利益，因为“所有国家都必须依赖国际合法权利通过国际海峡运输必需资源”②。尽管政策的提出主要基于美国自身利益考量，而强调共同利益很大程度上又旨在赢取国际社会支持，但是以现实和发展的眼光来看，自由通过和飞越国际海峡的确符合多数国家的利益。正是由于美国的坚持，会议通过了调和海洋大国利益的过境通行制度，从而使世界各国可以行使国际海峡过境通行权利。

美国实施《航行和飞越权利计划》是试图重塑强权政治在国际海洋法实践中的作用的表现。诚然，美国有权利维护合法的航行自由，但是诉诸军事行动或威胁并不能彻底解决问题，反而会带来巨大风险，并给海洋秩序的稳定埋下隐患。此外，值得一提的是，《公约》是与会国妥协的产物，各国关于航行自由的分歧

---

①《美国对外关系文件，1973—1976，第 E－3 卷，全球问题文件：海洋法》第 24 份文件。http://history.state.gov/historicaldocuments/frus1969－76ve03/d24.

②约翰·诺顿·穆尔：《海洋法立场评述》，《国务院公报》1974 年 4 月 15 日第 70 卷，第 399 页。

并未因《公约》的生效而消失，而是一直延续甚至在各国的国内法有所体现，而《公约》尚存的模棱两可灰色地带，又可能导致不同国家根据自身利益需要进行不同的解读。例如，在专属经济区航行权利问题上，美国一直坚持其在 UNCLOS Ⅲ的立场，即在专属经济区享有航行自由权利，并认为《公约》规定的专属经济区航行自由与公海航行自由无异。这是美国与其他国家在专属经济区航行自由问题上发生争端甚至冲突的认识根源所在。

总而言之，国家安全和战略利益是美国海洋政策首要考虑因素，这是自由通过和飞越国际海峡成为美国海洋政策优先考虑事项的根本原因。尽管后来美国无法维持国际海峡航行自由在海洋政策中的优先地位，但是维护国际海峡航行自由牵涉的国家安全和战略利益仍是其海洋政策的一个根本目标。当下，航行自由已经超乎其本身含义，成为美国侵犯他国权益、介入地区海洋争端如南海问题的有力工具和借口。对此，我们要有清醒的认识，既要充分利用国际法维护海洋权益，又要加强国力和海洋意识以应对变化多端的海洋政治。

（原文发表于《世界历史》2013 年第 3 期）

专属经济区概念的提出与美国的反应（1970—1983）

吴少杰

专属经济区（The Exclusive Economic Zone）是一个重要的海洋法概念，是第三次联合国海洋法会议（The Third United Nations Conference on the Law of the Sea，1973—1982）确立的一项新制度，也是美国在第三次联合国海洋法会议上十分重视的一个谈判问题。

长期以来，无论是国内还是国外，法学界均是专属经济区研究的主导力量，国际政治和历史学等学界则是从属力量，这种情况与专属经济区概念的学科性质有关，并在研究成果上得到了相应的反映。国外学者集中探讨了专属经济区概念和制度①、专属经济区制度的实践②，以及专属经济区概念发展历史③等问题。国内学者主要以专属经济区制度为研究对象，注重与本国现实问题联系起来进行研究，关注新问题引发的法律思考。④ 总的来看，鲜有全面和深入地考察美国专属经济区政策的专论或专著，相关论述零星地散落于各种论著之中。例如，霍利克的《美国外交政策和海洋法》考察了美国专属经济区立场出台、谈判和实现情况；劳尔森的《美国海洋政策的制定（1970—1978）》探析了美国接受专属经济

---

①本文是中国博士后科学基金资助《美国拒绝批准〈联合国海洋法公约〉研究》（项目编号：2014M562190）的阶段性成果。小霍勒斯·B. 罗伯逊：《专属经济区的航行》（Horace B. Robertson，Jr.，“Navigation in the Exclusive Economic Zone”），《弗吉尼亚国际法杂志》（*Virginia Journal of International Law*）第 24 卷，1984 年第 4 期，第 865 - 915 页；J. C. 菲利普斯：《专属经济区作为一个国际法概念》（J. C. Phillips，“The Exclusive Economic Zone as a Concept in International Law”），《国际法与比较法季刊》（*The International and Comparative Law Quarterly*）第 26 卷，1977 年第 3 期，第 585 - 618 页。

②罗伯特·W. 史密斯：《专属经济区主张：分析和主要文件》（Robert W. Smith，*Exclusive Economic Zone Claims*：*An Analysis and Primary Documents*），马蒂努斯·奈霍夫出版社 1986 年版。

③温斯顿·康拉德·埃克斯塔弗：《专属经济区：国际海洋法演变和逐步发展研究》（Winston Conrad Extavour，*The Exclusive Economic Zone*：*A Study of the Evolution and Progressive Development of the International Law of the Sea*），日内瓦高级国际关系学院 1981 年版；塔约·O. 阿金托巴：《专属经济区概念：非洲国家对第三次联合国海洋法会议的贡献》（Tayo O. Akintoba，“The Exclusive Economic Zone Concept：Contributions of African States to the Third U. N. Conference on the Law of the Sea（UNCLOSⅢ）”），乔治·华盛顿大学博士学位论文，1994 年。

④国内研究专属经济区制度的论著不胜枚举，代表作有金永明：《专属经济区内军事活动问题与国家实践》，《法学》2008 年第 3 期；季国兴：《论大陆架和专属经济区两种制度及中日东海划界》，《上海交通大学学报》（哲社版）2007 年第 5 期等。

区概念的情况及原因。[①] 受解密档案缺失和主题等因素的制约，两者均未能深窥或详述美国专属经济区政策的决策情况，其研究深度和广度因此受限。史蒂文森和奥克斯曼撰写的关于第三次联合国海洋法会议的系列文章，有助于了解专属经济区谈判的进程，不过不足以了解美国专属经济区政策的决策及变化原因等情况。[②]

对美国专属经济区政策进行深入探析，有利于在学理上了解其专属经济区的立场，进而对如何预防与应对中美专属经济区纠纷或冲突具有重要的现实参考意义。有鉴于此，本文使用新近解密的美国档案、联合国文件等文献，同时参考已有研究成果，围绕美国对专属经济区概念立场这一核心问题，考察美国对专属经济区航行和飞越自由、专属经济区法律地位的态度。

一、专属经济区概念的产生

《联合国海洋法公约》（后文简称《公约》）规定，专属经济区是"领海以外并邻接领海的一个区域"，其宽度"从测算领海宽度的基线量起，不应超过200海里"；沿海国在专属经济区内有"以勘探和开发、养护和管理海床上覆水域和海床及其底土的自然资源（不论为生物或非生物资源）为目的的主权权利"；在《公约》有关规定的限制下，所有国家在专属经济区内有航行和飞越等自由。[③] 专属经济区概念的诞生与渔区、领海宽度、大陆架权利尤其是200海里海洋权的发展密不可分。

20世纪四五十年代，单方面海洋权利主张涌现。为了保护近海石油和渔业资源，1945年9月美国总统杜鲁门签署了两道行政命令。它们分别宣称"邻接美国海岸的公海底下的大陆架底土和海床的自然资源属于美国，并受美国管辖和

①安·L. 霍利克：《美国外交政策和海洋法》（Ann L. Hollick, *U. S. Foreign Policy and the Law of the Sea*），普林斯顿大学出版社1981年版；芬恩·劳尔森：《美国海洋政策的制定（1970—1978）》（Finn Laursen, "The Making of U. S. Ocean Policy, 1970 - 1978"），宾夕法尼亚大学博士学位论文，1980年。

②约翰·R. 史蒂文森和伯纳德·H. 奥克斯曼：《第三次联合国海洋法会议：1974年加拉加斯会议》（John R. Stevenson, Bernard H. Oxman, "The Third United Nations Conference on the Law of the Sea: The 1974 Caracas Session"），《美国国际法杂志》（*The American Journal of International Law*）第69卷，1975年第1期，第1-30页。

③《联合国海洋法公约》第55—58条，http://www.un.org/depts/los/convention_agreements/texts/unclos/unclos_c.pdf，2007年10月10日。

控制”“在邻接美国海岸的公海区域建立渔业保护区”。① 《杜鲁门公告》（*Truman Proclamations*）事实上承认占有和邻接原则的“合法性”，成为沿海国争相效仿的先例，导致单方面海洋权利主张层出不穷。1945—1951 年，墨西哥、巴拿马、阿根廷、智利、秘鲁、哥斯达黎加、洪都拉斯、巴西、尼加拉瓜和厄瓜多尔等国纷纷发表或颁布了关于大陆架的声明或法令，把大陆架纳入国家领土范围，不过多数国家明确大陆架上覆水域的航行自由不受影响。② 除此之外，1947 年，智利宣布建立一个 200 海里保护区，其做法迅速被其他国家效法。同年，秘鲁制定了几近一样的立法；1948 年，哥斯达黎加宣称对同样大小的海域实行保护，但未建立保护区；1950 年，萨尔瓦多实行 200 海里领海，国际法原则承认的航行自由不受影响；1951 年，洪都拉斯决定把领海宽度扩至 200 海里，不过该决定一直没有得到立法机关的认可。③ 1952 年 8 月，智利、秘鲁和厄瓜多尔在圣地亚哥召开“第一次南太平洋海洋资源开发和保护会议”，发表了《圣地亚哥宣言》（*Santiago Declaration*）。该宣言声明三国对其海岸或岛屿延伸至 200 海里的海域包括海床及其底土拥有唯一的主权和管辖权，其他国家的船舶可以无害或非进攻性地通过这些海域。④ 这意味着三国视所涉 200 海里海域等同于领海，厄瓜多尔正式加盟 200 海里海洋区俱乐部。200 海里海洋区主张的提出开启了拉美国家争取 200 海里海洋权的进程。

第一、二次联合国海洋法会议未能解决领海宽度和毗连区渔业权利问题，沿海国扩大海洋管辖权的愿望落空，此后单方面海洋权利主张进一步增加。20 世纪 60 年代，若干亚非拉国家陆续地提出了 12 海里领海主张，美国、欧洲 14 国以及一些非洲国家确立了 12 海里渔区。⑤ 200 海里领海或渔区主张有所增加，如 1965 年尼加拉瓜建立 200 海里渔区；1966—1970 年，厄瓜多尔、阿根廷、巴拿马、乌拉圭和巴西先后宣布领海宽度扩至 200 海里。阿根廷和尼加拉瓜声称上述海域的航行自由不受影响，乌拉圭承认外国船舶享有其领海内 12 海里区的无害

---

①《行政命令 9633：保留并把某些大陆架资源置于内政部的控制和管辖之下》（“Executive Order 9633 – Reserving and Placing Certain Resources of the Continental Shelf under the Control and Jurisdiction of the Secretary of the Interior”）；《行政命令 9634：规定建立渔业保护区》（“Executive Order 9634 – Providing for the Establishment of Fishery Conservation Zones”），《哈里·杜鲁门行政命令》（*Executive Orders of Harry S. Truman*）1945 年 9 月 28 日，http://www.presidency.ucsb.edu/ws/index.php?pid=60676#axzz1WAH7CUIL, http://www.presidency.ucsb.edu/ws/index.php?pid=59294#axzz1sthSnZPW，2012 年 2 月 10 日。

②简·H. 萨梅特、罗伯特·L. 富尔斯特：《拉丁美洲海洋法之路》（Jan H. Samet and Robert L. Fuerst, *The Latin American Approach to the Law of the Sea*），北卡罗来纳大学 1973 年版，第 44－68 页。

③简·H. 萨梅特、罗伯特·L. 富尔斯特：《拉丁美洲海洋法之路》，第 49、52、57、60、65－66 页。

④安·L. 霍利克：《美国外交政策和海洋法》，第 86 页。

⑤安·L. 霍利克：《美国外交政策和海洋法》，第 162 页。

通行权。[①]

进入20世纪70年代，一些拉美国家采取联合外交行动，提出一系列新国际原则，意在促进新海洋法制度的确立。1970年5月，智利、秘鲁、萨尔瓦多、厄瓜多尔、尼加拉瓜、阿根廷、巴拿马、乌拉圭和巴西在蒙得维的亚举行会议，通过了《蒙得维的亚海洋法宣言》（*The Montevideo Declaration on the Law of the Sea*）。该宣言制定了沿海国有权利用邻接其海岸的海域，包括其海床和底土的自然资源；有权确立海洋主权和管辖权界限；所有国家的船舶和飞机的航行自由不受损害等6项原则。8月，为了在蒙得维的亚会议达成的国际海洋政策基础上协调共同的立场，20个拉丁美洲和加勒比海国家在利马召开会议，通过了内容与《蒙得维的亚海洋法宣言》大致相同的《拉丁美洲国家关于海洋法的宣言》（*The Declaration of the Latin American States on the Law of the Sea*）。1972年6月，15个加勒比海国家在圣多明各召开会议，协调与会国关于海洋法基本问题的立场，通过了包含7部分内容的《圣多明各宣言》（*The Declaration of Santo Domingo*）。比如，沿海国对邻接其领海的承袭海（patrimonial sea）的水域、海床和底土的再生和非再生自然资源拥有主权权利；领海和承袭海的范围不应超过200海里；所有国家的船舶和飞机均享有承袭海内的航行和飞越自由权利等。[②] 承袭海概念和制度的提出与制定，为专属经济区概念和制度的形成奠定了基础。

几乎与此同时，非洲国家亦采取了行动，促使经济区概念得以面世。1972年6月，16个非洲国家在雅温得举行“非洲国家关于海洋法的区域研讨会”，通过了《雅温得研讨会结论》（*The Conclusion of the Yaoundé Seminar*）。该结论首次提出建立经济区主张，如规定非洲国家有权在领海以外设立经济区，并拥有该区的生物和非生物资源的主权权利；经济区内的航行和飞越等自由不受影响等。[③] 彼时，第三次联合国海洋法会议筹备会议业已开幕，此后经济区成为海洋法谈判的重要议题。

显然，许多国家提出单方面海洋权利主张的目的在于扩大海洋管辖权，控制海洋资源，满足国民生存和发展需要，促进国家经济发展，而专属经济区概念则是顺应其需求的产物，并成为它们实现目的的新利器。不少国家的单方面海洋权利主张保留了所涉海域的航行自由，尤其是承袭海和经济区主张均承认航行和飞越自由不受损害，这就为后来专属经济区航行和飞越自由达成一致夯实了根基。

对于200海里海洋区主张，美国认为在缺乏国际协定的情况下，单方面扩大海洋管辖权没有国际法依据。因此，美国提出正式抗议，不予以承认，保留其在

---

①简·H. 萨梅特、罗伯特·L. 富尔斯特：《拉丁美洲海洋法之路》，第45－46、48、56－57、63、64、67页。

②温斯顿·康拉德·埃克斯塔弗：《专属经济区：国际海洋法演变和逐步发展研究》，第146－151页。

③温斯顿·康拉德·埃克斯塔弗：《专属经济区：国际海洋法演变和逐步发展研究》，第159－160页。

3 海里领海之外的公海的权利。[①] 可见，美国反对扩大海洋管辖权的立场在其1970 年海底政策中得到明显体现，并进一步延伸至其对专属经济区概念的立场。

二、美国对专属经济区概念的反对

依据《公约》，“沿海国的大陆架包括其领海以外依其陆地领土的全部自然延伸，扩展到大陆边外缘的海底区域的海床和底土”。[②] 可见，沿海国的专属经济区的海床和底土就是200 海里范围内的大陆架，只不过大陆架依据自然延伸原则可延伸至200 海里以外的大陆边外缘。尽管如此，专属经济区和大陆架两种制度并存于《公约》。严格地说，在1974 年正式同意专属经济区概念之前，美国没有独立的专属经济区立场，只有大陆架和海底立场，而后专属经济区立场才从中分离出来。笼统地说，在1974 年之前美国反对专属经济区概念，不过从1972 年起其立场逐渐转变，接受专属经济区概念的意愿愈益增强。[③]

1967 年，《马耳他提案》的提出促使联合国相继成立海底特别委员会和海底委员会研讨海底问题，美国政府内部亦掀起了关于大陆架和海底的争论。[④] 在海底委员会已经召开几期会议，国内外要求尽速确定立场的压力持续增加的情况下，美国于1970 年5 月22 日发布国家安全决定备忘录第62 号文件，确立了大陆架和海底立场。比如：沿海国只有200 米等深线内的海床自然资源的主权权利；200 米等深线向海的整个海底区域及其自然资源将受国际制度管辖，并将被视为人类共同遗产；关于航行保护、科学研究及其他海洋自由等的国际规则适用于整个海底区域；200 米等深线至大陆边外缘包括大陆隆称为国际托管区；沿海国充当国际社会托管人，有权颁发国际托管区海床自然资源勘探和开发的许可证，征收国际特许权使用费，并可分享这种收益或开征额外税；沿海国颁发资源勘探和开发许可证的权力不能侵犯其他国家开展其他活动的权利；依据公海自由原则，托管区的所有用途的行使必须合理尊重海床和上覆水域的其他使用者的利益等。[⑤]

---

①美国国务院编：《美国对外关系，1969—1972》（*Foreign Relations of the United States*，1969—1972）第 E-1 卷，第389 份文件，http://history.state.gov/historicaldocuments/frus1969-76ve01/d389，2007 年10 月11 日。

②《联合国海洋法公约》第76 条。

③“专属经济区概念”措辞的使用是为了行文方便，并不涉及实质性概念区分。在经济区概念产生和美国同意其之前，基于遵循原文的原则，文中采用美国文件所用的相关措辞。

④1967 年8 月17 日，马耳他驻联合国大使帕尔多（Arvid Pardo）提议，第22 届联合国大会议程包括一项“关于保留处于当前国家管辖界限之外的海域底下的海床和洋底专门用于和平用途且利用其资源为人类谋福利的宣言和条约”的提案。

⑤美国国务院编：《美国对外关系，1969—1972》第 E-1 卷，第375 份文件，http://history.state.gov/historicaldocuments/frus1969-76ve01/d375，2007 年10 月11 日。

美国大陆架和海底政策主要是为了保护“全球军事机动性（特别是自由通过国际海峡）”“在大陆坡开展某些军事活动的自由”，以及“避免与沿海国发生管辖权冲突”这三种基本的国家安全利益，防止沿海国单方面管辖权主张扩散到整个水柱（water column）。① 大陆架界限为200米等深线，限制了沿海国拥有200米等深线以外的海床资源的主权权利，反映了国防部主张狭窄大陆架界限的观点，体现了其反对扩大海洋管辖权的思想。国防部认为，最可行的大陆架界限是200米等深线，且绝不可大于50海里或550米等深线，皆因安置声音监听系统（sound surveillance system）必需狭小的大陆架，而宽广大陆架会致使沿海国把当下属于公海的大陆架上覆水域视为领海，进而妨碍达成保护自由航行和飞越权利的海洋法条约。② 从策略层面讲，确立狭窄大陆架界限有利于鼓励其他国家采取相同立场，阻止大陆架界限扩大的趋势。可见，美国确立狭窄大陆架界限的一个主要目的是保护大陆架上覆水域的公海航行和飞越自由，从而维护全球机动性。这一点亦是其反对专属经济区概念以及后来坚持专属经济区航行和飞越自由的考虑所在。

国际托管区是一个特殊的调和产物，意在协调宽阔和狭小大陆架界限涉及的资源开发利益与安全利益及某些国际社会利益。可是，托管区的内在缺陷注定其难以担当大任。一方面，托管区的国际属性既未满足国内石油业和内政部对广阔大陆架的海床资源的主权权利的欲望，又未满足沿海国扩大海洋管辖权以获得更多资源的愿望。另一方面，托管区自然资源的双重属性，即受国际制度管辖并属于人类共同遗产与其勘探和开发的许可权利赋予沿海国，不但会进一步加剧托管区为国内和国际不容的尴尬境地，而且会制约其被寄予的功能的发挥。托管区的提出隐含以此抵制或代替专属资源区以免其成为现实的用意，这一点可从后来美国不遗余力地推销该提议以抵挡支持率不断攀升的专属资源区得到印证。

1970年8月，美国向海底委员会提交了以国家安全决定备忘录第62号文件为基础的《海底条约草案》。美国致力解决海底问题的用心得到了与会国的嘉许，不过草案几乎未获得任何支持。最后，会议无法达成一致意见，这意味着海底条约将成为空中楼阁。这是因为联合国后来于12月决定召开新海洋法会议，讨论包括海底在内的所有海洋法问题，并委任海底委员会充当第三次联合国海洋法会议的筹备委员会。1971年3月，海底委员会召开第一期筹备会议，讨论组织和程序问题，第三次联合国海洋法会议进入筹备阶段。

1971年4月，机构间海洋法专责小组特别小组提议海床托管区（即国际托

---

①美国国务院编：《美国对外关系，1969—1972》第E-1卷，第380份文件，http://history.state.gov/historicaldocuments/frus1969-76ve01/d380，2007年10月11日。

②美国国务院编：《美国对外关系，1969—1972》第E-1卷，第363份文件，http://history.state.gov/historicaldocuments/frus1969-76ve01/d363，2007年10月11日。

管区）的界限为200海里。理由是海底条约草案仅以复杂的地质方法划定海床托管区外部界限，而这么做不会明显影响美国对其海岸外的区域和资源的管辖权的程度。小组成员对此有不同意见：赞成者认为，这是美国乐意调和其他利益的强烈心理信号，会是更具诱惑力的谈判基础；反对者觉得这可能会被理解为美国初次倾向200海里海床或水域的更广泛权利。① 7月12日，高级审查小组举行会议审议上述建议，终因意见分歧未能达成一致，不过授权代表团表示托管区界限或采用不确定的里程或为200海里的提议占据上风。22日，基辛格建议尼克松总统授权代表团探索托管区外部界限的不同方案，从而使其确保现有海床提议不会陷入僵局，同时解决沿海国无法理解其托管区外部界限可延伸至哪里，以及现有海床提议对大陆架狭窄的国家不公平的问题。② 尼克松总统指示代表团在会议伊始不要提议或赞同托管区外部界限方案的任何修改建议，不过可以表明不会固守海底条约草案划定托管区外部界限的方式；在必要情况和多数机构代表同意下，代表团可以提出或同意以里程方法确定托管区外部界限，不过不能超过200海里。③至此，美国完成了改变托管区外部界限的决策，这么做意在赢取谋求更大沿海国管辖权的国家的支持，促进其海洋政策目标的实现。

在1971年7—8月筹备会议上，美国代表团仍然强调托管区立场，可是除了获得英国支持之外，托管概念遭到多数沿海发展中国家反对。这些国家认为，美国已为托管区外部界限做出特殊限定，且托管概念不能实现沿海利益和国际利益之间的不同平衡。专属资源区赢得了众多国家的钟爱，近三十个国家公开或私下赞成200海里专属资源区，不过约五成代表团未阐明专属资源区界限的立场。若干陆锁国等国赞成中间区域方法，苏联等国表示进一步考虑某种形式的中间区域方法。为了维持托管概念作为专属资源区替代选择的可能性，美国代表指出不会坚持以地质办法划定托管区外部界限，会考虑里程和综合等其他方法；只要不是全部海洋资源纳入沿海国专属管辖区，可在一些界限选择中以灵活方式达成公平和解。美国代表始终强调公正的第三方争端解决办法、海洋环境其他用途的保护和规定收益分享等国际标准是托管概念的核心，亦是区分托管方法和沿海国专属管辖区的必要条件。此外，他们重申了12海里之外的沿海国专属经济管辖权对航行自由和其他海洋用途的威胁。④

①美国国务院编：《美国对外关系，1969—1972》第E-1卷，第400份文件，http://history.state.gov/historicaldocuments/frus1969-76ve01/d400，2007年10月11日。

②美国国务院编：《美国对外关系，1969—1972》第E-1卷，第404份文件，http://history.state.gov/historicaldocuments/frus1969-76ve01/d404，2007年10月11日。

③美国国务院编：《美国对外关系，1969—1972》第E-1卷，第405份文件，http://history.state.gov/historicaldocuments/frus1969-76ve01/d405，2007年10月11日。

④美国国务院编：《美国对外关系，1969—1972》第E-1卷，第412份文件，http://history.state.gov/historicaldocuments/frus1969-76ve01/d412，2007年10月11日。

1972年，美国表现出明显的让步意愿。在2—3月筹备会议召开之前，美国指示代表团阐述更改托管区建议的意图。如，以争议性较少且不会意味沿海国专属控制权的名字取代托管区；在重申上次会议立场的基础上，可指出托管区外部界限为200海里，亦可私下表明接受以深度或地质界限划定包括大陆边在内的托管区外部界限；沿海国拥有托管区海床和底土全部自然资源的控制权和管辖权，且这些权利不受国际资源开发标准的制约；避免不合理干涉海洋环境和托管区的其他用途、托管区的上覆水域及空域的法律地位不受影响等国际标准以及争端强制解决办法适用于托管区。① 据此，美国代表团阐明同意沿海国拥有中间区域（即国际托管区）的更大资源管理权，重申以不同准则划定中间区域外部界限的灵活性。然而，多数国家仍然赞同专属资源区，仅有美国和某些陆锁国等12个国家赞成中间区域。②

到了7—8月筹备会议，美国倒向经济区的迹象显著。这一次美国未提供具体行动指示，仅建议其代表团愈加强调资源目标的重要性和反对建立有悖于本国利益的资源区。③ 这表明资源目标获得了决策层的重视，亦意味着美国可以接受符合其利益的资源区。8月10日，代表团主席史蒂文森（John R. Stevenson）发表声明：不会同意未能满足美国资源和航行基本利益的任何类型的经济区；打算同意沿海国享有领海之外的邻接水域和海床区域的广阔经济管辖权；认可沿海国拥有其邻接海床区域的资源的完全资源管理管辖权，不过这种管辖权要接受国际条约的约束——防止不合理干涉其他海洋用途、保护海洋免受污染、保护投资完整、收益分享用于国际社会目的、争端强制解决办法。④ 史蒂文森的发言首次触及领海之外的邻接水域的经济管辖权，既是对1970年海底政策的一种突破，又是倾向经济区的表现。肯尼亚提交了关于专属经济区的第一个条款草案，规定沿海国有权在领海之外建立不超过200海里的经济区，并对该区的自然资源行使主权权利。⑤

---

①美国国务院编：《美国对外关系，1969—1972》第E-1卷，第423份文件，http://history.state.gov/historicaldocuments/frus1969-76ve01/d423，2007年10月11日。

②美国国务院编：《美国对外关系，1969—1972》第E-1卷，第431和427份文件，http://history.state.gov/historicaldocuments/frus1969-76ve01/d431，http://history.state.gov/historicaldocuments/frus1969-76ve01/d427，2007年10月11日。

③美国国务院编：《美国对外关系，1969—1972》第E-1卷，第433份文件，http://history.state.gov/historicaldocuments/frus1969-76ve01/d433，2007年10月11日。

④约翰·R. 史蒂文森：《美国呼吁迅速国际行动解决海洋法问题》（John R. Stevenson, "U. S. Calls for Prompt International Action To Settle Problems of Law of the Sea"），《国务院公报》（*Department of State Bulletin*）第67卷，1972年10月2日，第383—384页。

⑤美国国会：《第三次联合国海洋法会议：从1967帕尔多决议到UNCLOS Ⅲ第6期会议》（U. S. Congress, *The Third U. N. Law of the Sea Conference: from the* 1967 *Pardo Resolution through the* 6th *Session of the Third UNCLOS*），美国政府印刷局1978年版，第25页。

1973年，美国做出了支持专属经济区概念的进一步行动。在春季筹备会议上，美国代表团未收到新谈判指示，无须采取新行动，只须重申并致力使已有立场取得更多支持。哥伦比亚、墨西哥和委内瑞拉联合提交了以《圣多明各宣言》为基础的条约条款草案，规定可在12海里之外创立类似专属经济区的200海里区域（即承袭海），区域内的航行和飞越自由得到保护。[①] 在夏季筹备会议上，美国指示代表团重申去年夏季会议的立场，继续与大多数沿海国尤其是赞同200海里资源区而非200海里主权的温和沿海发展中国家进行谈判。[②] 7月18日，美国代表团提交了关于各国在沿海海床经济区（The Coastal Seabed Economic Area）的权利和义务的条款草案，规定沿海国在该区享有勘探和开发海床资源等专属权利；沿海国必须遵循国际规定和公认的标准；航行和飞越自由权利等不受影响。美国提议综合考虑三种情况划定海床经济区外部界限，即《大陆架公约》已说明的200米深度这个数字、认同200海里的主流观点，以及不少代表团倾向外部界限延伸至200海里以外，包括大陆边在内。[③] 草案得到了各国的良好评价，可是国际标准问题难以取得其他代表团的关注，投资保护与争端强制解决办法又遭到一些非洲国家的批评。200海里专属经济区已经赢得了广泛的拥护，印度和肯尼亚等国甚至声明谈判始点必须是专属经济区概念，只有这个概念得到接受才进行经济区功能方面的细节谈判。不过，有国家坚决反对专属经济区概念，譬如苏联及其卫星国家既不赞成200海里专属经济区，又不同意海床界限为200海里。[④]

至此，第三次联合国海洋法会议筹备会议结束。美国实际上已经放弃了托管区提议，尽管其尚未使用专属经济区措辞，但是其倾向专属经济区概念的意图一目了然。美国反对专属经济区概念的实质是反对扩大海洋管辖权，这是基于保护航行自由，进而保护军队机动性、商船航行自由，避免管辖权冲突等方面国家利益的考虑。美国即使日渐趋向认同专属经济区概念，依然坚持专属经济区航行和飞越自由。

三、美国对专属经济区概念的接受

1973年12月，第三次联合国海洋法会议第一期会议在纽约举行。1974年

①美国国务院编：《美国对外关系，1973—1976》（*Foreign Relations of the United States*, 1973 - 1976）第E-3卷，第2份文件，http://history.state.gov/historicaldocuments/frus1969-76ve03/d2，2010年9月2日。

②美国国务院编：《美国对外关系，1973—1976》第E-3卷，第4份文件，http://history.state.gov/historicaldocuments/frus1969-76ve03/d4，2010年9月2日。

③美国国务院编：《美国对外关系，1973—1976》第E-3卷，第6份文件，http://history.state.gov/historicaldocuments/frus1969-76ve03/d6，2010年9月2日；芬恩·劳尔森：《美国海洋政策的制定（1970—1978）》，第182页。

④美国国务院编：《美国对外关系，1973—1976》第E-3卷，第6份文件。

6—8 月，第三次联合国海洋法会议第二期会议在加拉加斯召开，开始讨论实质性海洋法问题。在本期会议上，美国有条件地正式同意专属经济区概念，此后专属经济区谈判大体上符合其期望，专属经济区法律地位问题亦以妥协方式解决。

在 1974 年会议前，美国明确了同意沿海国享有 200 海里经济区所有资源的管辖权的条件。其一，沿海国对 200 海里以外大陆边的海床资源的管辖权、沿海国对沿海与溯河渔业的管辖权、经由国际或地区组织特殊处置高度洄游鱼种、监管沿海国管辖权运用的标准和限制、争端强制解决办法等重大问题得到圆满解决；其二，达成满意的整体解决方案。[①] 7 月 11 日，史蒂文森阐述美国对 200 海里经济区的立场：第一，只要可以接受的全面方案包含尽如人意的经济区内外制度，规定不受阻止地通过用于国际航行的海峡，就接受关于 12 海里领海和 200 海里经济区的普遍协定；第二，接受 200 海里经济区的意愿取决于同时进行的谈判和相关沿海国义务得到认同。[②] 经济区内外制度就是针对上述重大问题和其他未及问题达成一致。8 月 8 日，美国代表团提交了关于经济区和大陆架的条款草案。经济区部分涵盖了沿海国管辖权、国际标准和义务两大类，内容与此前阐明的美国立场基本一致，经济区的航行和飞越自由权利不受影响照旧得到重申。[③]

随着 1974 年会议的召开，专属经济区谈判不断取得进展，美国的谈判目标基本实现。会上，超过一百个国家支持 200 海里专属经济区，专属经济区航行和飞越自由等内容获得了普遍同意，而专属经济区法律地位等问题尚需继续谈判。到了 1975 年会议，200 海里专属经济区取得了普遍认可，几乎囊括所有专属经济区问题的《埃文森文本》产生。[④] 1976 年后，除了法律地位问题，专属经济区重大问题的谈判基本完成，相关谈判逐渐减少，专属经济区条款得到不断的完善。

美国放弃托管区提议、同意专属经济区概念的缘由至少有以下几方面。

第一，国际社会的压力起了拉力作用。托管区提议遭遇滞销，既未能吸引欲加强 200 海里观点的拉美国家，又未能满足没有海上或海军利益的沿海国控制海洋空间作为未来收入来源的欲望。美国 1971 年渔业条款仅承认沿海国享有 12 海里领海或渔区之外的有限渔业优惠权，未能赢得追求广阔渔业管辖权的沿海国的

---

①美国国务院编：《美国对外关系，1973—1976》第 E－3 卷，第 12 份文件，http://history.state.gov/historicaldocuments/frus1969－76ve03/d12，2010 年 9 月 2 日。

②约翰·R. 史蒂文森：《美国明确在海洋法会议关于 200 海里经济区的立场》（John R. Stevenson, "U. S. Defines Position on 200－Mile Economic Zone at Conference on the Law of the Sea"），《国务院公报》（*Department of State Bulletin*）第 71 卷，1974 年 8 月 5 日，第 233－234 页。

③《第三次联合国海洋法会议，1973—1982》（*Third United Nations Conference on the Law of the Sea, 1973—1982*）第Ⅲ卷，A/CONF. 62/C. 2/L. 47，http://legal.un.org/diplomaticconferences/lawofthesea－1982/docs/vol_Ⅲ/a_conf－62_c－2_l－47.pdf，2011 年 6 月 8 日。

④美国国务院编：《美国对外关系，1973—1976》第 E－3 卷，第 16 份和 19 份文件，http://history.state.gov/historicaldocuments/frus1969－76ve03/d16，http://history.state.gov/historicaldocuments/frus1969－76ve03/d19，2010 年 9 月 2 日。

欢心。这些情况均为专属经济区概念赢取广泛支持提供了有利条件。沿海国扩大海洋管辖权的诉求和脚步愈益增强和加快，承袭海与经济区概念的产生助长了其前进动力。赞成经济区概念的国家的数量呈上升态势，经济区制度写入海洋法条约的趋势愈发明显，而反对经济区概念的海洋大国日益陷入孤立状态。

第二，国内社会的压力起了推力作用。（1）国内要求扩大大陆架管辖权。1970年海底政策意味着放弃200米深度以外的大陆架管辖权，亦意味着石油业和内政部之前的努力徒劳无功。为此，内政部试图说服尼克松总统重新研究国家安全决定备忘录第62号文件。尽管内政部的努力未成功，但是海底公约草案的性质被认定为仅供讨论的工作文件，且草案及其附件引发的需要详细研究的问题并不必然代表美国政府的最后观点。① 随后，借力经济区风行之势，石油业和内政部不时向政府施压，而1973年石油危机又促使政府考虑能源问题，最终做出了政策调整。（2）国内要求扩大渔业管辖权。作为一个渔业大国，美国渔业利益包含沿海、远洋和国际三种，而沿海渔业利益最大，可是美国渔业条款并未满足沿海渔业利益集团扩大渔业管辖权的愿望。于是，沿海渔业利益集团游说国会发起200海里渔区立法活动，迫使政府不但在海洋法谈判中接受200海里专属经济区，而且批准了1976年《渔业养护和管理法》（*The Fishery Conservation and Management Act*）。

第三，出于实现国家安全目标的考虑。在美国看来，在海洋法谈判中，只有基于实现海洋法谈判目标尤其是国家安全目标的情况下，才能改变已有立场。重大谈判让步应该留给实现航行自由和自由通过与飞越国际海峡这一整体国家安全目标。② 美国接受专属经济区概念的条件印证了这一点。

第四，基于缔结海洋法协定的考量。美国参加海洋法谈判的终极目标是达成符合且能够保护其海洋利益的海洋法条约。在竭力保障国家安全目标的情况下，做出适当妥协或让步，促使海洋法谈判朝着最终目标前进，不失为明智之举。

美国以国际海峡通行问题的满意解决作为接受专属经济区概念的条件之一引人深思。首先，这既反映了美国对实现国家安全目标的高度重视，又反映了其自由通过和飞越国际海峡立场遇冷。自由通过和飞越国际海峡是美国接受12海里领海的先决条件，皆因国际海峡航行自由牵涉其国家安全、战略、经济和政治等方面的利益。这一立场遭到了许多国家尤其是国际海峡沿岸国家的激烈反对，而美国又坚持其不可谈判，致使国际海峡谈判一度陷入僵局。其次，以接受沿海发展中国家普遍渴望的经济区换取其对国际海峡航行自由的支持，表明美国采取了

①美国国务院编：《美国对外关系，1969—1972》第E－1卷，第378和379份文件，http://history.state.gov/historicaldocuments/frus1969－76ve01/d378，http://history.state.gov/historicaldocuments/frus1969－76ve01/d379，2007年10月11日。

②美国国务院编：《美国对外关系，1969—1972》第E－1卷，第423份文件。

以资源交换航行自由的交易策略。最后，这是美国利用某些沿海国立场的表现，亦是其深度考虑谈判策略的结果。巴西等主张200海里领海或资源区的国家想以12海里领海之外的航行自由为条件换取美国等海洋大国在资源问题上的让步。①美国早就了解到这种情况，只是没有急于采取行动，而是等待有利时机，以期掌握谈判大局。结果，1974年国际海峡谈判出现了重大突破，第一次产生“赞成不受阻止地通过国际海峡（美国的立场）的国家多于赞成无害通过的国家”的局面。②

由上文不难发现，美国始终重视专属经济区的航行自由保护问题，强调该区适用有关航行自由的国际规则，只接受满足其航行基本利益的经济区。可以说，专属经济区航行和飞越自由是美国接受专属经济区概念的条件之一，这主要是因为其关系美国军队的机动性。“保证我们军队的充分战术和战略机动性以确保我们威慑……的可靠性”是美国海洋政策目标之一。③ 到1974年为止，所有已经提交的专属经济区提案均包含了经济区航行和飞越自由不会被侵犯的保证。④ 只是，各国对专属经济区航行和飞越自由的认识有差别：有的没有明确这种自由是否为公海自由；有的明确这种自由受制于沿海国权利的行使等规定；有的明确反对这种自由受制于沿海国权利的行使等规定；有的明确这种自由不是公海自由；有的把这种自由理解为公海自由。⑤

美国是第五种立场的代表，这可以从多方面加以论证。一，美国一贯的航行自由立场表明其不可能接受原本属于公海的200海里专属经济区的公海航行自由权利被限制或取消。长期以来，美国主张并只承认3海里领海，享有领海以外的公海航行自由。后来，迫于形势发展接受12海里领海，不过坚持以自由通过和飞越国际海峡为条件。12海里领海的面积远远小于200海里专属经济区的面积，美国没有完全放弃3～12海里领海的公海航行自由，遑论12～200海里专属经济区的公海航行自由。二，美国不会接受未能充分保护领海以外的海域的航行和其他公海自由的海洋法条约，因为这是其海洋政策的根本目标之一。⑥ 三，在专属经济区法律地位谈判中，美国一再坚持专属经济区公海地位，蕴含了其保护专属经济区公海航行和飞越自由的用心。四，当年机构间海洋法专责小组主席穆尔

①美国国务院编：《美国对外关系，1969—1972》第E-1卷，第400份文件。

②美国国务院编：《美国对外关系，1973—1976》第E-3卷，第16份文件。

③美国国务院编：《美国对外关系，1969—1972》第E-1卷，第400份文件。

④这是黎巴嫩代表发言指出的一个事实。《第三次联合国海洋法会议，1973—1982》第Ⅱ卷，A/CONF. 62/C. 2/SR. 28，第222页，http://legal. un. org/diplomaticconferences/lawofthesea-1982/docs/vol_Ⅱ/a_conf-62_c-2_sr-28. pdf，2011年6月8日。

⑤《第三次联合国海洋法会议，1973—1982》第Ⅱ卷，A/CONF. 62/C. 2/SR. 23-29。http://legal. un. org/diplomaticconferences/lawofthesea-1982/Vol2. html，2011年6月8日。

⑥美国国务院编：《美国对外关系，1973—1976》第E-3卷，第12份文件。

(John Norton Moore) 认为专属经济区航行和飞越自由与公海航行和飞越自由无异。[①] 作为当时的决策者之一，穆尔的观点无疑反映了美国政府对专属经济区航行和飞越自由的认识。

凡此种种，无不表明美国主张的经济区航行和飞越自由就是公海航行和飞越自由。那么《公约》又是如何规定呢?《公约》第五十八条规定，在专属经济区内，所有国家“享有第八十七条所指的航行和飞越的自由”；各国在专属经济区内行使其权利时，“应适当顾及沿海国的权利和义务，并应遵守沿海国按照本公约的规定和其他国际法规则所制定的与本部分不相抵触的法律和规章”。《公约》第八十七条所指的航行和飞越的自由是公海航行和飞越自由，各国行使公海自由须适当顾及其他国家行使公海自由的利益。[②] 可见，《公约》在专属经济区保留了与资源无关的公海自由。《公约》对专属经济区和公海的航行与飞越自由的行使都附加了限制性规定，而从字面上看，关于前者的限制性规定多于后者。从绝对自由度上看，可以说专属经济区的航行和飞越自由略小于公海航行和飞越自由。不过，只要各国遵守《公约》及相关法律和规章，其在专属经济区的航行和飞越自由与公海航行和飞越自由一样。

对美国而言，专属经济区法律地位的重要性不亚于专属经济区航行和飞越自由，皆因前者某种程度上决定了后者是否为公海自由，这是其执着追求确定专属经济区公海法律地位的原因所在。1975 年的非正式单一谈判案文 (The Informal Single Negotiating Text) 第七十三条把专属经济区排除于公海之外，这一做法遭到了美国等海洋大国的反对。它们认为，专属经济区传统上作为公海的地位应该得到维持，并为删除这种规定做出了不懈的努力。在 1976 年第四期会议上，三分之一与会国家参与了专属经济区公海法律地位问题的讨论，争议核心是是否应该删除第七十三条。亲自率团参加会议的美国国务卿基辛格发表演讲指出，“航行自由和国际社会其他自由必须保留；从这个意义上讲，经济区仍是公海的一部分”。[③] 基辛格的发言可以解读为美国理解的专属经济区航行自由是公海自由，只有保持专属经济区公海法律地位才能使其“名正言顺”。由于意见分歧很大，《修订的单一谈判案文》(The Revised Single Negotiating Text) 并未修改公海定义，第二委员会主席亦在其介绍性说明中写明：“经济区既不是公海也不是领海，而

①约翰·诺顿·穆尔现在是美国弗吉尼亚大学法学院海洋法律与政策中心的教授，他曾在“海洋法律和政策”课堂上阐述上述观点。

②《联合国海洋法公约》第 58 和 87 条。

③亨利·A. 基辛格：《海洋法：国际合作的试金石》(Henry A. Kissinger, “The Law of the Sea: A Test of International Cooperation”)，《国务院公报》(*Department of State Bulletin*) 第 74 卷，1976 年 4 月 26 日，第 536 页。

是特殊区域”。[①] 同年第五期会议，美国仍然指示其代表团致力修改公海定义，明确表示《修订的单一谈判案文》关于专属经济区法律地位的条文是不可接受的，不会同意规定专属经济区不是公海的任何案文，不过承认从沿海国权利行使这个意义上讲，专属经济区不是公海。针对这个问题，基辛格会见了几个主要代表团，强调专属经济区法律地位问题对美国的重要性，鼓励温和代表团致力达成可接受的妥协方案。然而，领土主义小组的一些激进者坚持认为专属经济区是国家管辖区，其他国家仅拥有该区的航行、飞越和通信等附属权利，这使谈判难以取得突破。[②] 1977 年的非正式综合谈判案文（The Informal Composite Negotiating Text）未修改公海定义，不过调和了专属经济区是特定区域和专属经济区是公海这两种观点。例如，第八十六条仍然规定公海不包括专属经济区，可是增加了“本条规定并不使各国按照第五十八条规定在专属经济区内所享有的自由受到任何减损”的内容。[③] 此后专属经济区法律地位谈判再未取得更大突破，而这一内容最后成为《公约》条文。换言之，纵然专属经济区不是公海，所有国家在该区享有的公海航行和飞越自由并不会因此受到减损，这就基本上满足了美国等海洋大国的要求。

1983 年 3 月 10 日，里根总统决定：美国将建立 200 海里专属经济区，并将对该区内的生物和非生物资源行使主权权利；所有国家将继续享有该区与资源无关的公海权利和自由，包括航行和飞越自由。[④]

美国专属经济区政策的演变反映了其海洋政策优先考虑事项的变化，而这种变化的背后又体现了国内外因素的影响。美国内部关于大陆架和海底的争论实际上是一场关于沿海和海上利益的争论，这场争论以明显优先考虑军事战略利益的 1970 年海底政策的出台暂告一段落。不过，这并不意味着沿海和海上利益之争就此结束，相反激起了相关部门和沿海利益集团采取行动迫使政府考虑政策调整。1972 年，美国表现出支持专属经济区概念的意愿，这种意愿的不断强化直至成为现实，表明其海洋政策逐步从优先考虑军事战略利益转向同时注重和支持沿海与经济利益。在这个过程里，石油业、沿海渔业等沿海利益集团以及内政部等部门的游说和行动，国际社会对专属经济区概念的广泛支持均对美国海洋政策的调整产生了不同程度的影响。同意专属经济区概念是美国海洋政策支持国内沿

---

①美国国务院编：《美国对外关系，1973—1976》第 E－3 卷，第 49 份文件。http://history.state.gov/historicaldocuments/frus1969－76ve03/d49，2010 年 9 月 2 日。

②美国国务院编：《美国对外关系，1973—1976》第 E－3 卷，第 49 份文件。

③《第三次联合国海洋法会议，1973—1982》第 VIII 卷，A/CONF. 62/WP. 10，第 17 页，http://legal.un.org/diplomaticconferences/lawofthesea－1982/docs/vol_ VIII/a_ conf－62_ wp－10. pdf，2011 年 6 月 8 日。

④《美国海洋政策、海洋法和专属经济区》（“United States Ocean Policy，Law of the Sea and Exclusive Economic Zone”），1983 年 3 月 10 日，数字化国家安全档案（*Digital National Security Archive*），文件号：PD01706，2008 年 9 月 22 日。

海利益的最重要表现之一，其中体现出来的优先考虑事项的变化只是表现之一。这种变化的终点是里根政府以不满深海底采矿条款为由拒绝签署《公约》，而这一结果彻底打破了美国传统上对各种问题的等级划分。

美国专属经济区政策反映了其谋求海洋制度建立的领导权与话语权的野心与努力。对于作为当时首屈一指的海洋大国和强国的美国来说，“使劣质海洋制度制度化的条约可能比当前的单边主义趋势更糟糕”，因此有必要领导世界确立良好的海洋制度。毋庸置疑，良好的海洋制度必须符合且维护美国海洋利益尤其是其十分看重的海洋利益。具体而言，美国可接受的海洋法条约必须保护不受阻止地通过和飞越国际海峡，充分保护领海以外海域的航行和其他公海自由，保护本国的基本资源利益等。① 显然，美国接受专属经济区概念的条件体现了其对可接受的海洋法条约的要求，这些条件的谈判过程就是其谋求领导各国建立符合自身利益的海洋制度的过程。专属经济区法律地位谈判是最佳例子。为了使专属经济区公海地位制度化，美国做出了不屈不挠的谈判努力，直至会议达成一个可接受的妥协方案。当然，除了这些条件之外，在细节谈判中，美国同样竭力使每一项条款符合或接近自身利益。美国谋求海洋制度建立的领导权与话语权的深层目的是掌握全球海洋事务的领导权与话语权，从而为其国家长远战略利益服务。

从得失角度看，美国放弃托管区提议，转向赞成专属经济区概念，并未产生根本的利益损失，相反却获益良多。首先，有条件地接受专属经济区概念有力地保证了专属经济区制度符合美国利益的程度，而谈判结果的确满足了其要求，消除了其对于扩大海洋管辖权的忧虑。其次，美国同意专属经济区概念同时满足了国内相关沿海利益集团与部门和沿海发展中国家等国家的需求，调和了国内的沿海利益和海上军事战略利益，安抚了牵涉其中的利益集团和部门，顺应了国际社会发展潮流，甚至使其自由通过和飞越国际海峡目标得以实现，收到一箭多雕的效果。最后，美国率先设立 200 海里专属经济区，早早享受了专属经济区的好处，而漫长的东西海岸线使其专属经济区面积位居世界前列，比一般沿海国获益更多。

专属经济区谈判体现了沿海发展中国家和发达海洋大国之间的博弈。一般来讲，沿海发展中国家注重如何获得更多的海洋资源，无须或甚少考虑海军或战略等利益，因而大多主张或支持扩大海洋管辖权，专属经济区概念正好满足了其需求。发达海洋大国既有海军或战略等利益，又有海洋资源利益，大多时候它们优先考虑前者，然后才尽量兼顾后者，不过在国内外双重压力之下，关涉上述两种利益的专属经济区概念使发达国家陷入两难的境地。从表面上看，沿海发展中国家似乎比发达海洋大国拥有更大的谈判优势，可是即使专属经济区概念获得了很

---

①美国国务院编：《美国对外关系，1973—1976》第 E－3 卷，第 12 份文件。

多国家的支持，如若缺乏发达海洋大国的认可，这种制度获得顺利通过的前景并不乐观。发达海洋大国深明谈判形势的不可逆转，沿海发展中国家深知发达海洋大国的分量，只有相互妥协，相互让步，才有可能实现共赢。因此，双方竭力谈判沿海国在专属经济区的权利与义务和其他国家在专属经济区的非资源权利等焦点问题，最终达成平衡双方利益的专属经济区制度。这种博弈的过程，既体现了大国实力的作用，又体现了小国众志成城的力量，而国际社会的相互依赖作用更是表露无遗。

在美国看来，《公约》的航行、飞越以及大多数其他条款均可接受且与美国利益一致。① 换言之，《公约》明确专属经济区航行和飞越自由为公海航行和飞越自由，且此种自由不会因为专属经济区非公海地位受到减损的规定而符合美国的立场。显而易见，美国并不觉得此种自由会因为《公约》关于行使专属经济区与公海的航行和飞越自由的限制性规定不完全一致而受到减损。因此，在实践中，美国坚持认为专属经济区航行和飞越自由与公海航行和飞越自由相同。《公约》产生后，美国政府继续执行《航行与飞越权利计划》，以军事和外交手段维护和保护专属经济区航行和飞越自由，甚至过度解释和应用专属经济区航行和飞越自由。这是美国与其他国家在专属经济区航行和飞越自由问题上产生纠纷或冲突的根源之一，亦表明其欲在国际法实践中重塑强权政治的作用。

对于与资源无关的公海自由适用于专属经济区，我们应该有清醒的认识。首先，虽然这是对公海自由的维护和保护，但是这主要反映了当时的海洋大国的观点，更大程度上符合且有利于维护其海洋利益。不过，时至今日，随着发展中国家的发展和强大，尤其是中国等国家致力建设海洋强国，可能有更多国家受益于这一制度，各国对专属经济区航行和飞越自由的认识和立场亦可能会发生变化。关于这一点有待继续研究。其次，各国只有遵守有关规定，才能充分享有专属经济区内与资源无关的公海自由。只是，实践中难以界定各国是否充分遵循了相关规定、沿海国是否过度行使了权利等问题，这是《公约》留下的空白，亦是当下专属经济区管辖权纠纷和冲突的法律根源。最后，这是妥协的结果，具有妥协的局限性。专属经济区概念旨在调和沿海国的资源利益与所有国家的航行和其他海洋用途利益，结果专属经济区制度成为矛盾结合体——既要保证航行等自由不受侵犯，又要规定沿海国以主权方式管理经济区，航行等自由受制于其立法和管理权力，致使专属经济区成为海洋管辖权纠纷和冲突的重灾区。

（原文发表于《世界历史》2016 年第 2 期）

---

①《美国关于海洋法的政策》（“United States Law of the Sea Policy”），1982 年 7 月 9 日，数字化国家安全档案，文件号：PD01646，2008 年 9 月 22 日。

“贫民窟”里的“美国女圣人”

——简·亚当斯的行动和历史贡献

吴少杰[①]

简·亚当斯（Jane Addams，1860—1935）是美国历史上著名的改革家、社会活动家、女权主义者、和平主义者。她毕生致力于社会改革与和平事业，是美国社会定居运动（Social Settlement Movement）最重要的先驱，第一次世界大战爆发后，其工作重心转移到和平事业，成为美国和平运动的重要领导人之一。[②]

在美国，人们对简·亚当斯展开了广泛且深入的研究，有关她的专著，仅传记就占了近半壁江山，而从思想、教育等方面对她进行研究的著作也不少。[③] 此外，一些关于“赫尔之家”（Hull-House）[④] 的著述，亦涉及对她的研究。[⑤] 总的来看，尽管这些著作在体例、视角和重点等方面存在差异，但是它们基本上都对亚当斯生平的两大实践活动——创建“赫尔之家”和参与和平运动，给予不同程度的考察和探究。对于亚当斯以“赫尔之家”为中心开展的各种行动，人们普遍

---

①吴少杰，广东第二师范学院政法系，讲师，东北师范大学博士，华南师范大学博士后，美国弗吉尼亚大学中美赖布莱特联合培养博士；主要从事美国史、现代国际关系史研究。

②社会定居运动兴起于19世纪末，是一场试图通过定居贫民窟，与穷人同住，以解决贫困问题的社会改革运动，属于社会正义运动的组成部分。“定居贫民窟”这一做法最早源起于英国，后来在美国得到推广，其主要领导者和参加者多为年轻有为的知识女性。该运动的兴起与发展，在一定程度上提高了贫民窟人们的精神和物质生活水平，促进了美国社会的稳定发展，在社会上产生了不小影响。

③传记包括：James Weber Linn, *Jane Addams: A Biography*. Urbana: University of Illinois Press, 2000; Allen F. Davis, *American Heroine: The Life and Legend of Jane Addams*. Chicago, IL: Ivan Dee, 2002; Robin K. Berson, *Jane Addams: A Biography*. Westport, Conn.: Greenwood Press, 2004; Jean Bethke Elshtain, *Jane Addams and the Dream of American Democracy: A Life*. New York: Basic Books, 2002; Jane Hovde, *Jane Addams*. New York: Facts on File, 1989. 其他著述还包括：Christopher Lasch, *The Social Thought of Jane Addams*. New York, N. Y.: Irvington, 1982; Mary Jo Deegan, *Jane Addams and the Men of the Chicago School*, 1892—1918. New Brunswick（U. S. A）: Transaction Books, 1988; Victoria Bissell Brown, *The Education of Jean Addams*. Philadelphia: University of Pennsylvania Press, 2004; Daniel Levine, *Jane Addams and the Liberal Tradition*. Madison: State Historical Society of Wisconsin, 1971.

④关于“Hull-House”的翻译，本文采用大美百科全书“赫尔之家”的译法，也有学者译为“赫尔会所”，李剑鸣在其书《大转折的年代——美国进步主义运动研究》即是如此翻译。

⑤如：Eleanor J. Stebner, *The Women of Hull House: A Study in Spirituality, Vocation, and Friendship*. Albany, NY: State University of New York Press, 1997; Shannon Jackson, *Lines of Activity: Performance, Historiography, Hull-House Domesticity*. Ann Arbor: University of Michigan Press, 2000.

持肯定态度，至于亚当斯的思想，尽管基于不同的视角和认识，人们有着不同的理解，但是都对其心怀民众、改造社会的积极情怀予以肯定和赞扬。对于亚当斯后半生所从事的和平事业，尤其是对其和平思想的分析，则存在较多的歧见，因而也影响了人们对她的评价。

相较于美国，国内对亚当斯的研究则少得多。目前尚无关于亚当斯的专著和论文，有关她的介绍仅散见于某些著作和论文，且都流于简单的提及，并没有对这个重要的历史人物展开深入研究。①

本文拟在前人研究的基础上，着重考察和分析简·亚当斯定居贫民窟，创建“赫尔之家”后，所开展的某些行动及其社会影响，并揭示亚当斯的历史贡献，暂且不论及其和平活动。

一、定居贫民窟和创建“赫尔之家”

19世纪末的美国，镀金时代流弊暴露无遗，各路英雄豪杰纷纷直陈时弊，揭露镀金时代繁荣背后所隐藏的“黑幕”，逐渐揭开进步主义改革运动的序幕，美国社会即将进入一个改革的新时代。此时的美国，工业实力迅速增强，城市不断兴起，社会急剧发展；与此同时，穷人的队伍也迅猛壮大，贫民窟亦不断增加，贫富分化愈演愈烈，劳资对抗日趋严重，市政腐败现象泛滥。此时的美国社会已俨然一体，各阶级各层次人们的命运息息相关，再也无法像从前那般忽视“另一半人”的生活了，因为他们将会为此付出更加高昂的代价，最后谁也无法过上幸福、安宁的生活。社会有识之士逐渐认识到贫困问题的严重性，主张扩展人对人的同情心，关心那些饱受贫困之苦的穷苦百姓，改善他们的处境，以维护社会的整体利益。

其时，有人已开始探讨解决贫困问题的办法与道路，如受英国“汤因比厅”（Toynbee Hall）的启发，斯坦顿·伯林在纽约创立了“近邻协会”，史密斯学院的几个毕业生也在纽约成立“大学定居协会”，她们都试图通过定居贫民窟，解

①李剑鸣所著的《大转折的年代——美国进步主义运动研究》，天津教育出版社，1992年版；张友伦、肖军、张聪三人合著的《美国社会的悖论——民主、平等与性别、种族歧视》，中国社会科学出版社，1999年版；以及王金虎“论美国城市的定居救助之家运动”，《河南大学学报》（社会科学版）2000年第3期；张聪的“十九世纪末二十世纪初美国中产阶级妇女走向社会的动因和问题”，《美国研究》1993年第3期；李月娥的“新女性与美国社区改良运动的兴起”，《中华女子学院学报》2005年6月第17卷第3期；张淑华的《简·亚当斯“拯救儿童”的思想与实践初探》，《社科纵横》2014年第12期；上述文章都分别对简·亚当斯的有关事迹作了不同程度的介绍和论述。

决贫困问题。[1] 然而，在美国掀起“社会定居”大潮，推动社会和人民关注贫困问题的当属时代弄潮儿——简·亚当斯。

简·亚当斯作出定居贫民窟的决定并非是一时冲动，而是有着深刻的根源，并经过充分的衡量与考虑。在定居贫民窟之前，亚当斯就已对贫困现象有了一定的感受和认识。孩提时代，出身富裕之家的亚当斯就目睹了穷苦悲惨的一幕，她不明白人们为什么住在破败不堪的小屋子里。经其父解释后，她即决心“当我长大后，我应该而且毫无疑问拥有一幢大房子，但房子不是建在其他大房子中间，而是应该刚好在那些破败的小屋子中间”。[2]这种想法一直长存亚当斯脑海中，后来她之所以在贫民窟创办“赫尔之家”，某种程度上即源于儿时的经历与感受。到了大学时代，亚当斯已开始思考城市贫困问题的解决，并对自己的人生方向有了新的认识。她认为，一旦面对城市贫困问题，她会打破传教使团的局限性，多提供实质性的帮助，如面包等，而不仅是精神安慰和文化提升。[3] 毕业之际，亚当斯已决定“我应该学医，并且‘与穷人同住’”，这样就可以为穷人治病，从而为穷人提供更加实际的帮助。[4] 这可以说是亚当斯定居贫民窟想法的最早缘由了。

大学毕业后，简·亚当斯一直在寻觅服务社会之路，发挥自身才能，做一个对社会有用的人。然而，尽管亚当斯已产生了“与穷人同住”的想法，但这只是一种美好愿望的萌芽而已，她没有关于如何解决贫困问题的任何想法，更别说是详细的行动计划了。从思想萌动到展开实际行动，亚当斯曾陷入了长达8年之久的困惑期（1881—1889）。其间，亚当斯不断遭遇家庭变故，饱受病痛折磨，这令她身心疲惫，萎靡不振，甚至放弃多年的学医梦想，逐渐迷失自我，失去了前进的信心。不过，亚当斯一直都没有停止寻求出路的步伐，其心中炽热的梦想，时刻都在激励她前进。

为了恢复健康和心情，走出困惑，重拾生活信心，亚当斯曾两度游历欧洲。

---

①1884年，牛津大学几个毕业生创办了“汤因比厅”，旨在纪念一个名叫汤因比的牛津大学教师。汤因比对社会贫富分化问题极为关注，经常向社会呼吁帮助穷人，号召受过教育的人们去教导他们。他认为只有住到穷人中去，尽可能与他们过同一水平的生活，才可能对他们有所认识，才会同情他们的遭遇。正是在汤因比的感召下，这些大学生才舍弃优越的生活，住到穷人中去，给他们带去欢乐、艺术与文化等。他们试图以此直面工业化下伦敦穷人的各种悲惨遭遇，同时给自己一个精神成长的机会。

②Jane Addams, *Twenty Years at Hull-House: With Autobiographical Notes*. (New York: New American Library, 1981), p. 21.

③Daniel Levine, *Jane Addams and the Liberal Tradition*. (Madison: State Historical Society of Wisconsin, 1971), p. 23.

④Addams, *Twenty Years at Hull-House*, p. 57.

第一次旅欧期间，她目睹了伦敦东角贫苦大众生活困苦的一幕，[①] 尽管这只是一次"对悲惨的表面调查，但它足以让人十分悲伤、困惑不已"。[②]之后，亚当斯每参观一地都会察看贫民区人民的生活状况，她想知道人类"另一半"到底是怎样生活的。后来，她在自传中写道，"在我返回美国之前，我发现有比为穷人行医更为真实的原因而住到穷人当中去，从此我再也没有改变志向了"。[③] 这表明伦敦经历使亚当斯找到了"与穷人同住"的深层缘由——了解贫民生活，并坚定了此种想法。旅途中，亚当斯时刻都思考"她应该扮演什么样角色"的问题，[④] 然而"对于城市贫困的一瞥只是徒增痛苦"，她还是找不到方向。[⑤] 她在旅途中写给好朋友埃伦·G. 斯塔尔（Ellen Gates Starr）[⑥] 的信这样描述她当时的状态："我经常对自己失去信心，我什么都没得到，什么也没提高……我已经无所事事地虚度了两年，因为我没有足够的活力成为别的东西。"[⑦]

第二次欧洲之行促使亚当斯彻底告别困惑，并最终行动起来。在西班牙观看斗牛表演，令她陷入深深的煎熬与自责，这一方面是源于恶心的经历，另一方面则是这种经历所暴露出来的整个道德状况。[⑧] 经过一番自我的思想交战后，亚当斯决定第二天"不管发生什么事，我都会开始执行计划"。[⑨] 于是，她着手与埃伦商量实现其小时候关于"在众破败的小屋子中间盖一所大房子"的想法。而参观伦敦"汤因比厅"，则为她创办"赫尔之家"提供了思路和范例。随后，亚当斯决定，不管穷人的生活多么地复杂，多么地令人沮丧，她都会亲身去了解、感受，以便在日常生活中获得某种慰藉。[⑩]

1889 年 9 月，简·亚当斯和埃伦·G. 斯塔尔践行"与穷人同住"的想法，到芝加哥第 19 区贫民窟定居，她们所居住的地方即是后来闻名全国的"赫尔之

---

①伦敦东角逢周六晚都会拍卖各种廉价蔬果，按当地规定这些蔬果不得在周日出售，但又无法待到周一销售，许多衣衫褴褛的贫民百姓便聚集于此竞买廉价蔬果，结果便出现"成千上万双手空荡荡地在半空中摇晃"的场面。

②Jane Addams to Weber.（时间及出处均不详，因为原书没有注释）转引自 Jane Hovde, *Jane Addams*.（New York: Facts on File, 1989）, p. 35.

③Addams, *Twenty Years at Hull-House*, pp. 60–61.

④Jean Bethke Elshtain, *Jane Addams and the Dream of American Democracy: A Life*.（New York: Basic Books, 2002）, p. 68.

⑤Hovde, *Jane Addams*, p. 35.

⑥埃伦·G. 斯塔尔是简·亚当斯的大学同学，两人是好朋友。在第二次欧洲之行里，埃伦陪伴亚当斯左右，后来两人一起创建了"赫尔之家"。不过，后来由于宗教等方面因素，埃伦与亚当斯日渐疏远，并最终离开了"赫尔之家"。

⑦Ellen Gates Starr Papers. 转引自 Robin K. Berson, *Jane Addams: A Biography*.（Westport, Conn.: Greenwood Press, 2004）, p. 16.

⑧Addams, *Twenty Years at Hull-House*, p. 73.

⑨Addams, *Twenty Years at Hull-House*, p. 73.

⑩Addams, *Twenty Years at Hull-House*, p. 74.

家”，由此揭开了社会定居运动的序幕。19 世纪末的芝加哥，是美国第二大工业中心与主要铁路中心，人口过百万，其中 80% 是外来移民，[①] 经济和社会分裂严重，有“城市中的城市”之称。[②] 19 区则堪称芝加哥最具代表性的“问题之区”，这里方圆不到半英里，聚居着成千上万的移民，穷困、拥挤、肮脏；教育资源匮乏；房屋质量差，安全隐患多；血汗工厂林立，童工现象严重；治安混乱，社会问题层出不穷。

起初，“赫尔之家”创办了幼儿园和日托所，让附近小孩“食、住、玩”在“赫尔之家”，为他们的健康成长提供一个安全、快乐的场所，并省却其父母的后顾之忧。同时，她们开设文学和艺术讲座，创建艺术画廊，开办俱乐部，组织合唱团，以丰富邻近居民的日常生活，提高其文化素养。随着实践活动的展开，亚当斯等人日益为该区穷人的悲惨生活所震惊，逐渐把工作重心转移到需要关怀与帮助的广大弱势群体和亟待解决的社会问题。

二、关爱儿童和青少年

儿童和青少年是简·亚当斯和“赫尔之家”工作人员的重点关注对象。为了使附近儿童和青少年健康快乐地成长，“赫尔之家”建立了儿童大楼和芝加哥第一个操场，并附设撞球室、健身房、保龄球馆等设施，为他们提供强身健体、娱乐休闲的好去处。“赫尔之家”还组织夏令营，为那些缺乏乡村体验的孩子提供有益的“乡村之旅”，以使他们从乡村生活中获得某些有益人生的启发。除此之外，简·亚当斯和“赫尔之家”工作人员还开展更具意义的行动。

（一）争取童工立法

19 世纪末 20 世纪初，美国的工业化进程迅猛推进，然而，令人担忧的童工现象也伴随这一进程在全国各地蔓延起来。据 1900 年普查，美国有 2 000 000 低于 16 岁的儿童挣钱糊口。[③] “赫尔之家”邻近地区的童工现象更是十分突出，这一方面是因为贫民窟家庭大多穷得叮当响，儿童普遍早当家。贫民窟居民大都是第一代移民，知识文化水平低，求生技能弱，普遍在 35 岁左右就不得不离开工作岗位，而其孩子英语比父辈好，接受低工资，工厂也愿意使用童工，这样就形成一个童工的供求市场。另一方面则是由于政府缺乏应对贫困问题的措施，亦未能从立法层面解决其所衍生的童工问题。在亚当斯看来，童工问题的根本解决在

---

①Hovde, *Jane Addams*, p. 40.

②Eleanor J. Stebner, *The Women of Hull House: A Study in Spirituality, Vocation, and Friendship*. (Albany, NY: State University of New York Press, 1997), p. 51.

③Jane Addams, *Newer Ideals of Peace*. (New York: J. S. Ozer, 1972), p. 153.

于阻止童工的产生，根除童工现象，让他们重返校园。① 因此，为了保护孩子们的权益，还他们一个幸福的童年，她与弗罗伦斯·凯利（Florence Kelley）展开了争取童工立法的活动。②

亚当斯和凯利先调查邻近地区的童工现象，以获得第一手有价值的资料，为下一步工作的开展做好准备。在收集童工资料过程中，为了证实情况的真实性，亚当斯亲身进行实地调查，同时组织妇女俱乐部向工会呼吁反对使用童工，希冀通过工会的力量，扩大社会对童工问题的关注。其间，凯利向伊利诺伊州劳动局提出调查芝加哥的血汗工厂制度、贫民窟人民的生活状况及童工现象的要求，该局予以批准，并成立特别委员会展开调查活动。后来，凯利等人提出的建议，如规范血汗工厂的卫生条件，把雇佣的法定年龄提高到14岁等，构成了芝加哥第一个工厂立法的部分条文。

尽管亚当斯和凯利的行动是仁义之举，却得罪了不少既得利益者，以致遭遇重重阻力与困难。有人曾向亚当斯提供了50 000美金的贿赂，让她在童工立法方面保持沉默；她常常面临各种侮辱与威胁；她还遭受误解、非难，甚至连童工的父母也无法接受她反对童工的做法。不过，亚当斯丝毫不为所动，执著地坚持自己的理念，继续为实现童工立法奔走呼号。1903年，伊利诺伊州通过了童工法："禁止在早上7点前或晚上7点后雇佣16岁以下的儿童；禁止晚上6点后雇佣14岁以下的儿童；16岁以下的儿童每天工作不超过8小时，每周不超过48小时"；等等。③ 亚当斯与凯利等人的努力，终于取得了重大成果，不过，她们并没有就此止步不前，而是进一步推动联邦政府加速童工立法的进程，使全国童工法最终得以在威尔逊总统任内颁布，从而使广大童工的权利和权益得到法律的保护，童工问题始有一个较为完满的解决。

（二）成立青少年法庭和青少年保护协会

贫民窟周围的环境相当恶劣，充斥着各种不利于青少年健康成长的因素，因而成为青少年犯罪的重灾区。据亚当斯所见，青少年犯罪是"社会失灵，社会不适合青少年精神的产物，而不是年轻人邪恶本性或病态的结果"。④ 因此，她和"赫尔之家"工作人员对沦为"社会受害者"的青少年寄予深深的同情与关怀。

社会上把犯法的青少年不管是否第一次犯法，或后来被证实无辜的，以及无意触犯法律的，一概与各种惯犯、职业犯等一起收监，这种做法令这些青少年常

---

①Levine, *Jane Addams and the Liberal Tradition*, p. 113.

②弗罗伦斯·凯利是"赫尔之家"的主要工作人员之一，也是简·亚当斯的好朋友。她思想激进，在改革行动方面比亚当斯要大胆，后来担任"全国消费者联盟"主席。

③James Weber Linn, *Jane Addams: A Biography*.（Urbana: University of Illinois Press, 2000）, p. 185.

④Mary Jo Deegan, *Jane Addams and the Men of the Chicago School*, 1892—1918.（New Brunswick（U. S. A）: Transaction Books, 1988）, p. 296.

常遭受粗暴对待，从而容易使他们产生新一轮的或真正的犯罪心理，不利于其改过自新。针对这一情况，社会上有人认为有必要成立一个青少年法庭以示区别对待，以期更好地帮助和改造失足青少年，为此，简·亚当斯和朱莉亚·莱思罗普（Julia Lathrop）努力筹办成立这样一个法庭。[①] 1899 年 7 月 1 日，全国第一个青少年法庭在芝加哥正式成立，主要监督法律执行情况的青少年法庭委员会也同时成立，由朱莉亚任委员会主席。为保护送到青少年法庭的孩子，青少年法庭委员会专门筹集资金租房给他们住，还精心布置其住处，给他们一种回家的感觉，以免其在案子被审之前再出差错。青少年法庭并不是一个刑事法庭，其目的主要在于保护罪犯的权利与利益；贯穿该法庭的一个主要思想是“帮助而不是惩罚孩子”。[②] 因而，该法庭以犯罪者来量刑，而不是像其他法庭那样以犯罪本身来量刑，从而有利于帮助失足青少年改邪归正。[③]

青少年法庭最重要的贡献在于“指出社会和经济不公平是青少年犯罪的原因”，从而促使人们思考社会和经济改革。[④] 青少年法庭的理念和宗旨，体现了人性化思想，并符合社会道德伦理观，因而得到社会的认可和好评。随后，全国各地纷纷效仿芝加哥的做法，掀起成立青少年法庭的热潮，到 1920 年只有 3 个州尚未建立青少年法庭。与此同时，西欧国家也采纳同样的制度，足见青少年法庭的魅力与可取。

1907 年，简·亚当斯等创立青少年法庭的人员还成立了主要致力于提高青少年道德水平的青少年保护协会。青少年保护协会经常与其他协会合作，展开联合行动，铲除社会上的不良现象，力图使青少年与各种腐化堕落的恶习绝缘。该协会还与官方、商人及慈善机构合作，大力建立花园、游泳池等各种公共场所，为青少年提供娱乐休闲的好去处，并组织远足旅游等各种异彩纷呈的节目，丰富他们的日常生活。总之，青少年保护协会尽力创造各种有利条件，使青少年得以健康成长。

儿童和青少年是社会中的弱者，因为他们不懂或无力维护自身利益，他们的生存与发展都需要社会的关注和援助。通过定居贫民窟，简·亚当斯对社会民生和民情有着更深的了解与体味，正是这种亲身的“基层”体验，促使她做出争取童工立法和成立青少年法庭以及青少年保护协会之举。这些行动在一定程度上维护了相当一部分少年儿童的权利和权益，有利于他们身心健康发展，同时亦促使社会和人们行动起来，消除不合理的社会现象，改革不利于人民和社会发展的制

---

①朱莉亚·莱思罗普是“赫尔之家”的主要工作人员之一，也是简·亚当斯的好朋友。她还是当时美国妇女运动的健将，后来出任美国儿童局首任局长。

②Jane Addams, *The Spirit of Youth and the City Streets*. (Urbana: University of Illinois Press, 1972), 前言 p. xx.

③Levine, *Jane Addams and the Liberal Tradition*, p. 119.

④Levine, *Jane Addams and the Liberal Tradition*, p. 123.

度，从而推动社会朝着更具人性化的方向发展。

三、情系移民

19世纪末，随着市场经济的蓬勃发展，美国社会充满诱惑力，吸引大批南欧等地的移民如潮水般涌进美国，为美国经济发展注入新活力，并提供了廉价劳动力。然而，移民却得不到应有的关怀和重视，大多只能栖身贫民窟，饱受苦难生活的熬煎，沦为美国社会的底层人员。更甚的是，他们往往遭受误解、排斥甚至歧视，这令其难以融入美国社会。此外，移民自身也有不少问题，如家庭代际矛盾等，这既不利于他们安心发展，也不利于美国社会稳定发展。

在简·亚当斯看来，移民也是人，他们只是来自不同的国度，操着不同的语言而已，并没有本质的不同，理应得到尊重与平等对待；移民的到来是为了求生存，谋发展，而不是制造麻烦，添乱子；他们也有自己独特深厚的文化，并不是粗野蛮横之辈。因此，亚当斯主张尊重、接纳移民，赞同多元社会、多元文化，保留乃至发展移民的文化传统。此外，她反对限制移民移居美国，因为“美国是世界上受政治压迫与经济剥削之人的避难所”，美国的大门理应向移民敞开。[①]

基于对移民及其生存状况的认识和了解，简·亚当斯和“赫尔之家”工作人员采取积极行动，努力为移民的生存与发展提供援助。她们为初到美国的移民举办英语培训班，使其尽快掌握语言技能，以便早日找到工作，立足美国社会。为增进移民对美国政治制度的了解，她们还举办介绍美国政府和政治的培训班，加速移民适应、融入新社会的进程。“赫尔之家”曾与一个意大利报纸编辑合作，在阿拉巴马州创建了一个农业侨居地，以帮助那些来自南意大利的移民。这些移民大多是农民，没有什么特长或技艺，难以在城市谋生，农业侨居地的创建，则为他们提供了一方发挥自身耕作特长的用武之地，从而解决其谋生问题。“赫尔之家”还常常通过“移民保护联盟”，为移民争取或寻求公平权利和就业机会，维护他们生存与发展的权利和权益。[②] 此外，由于生活困苦，移民难以顾及自身的卫生问题，总给人“肮脏”印象，亚当斯为此在“赫尔之家”后面修建了5个浴室供附近的移民使用，从而使移民在美国人心目中的印象得以改观。

除了援助移民之外，简·亚当斯还着力增进本土美国人与移民之间，移民家庭成员之间乃至移民之间的相互了解与理解，以期促进美国社会的稳定与和谐发

---

①Levine, *Jane Addams and the Liberal Tradition*, p. 151.

②“移民保护联盟”成立于1908年，其监管人格雷斯·阿博特小姐是“赫尔之家”的工作人员，该联盟后来还在“赫尔之家”办公。该联盟的主要工作是“争取成立联邦移民局；访问初来美国的移民，尤其是女子；防止初到美国者为私人职业介绍所非法剥削；……与致力于阻止被迫为娼非法交易行为的机构合作；向社会解释移民的问题，等等”（引自 Levine, *Jane Addams and the Liberal Tradition*, p. 147.）。

展。亚当斯认为社会定居运动有义务向社会及其人们介绍外国移民，因而她致力于寻求履行这种义务的有效途径。[1]“赫尔之家”劳动博物馆的创办，则为移民展示自我，以及美国人民了解移民提供了一个窗口。该劳动博物馆诚意邀请身怀某种民间传统“绝技”，并渴望继续使用或发展此“绝技”的移民参与建设。起初，该馆的活动主要以纺织为主，后来增加了制陶、装订、金属工艺品制作等项目，吸引了有关特长的移民前来献艺。每逢周六晚上，该馆都举行小型展览，展出移民精心制作的各种工艺品，同时，对外销售其产品，且往往能卖得好价钱，使移民的传统工艺日渐为社会所熟知和认同。不少本土美国人被移民的传统工艺吸引，慕名前来参观甚至学习，使其与移民的接触日趋增多，加强了彼此之间的相互了解。

移民初到一国，不仅容易陷入生活困境，其家庭关系也遭遇严峻挑战，常常面临代际沟通与理解问题。移居美国后，移民通常还保留原来的语言、生活习惯和文化传统，而其在美国出生或长大的子女则多受美国本土文化的影响，往往不屑母国的旧传统，并与其父母或长辈产生隔膜，由此产生不少家庭问题，令移民头痛不已。劳动博物馆的创办，某种程度上也是为了向移民的孩子揭示其父辈谦逊、积极和多艺的一面，促进他们之间的互相理解。亚当斯在自传中表达了此种看法，“我想，也许，一个大城市的移民区比其他任何地方都更需要一种把生活看作一个整体的力量，缺乏这种力量就是欧洲移民与其孩子和移民与其美国邻居误解的最大根源”。[2] 因而，劳动博物馆的开办，不但让许多移民得以展示其传统手艺，而且他们亦因自身价值得到体现并被人们认同而逐步改变了其孩子对自己的看法，亲子关系得到了改善，家庭关系趋向和谐。

此外，简·亚当斯还力图把“赫尔之家”建设成为移民的聚会场所，以增进他们之间的相互了解和团结。在“赫尔之家”，移民可以穿民族服装，哼唱民族歌谣，追忆往昔岁月，庆祝民族节日，开展各种传统民族活动，从而驱除了别井离乡忧愁，加强了移民之间的了解与团结。

镀金时代末，美国社会物欲横流，人们纷纷为追求经济利益疲于奔命。然而，在物质生活得到改善的同时，人们的精神却空虚了，他们的社会同情心也日渐消失了，可是，美国社会还有许多有待社会帮助的群体。简·亚当斯，这个从富裕之家走出来的女子，并没有随波逐流，从作出定居贫民窟决定的那一刻起，她就没有想过为自己谋取利益，她的心里只有服务社会和人们的念头。因而，当她面对生活艰苦的移民之时，她毅然率领“赫尔之家”工作人员，向他们提供力所能及的援助，并想方设法加强移民与美国人民的相互了解和理解，这不但有助于唤醒人们的社会责任心和同情心，还体现了深切的人性关怀，促进了美国社会各族人民的融合与社会的和谐发展。

---

①Levine, *Jane Addams and the Liberal Tradition*, pp. 144 – 145.

②Addams, *Twenty Years at Hull-House*, p. 172.

四、推动市政改革

19 世纪末，美国城市化进程突飞猛进，城市建设成果喜人，但同时亦暴露出不少问题，如卫生状况差，市政腐败现象严重等。19 区贫民窟的这些问题则尤为突出，对 19 区百姓的健康与发展产生了严重的影响。为此，简·亚当斯致力于谋求解决这些关乎贫民窟人民切身利益的市政问题。

（一）挑战垃圾问题

“赫尔之家”所在地 19 区，街道脏乱不堪，垃圾堆积如山，且呈不断蔓延之势，婴儿死亡率高，但是该区官员与居民都未能给予应有的关注与重视。简·亚当斯一直对城市卫生保持高度警觉与关注，并开展积极行动，力图改善城市卫生状况。早在“赫尔之家”初创时期，亚当斯就安置了一个小焚化炉，以便及时销毁自家垃圾。为了解决 19 区严重的垃圾问题，她曾会同“赫尔之家”工作人员，多次向市政厅反映该区的垃圾问题，寻求市政府干预并采取措施早日解决问题。“赫尔之家”工作人员还常常向附近居民展开宣传教育，让他们认识到只有妥善处理垃圾，自家人的健康才能得到保障；居民不但要扫一屋，还要扫天下，“内外兼修”方可实现最佳的人居环境。① 不过，简·亚当斯等人的努力收效甚微，19 区的“垃圾山”仍然固若金汤。

然而，简·亚当斯并没有就此罢休，继续高举“垃圾”战旗。1893 年夏，亚当斯对芝加哥市的垃圾回收制度展开系统调查，并对各区垃圾回收制度与婴儿死亡率之间可能存在的关系进行调查。其间，妇女俱乐部的部分成员也加盟调查组，她们放弃个人休息，强忍闷热难受的天气，披星戴月，穿街走巷，开展深入的调查。在 8—9 月期间，“赫尔之家”一共向卫生部门提交了 1037 份有关违法行为的调查报告。② 可是，19 区的卫生情况依然没有任何改进，垃圾如故，婴儿死亡率仍然高居不下，这让简·亚当斯等人沮丧、头痛不已。

1895 春，在两个著名商人的支持下，亚当斯竞标角逐 19 区的垃圾清理权，她所发表的一篇颇具专业性的文章最终使她脱颖而出，成为该区的垃圾稽查员。亚当斯常常 6 点钟起床察看清早忙碌的市民，有时甚至追随马车，捡起它们沿途落下的货物，还得着手处理各种违反垃圾清理制度的情况。亚当斯担任此职不到一年，该区卫生状况还是没多大改善，不过其作为中上阶层知识女性，不辞劳苦深入大街小巷监督垃圾清理工作，为实现清洁、卫生的生活环境不懈努力，其任劳任怨的公仆形象，锐意改革的精神，赢得国人的敬重。

---

①Addams, *Twenty Years at Hull-House*, p. 202.

②Addams, *Twenty Years at Hull-House*, p. 202.

（二）发起反对“城市老板”约翰尼·鲍尔斯的运动

在致力解决垃圾问题的过程中，简·亚当斯逐渐发现19区卫生状况恶劣，很大程度上是因为该区的市政为腐败不堪的“城市老板”约翰尼·鲍尔斯所把持。鲍尔斯是芝加哥市最有权势的人物之一，并任市议会财政委员会的主席。[①] 他当市政官的目的在于最大限度地捞取钱财与权势，但他凭借给予居民各种小恩小惠，比如工作、食物甚至某种程度的保护等，多次当选和连任，整整占据市政官一职20年。尽管亚当斯清楚鲍尔斯为居民提供的各种援助与恩惠的确暂时解决了他们的燃眉之急，但是亚当斯无法容忍他的不诚实与腐败行为，她认为“一个腐败政府的罪恶必定会加重穷人及无能之人的负担”。[②] 亚当斯也无法接受一个只会以小恩小惠手段骗取民众信任，只顾中饱私囊，漠视社区公益事业，甚至以牺牲公众利益来谋取个人私利的市政官。因此，亚当斯领导“赫尔之家”工作人员，发起反对市政官约翰尼·鲍尔斯的运动。

1896年初，“赫尔之家”力图把鲍尔斯赶下台，阻止他当选市议员。然而，要阻止鲍尔斯当选并非易事，一则鲍尔斯在19区盘踞多年，早已形成自己的势力，19区居民亦需仰赖于他，当时19区每5个选民中就有1个依靠鲍尔斯为其提供工作。[③] 二则亚当斯与“赫尔之家”一群女改革者并无选举权，无法亲身投入选举活动，大大削弱了她们的力量与影响。此外，“赫尔之家”的工作不免具有理想主义色彩，一时难以给选民带来实惠。最后，尽管亚当斯邀请了许多名人到19区助阵，试图影响该区选民做出慎重、正确的选择，“赫尔之家”的工作人员还在区内到处宣扬鲍尔斯当政给该区带来的种种祸害与不幸，但是鲍尔斯还是成功当选了。

1898年1月，简·亚当斯再度发起反对鲍尔斯的运动，阻止他当选市议员。这一次，亚当斯撰写分析选区政治力量的文章，解释“城市老板”力量的来源，同时影射鲍尔斯。[④] 尽管这一做法收到不错的社会效果，但却激怒了鲍尔斯，他对亚当斯展开猛烈抨击，并声言要把“赫尔之家”赶出19区。与此同时，有人写匿名信攻击亚当斯，并指责她涉足城市政治；“赫尔之家”也遭到附近天主教神甫的指责。最后，鲍尔斯仍继续当选市议员，他还得意洋洋地表示“我也许不是改革家喜欢的人，但我的人民喜欢我，无论是‘赫尔之家’还是区上所有改革

---

①Allen F. Davis, *American Heroine: The Life and Legend of Jane Addams*. (Chicago, IL: Ivan Dee, 2002), p. 121.

②Addams, "Ethical Survivals in Municipal Corruption," *International Journal of Ethics* VIII (April 1898), 372 -91. 转引自 Davis, *American Heroine*, p. 123.

③Addams, *Twenty Years at Hull-House*, p. 222.

④Davis, *American Heroine*, p. 123.

家，都无法让他们起来反对我"。[1] 鲍尔斯的话的确嚣张不已，不过倒也反映了事实的另一面，正是因为他略施恩惠于民众，而民众亦有求于他，双方形成一种"依赖"关系，故即便他是市政腐败的罪魁祸首，改革家们也奈何不了他。

反对鲍尔斯运动屡战屡败，这从客观上说明当时在19区实行城市政治改革的条件尚不成熟，还有待深化社会经济改革，让更多人实现充分就业，彻底改善生活，才不至于因经济窘困而唯政客马首是瞻，以致助长政治风气的败坏。因此，亚当斯放弃与鲍尔斯之间毫无胜利希望的对决，她一再坚持这"并不是因为她与鲍尔斯和解，而是因为'根本没有胜利的希望，因为以鲍尔斯的财力和政治手段，他可以打败任何正直的人'"。[2] 她做出这种选择，只是不想作徒劳的努力甚至是无谓的牺牲。

面对严重的垃圾问题和市政腐败现象，身处贫民窟的简·亚当斯，深刻地认识到它们的危害，为"实现更高层次的城市和社会生活"这一创办"赫尔之家"的目标之一，还人民一个洁净、健康的生活环境，实现社会的真正民主化，净化社会、政治风气，改进市政运作的透明度、公正性，亚当斯做出了艰苦的斗争与努力。然而，由于力量不足，她的行动并没有取得什么成效，但其以民为重，以社会为先的情怀，不屈不挠的改革精神得到了很好的体现，也有力地推动了美国社会的市政改革。

结语

在简·亚当斯及"赫尔之家"工作人员的努力下，"赫尔之家"获得了长足的发展，日益壮大，成为成就最大、知名度最高、影响最广的定居之家。在第一个十年里，"赫尔之家"已蜚声国内，成为美国社会定居运动的领头羊，并在社会上掀起了一场波澜壮阔的社会定居运动。在"赫尔之家"的影响下，美国的定居之家如雨后春笋般地涌现，1891年只有6个定居之家，1897年增至74个，到1900年已突破100大关，芝加哥也出现了好几个定居之家。[3] 与此同时，简·亚当斯日益为国人认识，迅速成为全美社会定居运动的佼佼者，并逐步确立其作为全国社会定居运动领军人物的地位，其声望也不断提高，并屡获殊荣。1908年她被《妇女家庭杂志》评为"美国第一女性"；1909年她成为耶鲁大学授予荣誉学位的第一个女性；同年她成为第一个当选"全国慈善与教养大会"（National Conference of Charities and Corrections）主席的女性。[4] 1910年，亚当斯推出自传《在"赫尔之家"的20年：自传笔记》（*Twenty Years at Hull-House*: *With Autobio-*

①Davis, *American Heroine*, p. 125.

②Levine, *Jane Addams and the Liberal Tradition*, p. 79.

③Davis, *American Heroine*, p. 92.

④Davis, *American Heroine*, p. 200.

graphical Notes）一书，社会反响强烈，使其社会名声达到登峰造极的地步。亚当斯成了世人眼中的精神领袖，甚至是“一个特别的美国圣人——务实的、现实且有用的，以独特的女性眼光审视美国的城市问题”。①

简·亚当斯获得国人的肯定和颂扬，表明她的行动有其社会价值所在。首先，亚当斯放弃优越生活，定居贫民窟，率先向贫困开战，唱响了进步主义时代改革的旋律，启发和教育了广大民众，在社会上起到了先锋、示范、榜样的作用，有力地推动了当时及日后的社会改革事业。其次，基于女性特有的慈爱和善良，亚当斯对穷苦百姓给予深切的关注，并自发行动起来，希图凭借自身或少数人的力量，谋求解决社会中的两极分化问题，唤起了人们对贫困问题的认识和关注，推动全社会行动起来为改善下层人们的生存、生活与工作条件做出各种社会性努力，这一切努力为以后的联邦政府致力于解决社会贫困问题提供了可资借鉴的经验，成为“后来‘福利国家’运动的最初形态”。② 最后，从某种意义上说，亚当斯等人担当起了政府的角色，弥补了政府在社会贫困问题上的无作为，从而在一定程度上纠正自由放任的流弊，推动了社会政治制度的改革，符合社会历史发展的潮流。

尽管定居贫民窟之后，简·亚当斯并没有针对贫困问题，采取特别有效的措施，但是她所服务的对象主要是穷苦大众，她所关注不是贫困衍生的问题，就是直接关系贫民窟人民切身利益或影响社会发展与进步的问题。因此，即使亚当斯的行动对于实现整个社会贫困问题的最终解决作用不大，但却丝毫掩盖不了其中体现出来的价值和意义。

此外，简·亚当斯以“赫尔之家”为中心所开展的行动，反映了社会定居的主观目的。亚当斯曾于1892年发表了“社会定居的主观需要”（*The Subjective Necessity for Social Settlements*）一文，她在文中指出了社会定居的主观目的有三个方面，它们分别是：第一，实现整个社会有机体的民主化，把民主扩大到政治表达以外；第二，分享族群生活，给社会上其他缺少活力和文明积淀的民族带去更多的社会活力和文明；第三，复兴早期基督教的人道主义。③ 在与穷人同住的日子里，亚当斯始终把这些理念作为开展行动的前提，从而在某种程度上促进了社会的民主化，给其他族群带去活力和文明，复兴且发扬了极为社会所需的人道主义精神。

每一个社会都需要像简·亚当斯这样的以人民幸福和社会发展为己任的时代先锋。

---

①Addams, *The Spirit of Youth and the City Streets*, 前言 p. viii.

②李剑鸣：《大转折的年代——美国进步主义运动研究》，天津，天津教育出版社1992年版，第187页。

③Miss Jane Addams, Robert A. Woods Father J. O. S. Huntington Professor Franklin H. Giddings and Bernard Bosanquet, *Philanthropy and Social Progress*: *Seven Essays*. Freeport, N. Y. : Books for Libraries Press, 1893, p. 2.

略论晚清驻外领事的选任

马 一

“领事官者，由此国派驻彼国，听候彼国允准，职在照料本国旅居人民利益”。[①] 光绪三年（1877），清政府在英国属地新加坡设置第一个领署，以此为肇端，“因势利导，始终坚持”，[②] 历经艰辛曲折，[③] 共向欧、美、亚、非、澳16个国家45个商埠派驻244位领事，除却外国友人担任的名誉领事则有167人。[④] 晚清领事常驻华工侨胞汇聚的通商津要，“有联络邦交，保护商民之责”，[⑤] 职事繁琐而不失重要性，但就国际法层面而言，领事不是外交代表，没有外交特权，遇有紧要事件需遵照惯例请示所属公使，无权妄自行事。

清政府立领事于泰西各国，事属创始，并无成案可循，领事的选任深受中国传统官僚政治的影响，带有相当的保守性与落后性、主观性与随意性；与此同时，清政府先是被动再是主动借鉴东西洋现成经验，制度化与规范化不断增强，可谓中西杂糅，特色颇具。横向比较，晚清驻外领事的选录标准与群体素养同东西诸强相差悬殊，不可同日而语；纵向审视，伴随晚清外交转型的日益深化，领事选任标准经过长期摸索、调适，日趋科学、合理，领事群体的专业化与职业化色彩日益明显，殆至清室祚亡，中国外交近代化行将实现。以往学者研究晚清驻外领事，主要围绕生平事迹、领署设置、保工护侨、商务开拓等领域展开，而对领事选任的具体流程语焉不详，本文即在前人基础上，对影响与制约领事选任的人事归属、主观因素、客观标准以及领事群体结构的新陈嬗递做一初步探讨，以深化人们对中国外交近代化与外交官职业化的认识。

---

①张元济．外交报汇编［M］．北京：国家图书馆出版社，2009.

②王彦威，王亮，王敬立．清季外交史料［M］．北京：书目文献出版社，1987.

③晚清驻外领事负有管束侨民、弹压稽查的职责，西方列强为避免削弱自身统治，对清政府在其属地设领心存疑虑，有意刁难，尤其西、荷、法等相对保守的老牌殖民国家，“始必坚拒，继则拖延”，反对清廷设领尤力，西属菲岛、荷属印尼、法属印度支那的设领谈判旷日持久，甚至直到清亡依属悬而未决。

④以上数据根据钱实甫先生编纂的《清代职官年表》、故宫博物院与福建师范大学历史系合编的《清季中外使领年表》以及笔者个人整理的相关清季外交档案统计而来。按照国际惯例，晚清驻外领事包括职业领事与非职业领事即名誉领事两大职类，后者主要设于侨胞稀疏、商务次要的港埠，委任当地颇受华民敬服的中外殷实商贾代办领事事宜，相比特简自国内的职业领事，权责有限，性质迥别，实难等量齐观，故不在本文研讨范围。

⑤蔡钧．出使须知［M］//王锡祺．小方壶斋舆地丛钞（第6册），杭州：杭州古籍书店，1985.

一、人事归属与各方权力的影响

晚清中国社会和官场讲求人情义理，一人得道，鸡犬升天，而外交是内政的延长，国内各封建衙门大搞裙带的不正之风势必影响驻外使馆的用人行政。相比知识结构、外交阅历等客观标准，地缘、亲缘、人缘、业缘等主观因素在领事选任中发挥更加重要的作用，诸如乡谊、姻亲、宾主、朋僚、师承、科甲同年、门生故吏等诸种人际脉络对备选人员最终胜出关系綦重。按照西洋常例，领事简派大权操于国君，而统归外交大臣节制。晚清驻外领事职卑秩末、人微言轻，享有的利益宠荣与公使判若天渊，钦使概由内外臣僚切实保荐，临事亲由皇帝特简谕命，① 领事则不然。

清政府鉴于驻外使馆视国内行省有别，② 人员更换颇为不易，乃取法传统，"略仿汉制得自辟僚属之意"，③ 允许使臣自行奏调随员，以专责成。光绪二年（1876）奏定的《出使章程》明文规定"出使各国大臣所带参赞、领事、翻译等员，应由该大臣酌定人数开列姓名"，④ 奏明任事，总理衙门只是查核备案、刊刻关防、颁给文凭、照会驻在国政府认准接待，并不予以干预。光绪三年（1877），驻德公使刘锡鸿电请总署代为选派两名翻译人员，总署则以"殊与出使章程未符"⑤，婉言谢绝，令其自行择宜奏调。

据此定章，晚清驻外领事的任命与黜陟大权皆操于所属公使，诚如日本学者川岛真所言："使领馆馆员的人事权基本上归于出使大臣，官员大都是随着出使大臣出国和回国"。⑥ 使臣主要拣选相知有素、志趣相投、性情契合的人员充任领事，以收指臂之效，彼此唇齿相依，共进共退，造就"一朝天子一朝臣"的怪象。这种参酌中国传统的领事选任制度导致包括领事在内的所有使馆领署随员皆相当于钦使的私人幕僚，领事与公使的关系同国内幕主、宾僚如出一辙，实则幕府的海外翻版。

此外，晚清驻外领事分为总领事、正领事、副领事三个等级，相应的职守、

---

①昆冈，等．钦定大清会典［M］．京师官书局，清光绪二十五年（1899年）．

②朱寿朋．光绪朝东华录［M］．北京：中华书局，1958．

③中国第一历史档案馆：光绪朝朱批奏折・外交［M］．北京：中华书局，1996．

④邵之棠．皇朝经世文统编［M］．沈云龙．近代中国史料丛刊・续编（第72辑），台北：文海出版社，1980．

⑤席裕福，沈师徐．皇朝政典类纂［M］//沈云龙：近代中国史料丛刊・续编（第92辑），台北：文海出版社，1982．

⑥北京政府の外交官试验［C］//川岛真．中国近代外交の形成，名古屋：名古屋大学出版会，第1部，第3节，第115页，转引自［日］箱田惠子．晚清外交人才的培养：以从设立驻外公馆至甲午战争时期为中心，"近代中国、东亚与世界"国际学术讨论会论文集（下册），2006．

官阶、俸薪差别甚大。[①] 总领事“或是派充几个领事区的长官，因而管辖着几个领事，或是一个很大的领事区的长官”，[②] 可谓众领事之长，下属领事、副领事皆归其统辖，与此相应，“副领事归正领事管辖与正领事归总领事管辖无异”。[③] 晚清总、正、副领事之间存在明显的上下级隶属关系，正、副领事“凡应行事件分应禀知总领事与驻京公使”，[④] 但上级领事对下属领事“不过指授机宜，随时稽查，令其遵例照章免生弊端”，[⑤] 而不得越俎定断下属领事职责所系事宜，更无擅自任命、罢黜的权限。

然而，正是这种隶属关系的存在使行将届满的总、正领事可向所属公使推荐中意的辖下领事、副领事、领署随员甚至姻亲朋僚升任、继任或者调任总、正、副领事之职，借此对领事人选施加影响。揆诸史实，总、正领事甚至副领事的建议人选很大程度上能获得公使的认可与任命。譬如，清驻槟榔屿副领事之职向由张振勋、张煜南、谢春生、梁碧如、戴春荣等非亲即故的客籍华商侨领相沿承袭，追踪溯源，这同清驻新加坡客籍总领事黄遵宪力荐张振勋派充槟榔屿副领事，并在自己离任前又推举其升任新加坡总领事一职密切相关。

晚清驻外领事的选任在相当长时期内概由公使亲自裁决，辖内总、正、副领事聊备顾问，“大抵公使得人，则一切外交官皆均用当其才”，[⑥] 反之则极易滋生滥用的弊病，良莠杂陈，人浮于事。有鉴于此，早在设领初期，总署即对驻外使团的规模有所管控，严禁使臣逾额随带人员出洋，[⑦] 继而严格限定各个使馆领署的用度，殆至设领晚期，则大力借鉴欧美日本的领事制度，渐收使臣人事选用大权。

光绪廿七年（1901），总理衙门改组为外务部，朝野官绅以清末新政为契机，

---

①光绪二年（1876）总理衙门奏定的《出使章程》规定：总领事，从四品，月给俸薪六百两；领事，正五品，月给俸薪五百两；副领事，从五品，月给俸薪四百两；署领事，月给俸薪四百两。光绪卅三年（1907）外务部变通的《出使人员员缺俸薪章程》则规定：总领事，秩四品，五百两；领事，秩五品，四百两；副领事，秩五品，三百两。参见［清］邵之棠：《皇朝经世文统编》，沈云龙：《近代中国史料丛刊·续编》，第72辑，台北：文海出版社，1980年，第48卷，第1918页；王克敏、杨毓辉：《光绪丙午（三十二）年交涉要览》//沈云龙：《近代中国史料丛刊·续编》，第30辑，台北：文海出版社，1976年，第7页。

②劳特帕特．奥本海国际法［M］．王铁崖，陈体强，译．上海：商务印书馆，第二分册，1989．

③葛士濬．皇朝经世文续编［M］．沈云龙：近代中国史料丛刊·正编，第75辑，台北：文海出版社，1972．

④葛士濬．皇朝经世文续编［M］．沈云龙：近代中国史料丛刊·正编，第75辑，台北：文海出版社，1972．

⑤葛士濬．皇朝经世文续编［M］．沈云龙：近代中国史料丛刊·正编，第75辑，台北：文海出版社，1972．

⑥张元济．外交报汇编［M］．北京：国家图书馆出版社，2009．

⑦王延熙，王树敏．皇清道咸同光奏议［M］．沈云龙：近代中国史料丛刊·正编，第34辑，台北：文海出版社，1969．

力推外交官制改革，以完善出使人员的任用升转机制。翌年，直督袁世凯、江督刘坤一、湖督张之洞联衔会奏《变通外部及出使人员章程折》，奏请驻外使馆参赞、领事各项人员概由外务部统一调用，“不准出使大臣随意携带并无故调换，有时使臣受代，所属各员仍各照旧供职”。[①] 外务部则顺水推舟，奏准嗣后随使人员归部选派，但因当时部中司员不敷足用，参赞、领事各员皆归部统一调用存在困难，故而，外务部并未将领事选任权悉数收归部有，依然准许公使继续“照章调用，惟须慎加遴选，不得任意携带，有逾定额”，[②] 以示限制。

光绪卅二年底（1907），随着外交人才与官改力度的日渐充备、加强，外务部始严定章程，规定嗣后“各馆人员均不得由出使大臣任意调用”，[③] 参赞、领事各缺一概归部调派。就制度设计层面而言，外务部已完全掌控领事选任大权，然考诸史实，由于清王朝行将就木以及梁诚、李经方、孙宝琦等使臣的抵制，[④] 此举并未完全落到实处，驻外公使私自调用领事的情形依然存在。以上而外，晚清外交机制滞后，政出多门，事权杂乱，南、北洋大臣，各省督抚尤其两广总督对领事人选亦具有一定影响，[⑤] 中国近代外交难有起色与此关系颇大。

二、主观因素与外交世家的形成

如前文所述，晚清中国社会和官场讲求人情义理，一人得道，鸡犬升天，而外交是内政的延长，国内各封建衙门大搞裙带的不正歪风势必影响驻外使馆的用人行政。相比知识结构、外交阅历等客观标准，地缘、亲缘、人缘、业缘等主观因素在领事选任中发挥更加重要的作用。限于篇幅，以下主要谈谈亲缘因素对领事人选的影响。

早在民气未开的设领早期，使臣即利用职权之便，“内举不避亲”，“以朝廷出使大典，为徇情之用，调剂之具”，[⑥] 肆意奏调子弟、保举姻亲派充随员、领事，希冀三年期满他们得以“异常劳绩”保举，升叙加衔，改善仕途。例如，汪凤藻持节日本期间，不顾嫌疑，“诸事信任其弟汪凤瀛，凡优差要职，皆用私亲邱瑞麟”。[⑦] 再如，光绪卅一年（1905）清驻新加坡总领事凤仪临近届满，所属

---

①刘坤一. 刘坤一奏疏［M］. 陈代湘，校点. 长沙：岳麓书社，2013.

②朱寿朋. 光绪朝东华录［M］. 北京：中华书局，1958.

③王克敏，杨毓辉. 光绪丙午（三十二）年交涉要览·中篇［M］//沈云龙：近代中国史料丛刊·续编，第30辑，台北：文海出版社，1976.

④日下近闻［N］. 申报，1907-06-13.

⑤两广毗邻南洋，为著名侨乡，历任粤督皆热衷推动设领海外，并对侨胞、华工的境遇甚为关注，张之洞、岑春煊在美国排华问题上的态度即格外引人注目，总理衙门（外务部）、驻外公使与粤督电文往来颇加频繁，乐于就领事人选同粤督交换意见甚至直接委其代为拣选。

⑥论宜遴选使才以重使事［N］. 申报，1892-07-10.

⑦清德宗实录［N］. 光绪二十年六月己未，北京：中华书局，1987.

驻英公使汪大燮本拟奏调胞弟汪大钧继任，后因其尚有经手未完事件，而改由素所深信的浙江同乡、领署随员孙士鼎接任。殆至甲午战后的设领晚期，洋务成为时尚，领职被人艳羡，官绅士子竞相营求，趋之若鹜，驻外公使子嗣族亲捷足先登，随同出洋进而侧身领职者为数甚众。典型者如，光绪廿八年（1902）梁诚衔命出使美国，奏调胞兄梁询、胞弟梁谦、妹婿张作藩、侄儿梁丕荃等赴美帮办馆务，稍经历练，梁询即先后派充驻小吕宋、墨西哥总领事，张作藩派充驻檀香山领事。

通过对晚清驻外领事地域分布、家庭境况的统计，发现其中泰半出身官宦、商贾、富农，且不乏公卿贵胄、满汉八旗、富商巨贾子弟，而寒门庶子所占比重则微不足道。在制度缺失、任人唯亲、家世渊源、长辈引领诸种因素作用之下，晚清父子、兄弟、叔侄前后承袭投身外交工作者大有人在，久而久之，造就杨枢、伍廷芳、唐绍仪、罗丰禄、胡惟德等名重一时的外交世家。因相关资料零碎、杂乱，一时难以搜求殆尽，在此仅将清朝末叶具有亲缘关系的公使、领事做一大概统计，以窥一斑：曾纪泽、曾广铨，刘福谦、刘玉麟，龚照瑗、龚心钊父子；梁诚、梁询，黄遵宪、黄遵楷，施肇基、施肇曾，徐承祖、徐承礼昆仲；李经方、李经迈、李经叙、李国杰兄弟叔侄；黎庶昌、黎汝谦叔侄；张荫桓、张荫棠，许钤身、许台身族亲；等等，在总人数中所占比例颇高。

三、客观标准与群体结构的嬗递

外交与内政截然两途，具有极强的专业性，投身于此的人员必备相关特性、训练、经验、资历，才能渐次实现由外行到内行的转变，增光坛站，不辱君命，因而，清政府遴选领事在重视主观因素的同时，不断借鉴东西洋客观标准，并且愈到后期愈加注重备选人员的知识结构、外交阅历等综合素养，以选出富有真才实学的领事，与此相应，领事群体的构成经过新陈嬗递，开始发生实质性变化，职业化特色日益鲜明，以下即将此衍变轨迹分为三个时段展开论述。

（一）光绪三年（1877）至光绪廿四年（1894）

甲午战前的设领早期，洋务与外交尚未剥离，善谈、善办洋务的官绅士子即被视为驻外使领的理想人选。领事常驻外洋通商要埠，独当一面，责专任重，若所遣人选思想守旧、愚鲁暗昧、痛恶西人，非但无裨于事反受其乱，因而，设领伊始，总署就在制定的《出使章程》中建议随带人员“以熟悉洋务为上选”，[①] 虽非强制性规定，却因合乎时宜而成为使臣拣选领事的重要标准。即便如此，在

①全国图书馆文献缩微复制中心．总署奏底汇订［M］．北京：全国图书馆文献缩制复制中心，2003.

社会闭塞、民风保守的设领早期，精通洋务且结实可靠的人选极为难得，[①] 颇不易选。

据此选录标准，晚清早期驻外领事泰半来自国内各省督抚衙门辖内洋务局、夷务局、交涉局、招商局等处理华洋事件的传统士绅，尤以仕途不畅的候补、候选官员居多。[②] 这类传统教育出身的领事识见高远、思想开明，知识储备在以中学为主的同时，新旧杂糅、中西贯通，对西学西艺的优长有所体认，虽说骤自国内各衙门奉调出洋派充领职，不若在中国耳目灵通，但在中外交际并不殷繁的设领早期尚能勉强应付。可惜大多以保举为目标而出洋当差，[③] 并非阅历时局，实心为国家办事，因此，每逢交接"哄如市集"，[④] 换血严重，极不利于经验的积累与馆务的开展。

洋务能力而外，另一遴选领事的重要标准是西学背景。领事常驻异邦料理华洋纠纷，"最重者则精通外国语"，[⑤] 语言不通，性情阂隔，办事多有窒碍，有鉴于此，使臣颇为重视延聘精通西语西文、熟谙国际公法的国内学堂肄业学生与归国留洋人员派充领事。相比传统教育培养的领事，新式教育出身者表现异常抢眼。广州、京师同文馆毕业生左秉隆"熟悉英国情形，通晓西洋律例"，[⑥] 连续充任三届新加坡总领事，"办事颇称稳健，盖领事中之出色者"；[⑦] 香港英文书院毕业生陈善言口语纯熟、文理清晰，先后充任马丹萨领事、古巴总领事长达十年有余。然而，甲午战前这类新式人才极其短缺，并且大多奉调出洋者尚在使馆领署基层历练，未可责以速效，升任领职尚需时日。

（二）光绪廿五年（1895）至光绪卅二年（1906）

甲午战后的设领晚期，满清国际地位跌落谷底，民族危机空前深重，中外交涉愈臻繁剧，亟需具有专业外事素养的人才拯济时艰。清政府为顺应时局发展，对备选领事人员的"西学背景"提出更高标准，外语水平以外，还要熟稔列国条约、娴于西洋律例，要求更加具体、全面。同以往大不相同的是，鉴于国内洋务积累的经验已远不能应对波谲云诡的外事工作，清政府在张之洞、刘坤一等督抚大员的吁请下，将"出洋背景"视为领事选拔的重要标准，[⑧] 自此，曾经游历、

---

①刘锦藻．皇朝续文献通考［M］//顾廷龙．续修四库全书·史部，第820册，上海：上海古籍出版社，2002.

②诸如候选道台、知府、知州、同知、知县、通判、县丞等。

③慎重佐使人才说［N］．申报，1901－07－15.

④顾廷龙，戴逸．李鸿章全集·奏议十六［M］．合肥：安徽教育出版社，安徽出版集团，2008.

⑤张元济．外交报汇编［M］．北京：国家图书馆出版社，2009.

⑥曾纪泽．曾纪泽遗集［M］．长沙：岳麓书社，1983.

⑦薛福成．出使英法义比四国日记［M］．长沙：岳麓书社，1985.

⑧苑书义，等．张之洞全集［M］．石家庄：河北人民出版社，1998 年.

求学与随使东西洋的人员逐渐代替未曾出洋的官僚士绅成为驻外领事来源的主流。

早在设领初期便在使馆领署派充实习翻译、书记官、翻译官、随员等基层职差的学堂学生、留洋人员，历经长达十数年、数十年的辗转磨练，驾轻就熟，渐至老成，殆至甲午战后，数十位卓有成效者被择优记名，派充领事。其中，正领事、副领事主要拣自随员、翻译，总领事则主要拣自级别较高的参赞，初步形成逐级流动、循资递升的晋级模式。新式教育出身的领事终能与拥有进士、举贡、监荫等学衔的传统士绅平分秋色，且呈现后来居上的趋向。

晚清新式教育培养的领事表现最出色者首推留美幼童。幼童初返国门，备尝冷遇，设领晚期则转而变得炙手可热，“百十名学生，强半列身显要”。[①] 其中，派充领事的留美幼童包括刘玉麟、唐绍仪、唐荣浩、吴仲贤、吴其藻、苏锐钊、周自齐、钟文耀、欧阳庚、张康仁等十数人之众。仅观人数，优势似乎并不明显，但考究其派充领事的次数、驻扎领署的数量、担任领职的年限则远在他人之上。就其派充领事的次数而言，苏锐钊四次，欧阳庚、吴仲贤、吴其藻各三次，冠绝群伦，而他们整体的知识结构、外交履历、年龄层次等皆远较其他同侪合理、规范，从而在国际上树立了中国外交官的新形象。

（三）光绪卅三年（1907）至宣统三年（1911）

清政府早在总理衙门时期即已认识到驻外领事“今日西欧，明日东亚，宦途变置，有如弈棋”，[②] 骤出骤进，浅尝辄止，难以造就职业外交官，为此，杨儒、袁世凯、张之洞、刘坤一等内外臣工不断奏请“专以使馆、外务部人员，互相调补”，[③] 俾终身于外交一途，以倚厥专长，各尽其才，然总署及后来的外务部由于交际殷繁，办事需人，实难调剂周全而未予以采行。

随着晚清官制改革的日渐深化，光绪卅二年（1906）驻法公使刘式训奏递《条陈出使事宜拟请变通章程折》，建议外务部效法欧美外交官制予以革新。[④] 翌年，外务部几经奏议，基本采纳刘氏建言，酌量变通《出使章程》，革新驻外使馆领署的人事机制，明文规定驻外领事一概归部调充，“郎中、员外郎、主事即可备参赞、领事、随员之选”，[⑤] 以出入中外，滋长阅历，养成职业外交官。光绪卅四年（1908），外务部重新厘定《出使章程》十四条，明确强调领事官具备

---

①容闳．西学东渐记［M］．徐凤石，恽铁憔，译．长沙：湖南人民出版社，1981.

②张元济．外交报汇编［M］．北京：国家图书馆出版社，2009.

③朱寿朋．光绪朝东华录［M］．北京：中华书局，1958.

④出使法国大臣刘奏条陈出使事宜拟请变通章程折［N］．东方杂志，第3卷，第10号，1906-11-11.

⑤张寿镛，等．清朝掌故汇编外编［M］//沈云龙：近代中国史料丛刊·三编，第14辑，台北：文海出版社，1986.

使馆、外部任职资历，才可准予补授，[1] 自此，内外官员互相调用成为制度性规定，外部低级司员奉调派充领事的人数大为增加。

此外，外务部还借鉴西洋外交官制，对领事备选人员的学科门类、知识结构、专业素养等做出明确限定，备选人员宜先择优调取留学欧美与日本的留学生，次则本国学堂肄业学生，殿则其他精通各国语言文字、曾经出洋历练的人员，[2] 而堪称近代中国首所外交官培训学校的储才馆造就的人才更是被清政府寄予厚望。[3] 自此，传统教育出身的官绅士子晋升领事的道路基本堵死，同文三馆、福州船政学堂、京师大学堂、天津水师学堂、广东水师学堂、上海圣约翰书院、金陵汇文书院、储才馆等学堂学生与留学欧美、东洋的人员则最终取代传统士绅成为驻外领事来源的主流，尤其清室祚亡前一年派出的领事几乎被留洋归国人员垄断，选录标准与世界各国几近接轨，领事群体的综合外交素养发生实质性变化，个别特出之士甚至令国外同行不得不刮目相看，平等相待。

结　语

清末中国，风雷激荡，中西两种不同文化、价值、制度持续交锋、碰撞，其剧烈程度亘古未有。面对多元欧洲国家秩序的强劲冲击，晚清传统华夷秩序土崩瓦解，被迫进行外交转型，先是消极被动再是积极主动吸纳涵盖领事制度在内的西洋外交体制，在抗拒中不断适应，在冲突中不断调和，步履蹒跚地融入近代国际社会。在此进程中，晚清驻外领事的选任标准屡经调适，传统特征日益淡化，西方色彩日愈明显。设领早期主要取法固有学说，予以现代诠释，规模略具，未探原本，[4] 晚期则大力借鉴西洋经验，剔除陈规陋习，革故鼎新，成效颇著。然而，此时大清王朝创巨痛深，根本已坏，强敌环伺，事变已亟，领事选任的制度化规范尚未完全付诸实施，有清即告覆亡，丰富的外交遗产只得留待民国承继。

---

①上海商务印书馆编译所．大清新法令［M］．北京：商务印书馆，2011．

②朱寿朋．光绪朝东华录［M］．北京：中华书局，1958．

③储才馆，设于光绪卅二年（1906），用以编辑外务档案、翻译交涉书报、撰拟外交公文、评议订立条约、调查外交案件、研习外交学术等，专业性与实践性极强，可谓我国第一所外交官培训学校。

④中国社会科学院近代史研究所近代史资料编辑组．杨儒庚辛存稿［M］．北京：中国社会科学出版社，1980．

The Classification of Age Groups from Chinese Excavated Slips

文　霞

Introduction

The classification of age groups is very common in every society and community in different periods. Age is such an important principle of organization that it is often formalized into categories. With the rapid development of present-day society and improving living conditions, the elderly are living longer. Meanwhile, the classification of minors and adults has remained stable. Generally speaking, minors are people under 15 years old, and those over 15 are classified as adults. The situation in Ancient China is reflected in other countries and regions. For example, in African societies, people between 10 and 15 are called children, people between 15 and 30 are called moran, and people over 30 are called elders.

Much information on age classification can be found in the ancient Chinese classics, texts, laws, and excavated slips. The examples in the Chinese classics and texts often pertain to the elites of the early imperial period. Some excavated slips can provide a lot of information on the laws in the Qin and Han periods, albeit in an abstracted form. Other slips about the household registration can provide us with a lot of concrete visual images and examples about the common people.

In the Qin and Han empires, most of the adult civilian population was required to perform corvee labor for thestate. Service obligations started at age 15 to 17, or 20 to 24, and ceased at anywhere from age 56 to 66 depending on period and rank. ① The population was divided into minors, adults and elders. How to classify these groups was a major problem for governors. In the Qin period, a man who was taller than 6 *feet*, 6 *inches* was an adult. In the Han Dynasty, minors referred to people who were under 15

①Walter Scheidel 2013, 9.

years old. Adults were people who were between 15 and 56 (or 60) years of age. Elders were those over 60 years old. However, recently excavated slips from the Qin and Han periods have complicated this picture.

More and more slips have been excavated in China. They represent mainly the early imperial period, especially during the Qin and Han dynasties. They provide a wealth of information about age in different periods. What we will talk about today are slips from the early Qin to the Three Kingdoms period, mainly from the central Yangzi River region. Although lots of Zoumalou slips in western Han has been excavated, what a pity we could not used the materials now for they are still in researching. Some scholars has mentioned that wooden slips excavated at Juyan that date to Ca 3 B. C. show that daughters' ages seven to thirteen years old were designated *Shinü* (使女), which means employable girls. ① The differentation between the two terms implies there are regional characteristics in the age classification. So we are rarely related to the slips in other regions.

Cases in the Shuihudi Slips

Nearly one third of people in every society are minors, and the proportion of minors in the past periods was much higher than that. ② We could not find any data about the number of the minors in the Qin Dynasty, but minors were called *xiao* (小) in the Qin Shuihudi slips. The slips provide some information about *xiao*:

> A steals an ox; at the time he stole the ox he was 6 *feet* tall. Having been held in detention for one year, he was measured again; he was 6 *feet* 7 *inches*. Question: how is A to be sentenced? He warrants being made an intact wall-builder (122). ③
>
> 甲盗牛，盗牛时高六尺，毄（系）一岁，复丈，高六尺七寸，问甲可（何）论？当完城旦。

In this case, A was a minor when he stole the ox, but after a year he was an adult, as he had grown over 6 *feet* 7 *inches*. We can conclude that if he was an adult when he stole the ox, he warrants being tattooed and forced to work as a wall builder.

①Anne Behnke Kinney, 2004.

②Xiong Bingzhen 2000, 88.

③Hulsew 1985 (mod.), 122.

This is in accordance with texts in Zhangjiashan Hanjian: "The illicit profit from a robbery valued in excess of 660 cash: tattoo [the criminal] and make [him or her] a wall-builder or grain-pounder (463)." The ox was over 660 cash in the Qin period, the punishment of an intact wall-builder would be lighter than tattooing and wall-builder, but this can be explained by the fact that A had already been detained for one year. Distinguishing between adults and minors is an example of the sophistication of Qin criminal law.

In the Qin dynasty, people's height wasused to confirm if they were adults. The "Models for Sealing and Investigating" provides an example.

The wife is called X; she had absconded and did not attend the sealing. A child, adult daughter X, who does not yet have a husband. Another child, a minor boy X, 6 *feet* 5 *inches* tall. A slave X. A slave woman: a minor girl X. One male dog. ①

妻曰某，亡，不会封。子大女子某，未有夫。子小男某，高六尺五寸。臣某，妾小女子某。牡犬一。

We can see the boy's [*xiaonan* (小男) 's] height had been written down. The slip does not document the height of the other members of this family. The height of the adult daughter was meaningless for she had exceeded 6 *feet* 6 *inches*. However, since the slave woman was a minor too, why was her height not been documented? It was because she was a slave, differentiated from common people in the Qin Dynasty. On some occasions the slaves were human: on other occasions they were property. Although the female slave lived with the family, she was not a *shiren* (室人) and not legally a family member. ②

We see that only the height of the male was documented, does this mean there was discrimination against females? There are another two cases about minors, one is female, and her height has been documented. It is very strange for A was still a minor after she married. We can conclude all of the marriages should be warranted and acknowledged by the government.

The woman A is somebody's wife; she leaves him and absconds. When she is caught and gives herself up, she is small, being not fully six *feet* (tall). Does she warrant being sentenced or not? In case, she warrants being sentenced; in case

①Hulsewe, 1985, 184.

②Wen Xia, 2013, 29 – 36.

not, she does not warrant being sentenced. ①

女子甲为人妻，去亡，得及自出，小未盈六尺，当论不当？已官，当论；未官，不当论。

The other case is about a male.

A is a minor (*xiao*, 小) and not fully six *chi* (tall). He has one horse which he personally takes to graze. The horse becomes frightened by another person and eats one bushel of another's grain. Question: does he warrant being sentenced or not? He does not warrant sentencing, nor to repay the grain (165). ②

甲小未盈六尺，有马一匹自牧之，今马为人败，食人稼一石，问当论不当？不当论及赏（偿）稼。

It is clear that the accurate height of minors was documented in the Shuihudi slips; they only justify whether the people were the adults according to their heights.

Cases in the Liye Slips

However, how to document minors' age changed throughout the Qin Dynasty. When we read the Liye Qin slips, we can see that some were more detailed than the Shuihudi Slips, while others were less so. For the more detailed documents, people's height, age, and appearance were written down.

Tu, Shiwu Liaoke, lived in the Right Li, he escaped when he got to the Wuxi Bridge in Lingyang, and we didn't know……he was about 25 years old, 6 *feet* 7 *inches* tall, red face, thick hair but no moustache……③

（廿五年九月己丑，将奔命校长周爰书：敦长买、什长嘉皆告曰：）徒士五（伍）右里缭可，行到零阳庑谿桥亡，不智（知）☐Ⅰ 缭可年可廿五岁，长可六尺八寸，赤色，多发，未产须……

Somebody is white, oval face, about 7 *feet* 3 *inches* tall and 64 years old. ④

①Hulsewe, 1985, 167 - 168.

②Hulsewe, 1985, 165.

③Chen Wei, 2012, 149.

④Chen Wei, 2012, 149.

Wu Sao lived in Hanshen Li, Handan, yellow and oval face, was about 7 *feet* 3 *inches* tall and 63 or 64 years old. ①

> ▨□言为人白皙色，隋（椭），恶发须，长可七尺三寸，年可六十四。I
> 故邯郸韩审里大男子吴骚，为人黄皙色，隋（椭）面，长七尺三寸▨ I
> 年至今可六十三、四岁……II8－894

All of the above documents were from *formal report* (*Yuanshu*, 爰书), which were used in law cases and included detailed information. Other cases are much simpler; they only documented if the people were minors or adults, especially in household registration.

> (1) Nanyang [village] householder Man Qiang, of Chu rank Service Rotation Exempt (2) Wife called Xian (3) Son, of Minor's Sovereign's Accomplished rank, named... (4) Child, minor, daughter Tuo (5) Male slave called Ju, Chief of the Group of Five. ②
>
> (1) 南阳户人荆不更蛮强 (2) 妻曰嗛 (3) 子小上造□ (4) 子小女子驼 (5) 臣曰聚伍长

The following is another special document in the Liye slips:

> Chen is …Li, of Minor's Sovereign's Accomplished rank, black face, is about six *chi* and fifteen years old (9－337).
>
> □隶小上造臣，黑色，长可六尺，年十五。

It is rare for the age to be listed (15 years old). ③ If there was a generally accepted equivalence according to the classical commentators between age and height, it would seem to have been that seven *feet* equalled twenty years, six *feet* equalled fifteen years and above, and five *feet* equalled fourteen years and below. ④ Maybe we can con-

---

①Chen Wei, 2012, 149.

②Barbieri-Low and Yates, 2015, 785.

③Zheng Shubin, 2013, 106. "□隶小上造臣黑色长可六尺年十五。(9－337)

④Robin D. S. Yates, 1987, 213. See the commentaries on CLCI 21.45－48, and Sun I-jang, Mo-tzu hsien-kur'Jfi (Kuo-hsiieh chi-pen ts'ung-shu ed.; Shanghai: Shangwu Yinshu Kuan, 1935), 15.338. Zang Zhifei, 2017, 36. Zang Zhifei argues that if we take seven chi equals to 20 years old, and six chi five cun equals to 17 years old, then 18 year old is the beginning of the adults, which is clear in the Qin laws.

clude that ages from 15 to 20 corresponded with different heights, which can be seen in table 1.

Table 1 The relation between age and height in the Qin Dynasty

age	15	16	17	18	19	20
height	6 feet	6 ft 2	6 ft 4	6 ft 6	6 ft 8	7 ft

Besides this, Peng Wei has made a form about the relations between the people's heights and ages in Qin and Han slips,[①] we can list the people who were under 15 years old.

Table 2 The relations between the people's heights and ages in Qin and Han slips

Height Feet/centimeter	Gender	Age (Sui)	identity	Birth place	Information
2.5/57.5	female	1 year and 5 months		Jiangling	Liye Slips (one) 550
5/125	male	16	attendant	Chang'an	J (1) (Jianshui Han Slips) 73EJT9: 94A
	female	12	Suileader's granddaughter	Zhang ye	J (1) 73EJT10: 201
	male	12			J (1) 73EJT10: 271
	female	10	Sui leader's daughter		J (2) 73EJT24: 291
6/138	male	16			JYH (Juya Slips) 7.17
	male	12	Sovereign's Accomplished rank (shangzao)	Wu wei	JYH15.5
	male	15			J (1) 73EJT2: 93
	male	16	Grandee (dafu)		J (1) 73EJT3: 101
	male	16			J (2) 73EJT23: 940
					J (3) 73EJT25: 138
					J (3) 73EJT29: 91
6.2/142	female	16			JYH54.19

①Peng Wei, 2015, 23-4.

续表

Height Feet/centimeter	Gender	Age (Sui)	identity	Birth place	Information
6. 3/145	male	13		Zhang ye	J (1) 73EJT10: 130
6. 5/150	male	Under 15			Shuihudi Qin Slips
	male	17			J (1) 73EJT9: 279
	male				J (1) 73EJT9: 289
6. 6/152	female	30		Jiangling	Liye Slips (one) 550

From the table 1, it is very clear that 15 years old were still minors, and 18 years old corresponded with 6 *feet* 6 *inches*, which was taken as the beginning of adulthood in the Shuihudi Qin Slips. It is very curious that although people's actual age was documented, they only registered the people as adults or minors by their heights. It was arguably easier for people to discern adult status from height than from age. On the one hand, height could be more accurate than the age. Take 15 years old as an example. Nearly 15 years old and over 15 years old were both called 15 years old; it included almost 2 years (from 14 to 16). However, it was impossible for a minor who was about 14 to 16 years old to keep the same height for 2 years. And the Qin took the tenth month, which was in winter, as the beginning of the year. But the household registration was held in the eighth month, when the Bailiff of the District and the [subordinate] officials and Scribe Director [of the country or march], together, examined the household registers, recorded a copy of them, and stored them at the [County or March] Court (799). There is an interval from the tenth month to the eighth month. If we take this into consideration, we can understand why the Qin people used the people's height to judge the age, and why the documents registered peoples' ages in the Liye Slips were so rare.

On the other hand, without modern technologies to judge the accurate age in the Qin and Han periods, and the minors taxes and corvee labor are much lighter than the adults,[①] it is possible for the people wrongly report the people's ages. Even in the table 2, from 14 examples with both the exact age and height, a half people who were over 15 years of age, but their heights were under 6 *feet* 6 *inches.* As the Shuihudi Slips showed, height is the decisive basis to judge the people's age, although it is very trou-

①We have not found any materials about the age at which people were required to start paying tax in Qin Dynasty, Professor Yates (1987, 207) argues that the *Shiji* does not indicate at what age and how much the Qin required tax to be paid, although commentators presume that it was also age fifteen.

blesome and inconvenient. As for this, and the adults' heights would not change for very long time, people's height would not be documented in the Han Dynasty. One of the deadly consequences is, a lot of counterfeit documents emerged in the household registration in order to escape the corvee labor, especially for the minors and the elder people,[1] which can be seen in the next Zoumalou Wujian.

Yuelu Academy Slips

The situation was quite different in Yuelu Academy Slips, unprovenanced slips acquired by Yuelu Academy in the heritage markets, we are not sure about where they are excavated. The Yuelu Academy Slips about legal cases and laws argued that the age of criminal responsibility was 18 years old.

> [Ward] Chief and Elders reported the male minors under the age of 18 and the females, the Bailiff of the county and/or march were reprimanded. The Bailiff of the District was fined one shield, the reporters would be fined two sets of armor. If the reporters who had not reported the officials should be fined two sets of armor.[2]
>
> 典、老占数小男子年未盈十八岁及女子，县、道啬夫誶，乡部吏赀一盾，占者赀二甲，莫占吏数者，赀二甲。

> A widow with rank (*jue*, 爵) was taken as if without rank, if she had low rank (*xiaojue*, 小爵) but higher than that of Knight of the Realm (rank 1), or if her son was over 18 years old, both her sons' and her title should be cancelled. If her sons had rank and was initially registrated (*fu*, 傅) as Knight of the Realm (*gongshi*, 公士) or above, they should be registered as member of the rank and file (*shiwu*, 士五).[3]
>
> 有爵寡，以为毋（无）爵寡，其小爵及公士以上，子年盈十八岁以上，亦筋 <削> 小爵。爵而傅及公士以上子，皆籍以为士五（伍）。

The laws managing officials also had some restrictions on age:

---

①Yang Zhenhong, 2010, 1.

②Chen Songchang, 2015, 42.

③Chen Songchang, 2015, 113.

> If there are not enough (officials), please appoint the sons of Gentlemen, Grandees, those with low rank, and those sons of Soldiers of the Realm (*gongzu*, 公卒) and members of the rank and file (*shiwu* 士五) who are over 18 for reserves. Don't force the new "black-headed ones" (*qianshou*, 黔首); don't choose the men over 60 as accessory. Choose the private people's students and the sons of people who are exempted from the corvee labor as office assistants. ①
>
> 不足，益除君子子、大夫子，小爵及公卒、士五（伍）子年十八岁以上备员，其新黔首勿强，年过六十者勿以为佐。人属弟、人复子欲为佐吏。

Almost every document took 18 years old as beginning adulthood, but none of them used height.

Moreover, some legal documents were related to minors. There was a case about a minor named Duo who had taken part in an escaping case. Duo lived with his mother in the Qin area; they had escaped to Jing in the Chu area when Duo was 12 years old. ② They were not found until ten years later when Duo was 22 years old. It is obvious that Duo's height had not been documented when he was 12 or 22 years old, in contrast to record-keeping in the Shuihudi Slips.

The substantial difference between various Qin slips on how they record age and height is confusing. The Yuelu Academy Slips often used age to judge whether people were adults, while the other Qin slips used height. Robin D. S. Yates argues that height was used to determine eligibility for labor and military service, especially among those peasants who did not know their exact age or who were not previously enrolled on any registers. ③ Yuelu Academy Slips no longer used height. Perhaps we should distinguish between different time periods and regions. Over time, the central government expanded its control over other states and peoples. The officials accessed information on newly incorporated peoples with the help of documents; they didn't need to measure everyone's height every year and gradually consolidated authority at the local level. ④ From this we may conclude that Yuelu Academy Slips were emerged after Shuihudi Slips.

---

①Chen Songchang, 2015, 137 – 8.

②Zhu Hanmin, 2013, 141 – 2. Ulrich Lau, Thies Staack, 2016.

③Robin D. S. Yates, 1987, 217.

④Robin D. S. Yates, 1987, 217.

Zhangjiashan Hanjian

There were some documents that were similar to the Yuelu Academy Slips in Zhangjiashan Hanjian. But the age of adulthood was lowered to 17 years old.

> For one who holds Knight of the Realm [rank] or the wife of one who holds Knight of the Realm [rank], as well as for an elderly ordinary person who is more than seventeen years old, or for one who is not a full seventeen years old who is guilty of a crime that matches mutilation: in every case, leave him or her intact (499). ①
>
> 公士、公士妻及□□行年七十以上，若年不盈十七岁，有罪当刑者，皆完之。

> Should his offspring have a wife or a husband, or [be married, but] have formed a [separate] household, hold rank, or be seventeen years of age or older, or had been the wife of someone else but be divorced or widowed: in every case, do not impound them. ②
>
> 其子有妻、夫，若为户、有爵，及年十七以上，若为人妻而弃、寡者，皆勿收。

Zhu Honglin accepts the seventeen-year-old threshold but remarks that it is extraordinarily lenient of the early Han to not punish teenagers with mutilation. ③

Except two slips in the Zhangjiashan Hanjian, almost everywhere related to the adults age was 17 years old. Some scribes, diviners, and invocators were expected to begin study to take up their fathers' occupations when they were 17, which is earlier than the age of registration for men given in this statute and earlier than the age given by Ru Shun (twenty-three) for enrolling in one's hereditary occupation. ④

> Sons of scribes and diviners, when they are seventeen years of age, are to [commence] study. When the student scribes, diviners, and invocators have

①Barbieri-Low and Yates, 2015, 498.

②Barbieri-Low and Yates, 2015, 601.

③Zhu Honglin, 2005, 75.

④Barbieri-Low and Yates, 2015, 848.

studied for three years, the study mentors are to present them to [the Director of] the Grand Scribes, [the Director of] the Grand Diviners, or [the Director of] the Grand Invocators.①

史、卜子，年十七岁，学。史、卜、祝学童学三岁，学佴将诣大（太）史、大（太）卜、大（太）祝。

From table 1 we know 18 years old corresponds with 6 *feet* 6 *inches* in Qin Dynasty. Even in the Yuelu Slips we can see that 18 years old was taken as the beginning of adulthood. It is younger in the early Han than in Qin period, did this mean the laws in the early Han were more severe than the Qin laws? We should notice the small difference between nearly 18 years old and over 18 years old. Li Junming notes that the Imperial instruction in the *Hanshu* avoids the word *yíng* 盈 (fully), which was Emperor Hui's given name, and substitutes the word *mǎn* 满 (full). He also argues that the original text of this statute must predate the reign of Emperor Hui.② In order not to respect the taboo on the word Ying (Not Ying means that less than), they replaced 18 years old with 17 years old. From that we can understand the Han laws were consistent with the Qin laws.

Teenagers in the Zoumalou Wujian

It is well known that most of the Zoumalou Wujian consisted of household registration documents, centered on Changsha, Hunan province. Most of the people's ages were documented in the slips, while some would document their corvee labor. But the documents related to the ages of minors and adults were very complicated. Unlike the slips mentioned above, the Zoumalou Slips tended to distinguish adults and minors not by age, but by marriage and corvee labor.

As we know, people who were under 15 years old were called minors in the Qin and Han slips, but not in the Wu Slips. It is very clear that every woman who married under 15 years old was danü, as there are numerous examples in the Zoumalou slips.

Ji's wife named Shi, danü, 13 years old (1749).

级（?）妻，大女，使，年十三。

①Barbieri-Low and Yates, 2015, 1093.

②Li Junming, 2002, 40.

Jie's wife, danü, Gong, 14 years old (2904).

节妻，大女，公，年十四。

Keng's wife, danü, Huan, 14 years old (1943).

坑妻，大女，欢，年十四。

Jing's wife, danü, Si, 15 years old, Suan one (3032).

惊妻，大女，思，十五，筭一。

Shi's wife, danü, Gu, 15 years old, Suan one (9571).

式妻，大女，姑，年十五，筭一。

Somebody's wife named Shi, 14 years old. Lian's wife, Qie, danü, 14 years old (3153).

□□妻使，年十四。连妻，大女，妾，年十四。

Somebody's wife, Qie, danü, 14 years old (3382).

□妻，大女，妾，年十四。

Somebody's wife, Xun, danü, 15 years old (4332).

□妻，大女，巡，年十五。

Somebody's wife, Shi, danü, 15 years old (18)①.

□妻，大女，始，年十五。

It is clear there were a lot of married women who were under 15 years old were called the adults, but there is no evidence they were required to pay tax (*suan*, 筭). Another interesting category is "little wife", thought by some scholars to be concubines. We can see from the examples in the Zoumalou Wu slips, some men had both a wife and a little wife, which was more like a female child or daughter-in-law (*tongyangxi*, 童养媳). They would not be taxed if they were under 15 years old.

Dou's little wife named Wu, danü, 14 (4424).

①Slips Museum in Changsha, 2007, 753 -76.

斗小妻物，大女，年十四。

Kang's little wife named ?, danü, 13 (3115).
康小妻，大女，年十三。

Xiang's little wife named Ru, danü, 10 (2117).①
象小妻汝，大女，年十。

What was the situation regarding unmarried females? It was seemingly quite different than the married. Xiaonü was rarely used to describe them; they had been described via their relationship with others, such as daughters and younger sisters.

Jin's younger sister named Gu, 15, Tax (*Suan*, 筭) one (10140).
盡女弟姑，年十五，筭一。

Wife's younger sister named Gu, 15, Tax (*Suan*, 筭) one (1108).
妻女弟姑，年十五，筭一。

Xiang's younger sister named Ru, 16, Tax (*Suan*, 筭) one (1536).②
象女弟汝，年十六 筭一。

In comparison with the above mentioned documents on danü, I argue that people took it for granted that all unmarried female were minors (*xiaonü*) in the Three Kingdoms period.

However, there were very special occasions when an unmarried woman who was over 15 years old would be called "xiaonü". We can only find three cases:

Somebody's daughter named Guo, xiaonü, 28 years old, was asked for Tax (*Suan*, 筭) one, exempt from tax (*Suan*, 筭) as her feet were swollen (2941).

□女国，小女，年廿八，两足肿，免筭。

Dou's daughter named Ma was 15 years old, xiaonü, was asked for Tax (*Su-*

①Slips Museum in Changsha, 2007, 402 - 807.

②Slips Museum in Changsha, 2011, 1103 - 8.; Slips Museum in Changsha, 2007, 748.

an, 筭) one (3962).①

豆女马，年十五，小女，筭一 (3962)

Somebody's younger sister named □was 32 years old, xiaonü (3335).②

▨□妹□，年卅二，小女▨。

I argue that they were called xiaonü because they were unmarried, while they were asked for tax (*suan*) because they were over 15 years old. We seldom see girls who were unmarried over age 15, as the government in the Qin and Han periods encouraged females to marry early in order to ensure there were enough families to afford the tax and supply corvee labour.

Unlike the Qin and Han period slips that distinguished minors only by their age, Zoumalou Wu Slips distinguished adults by their marriage status, and asked for tax (*suan*) from the married. But we still find two cases where the unmarried were asked for tax even though they were under 15 years old. One was a girl named Ni (泥); she was 14 years old and was asked to pay the tax.

Deng's little wife named Zhuan, 40 years old; and Deng's daughter named Ni was 14 years old, Tax (*Suan*, 筭) one (1953).

邓小妻专，年卌；邓子女泥，年十四，筭一。

Another was a male, somebody's son named De (德), 14 years old and was asked for Tax (*Suan*, 筭) one (1639).③

子男德，年十四，筭一。

Another was Qi's daughter named Fen, 15, Tax (*Suan*, 筭) one (7330).④

骑子小女分，年十五，筭一。

Compared with so many cases where minors under 15 years old were not taxed, it is possible that the two cases were unique to particular regions. Because all of them were

①Zoumalou Slips Group, 2003, 955 -77.

②Slips Museum in Changsha, 2011, 795.

③Slips Museum in Changsha, 2015, 696 -757.

④Slips Museum in Changsha, 2007, 882.

about 14 to 15 years old, it was quite possible that the two 14-year-old cases were taken as 15 years old.

Danan and Danüwho were over 60 years old in Zoumalou Wujian

In the Han dynasty, fifteen was the age at which a person was considered adult (*danan* 大男 or *danü* 大女), and from this age up to fifty-six a poll tax (*fuqian* 赋钱) was levied amounting to 120 cash per year. But this was not the case in Three Kingdom period. Lots of people who were over 60 years old were identified as adult men (*danan*) and women (*danü*) in the Zoumalou Slips, so it is quite clear they had not distinguished the adults by age.

When we talked about males in the Zoumalou Slips, they were seldom described as *danan*, but by their rank (*juewei*, 爵位) or householder status.

> Liu Village householder, Li Shang, Knight of the Realm (*gongsheng*, 公乘), 70 years old (331).
>
> 刘里户人，公乘，李尚，年七十☒。

> Licheng Village householder, Huang Shuo, Knight of the Realm (*gongsheng*, 公乘), 63 years old, the right foot is tortured (*xing*, 刑) (2899).
>
> 义成里户人，公乘，黄硕，年六十三，刑右足。

> Yiyang Village householder, Huang'a, Knight of the Realm (*gongsheng*, 公乘), 81 years old, Zhenli (9360).①
>
> 宜阳里户人，公乘，黄阿，年八十一，真吏。

There are a lot of documents about householders over 60 years old, constituting about 23.5 percent of all the male householders.② Families were mainly controlled by males. However, we can see that a lot of householders were men over 60 years old. In the householders' documents, we are not told whether the householders were asked for tax or corvee labor. But it is clear that they had other duties, such as supervising all of the families, paying the taxes of the families and properties, and so on. We notice that a special document describing the duties of a couple who were over 60.

---

①Zoumalou Slips Group, 2003, 901 - 1087.

②Han Shufeng, 2015, 8.

Jiyang Village householder, Yin Xu, Knight of the Realm ((*gongsheng*, 公乘), 81 years old (10094).

吉阳里户人，公乘，殷叙，年八十一。

Shu's wife named Qie, danü, 71 years old (10093).

叙妻妾，大女，年七十一。

Totalling two people, one *shi*, tax on the property was 50 (10092).①

凡口二事一，訾五十。

Some scholars have researched that the *shi* was corvee labor, others argue that the number of families who should burden the corvee, which is calculated in month; although there was no tax for Yin Xu and his wife, they had to pay the *shi*, which was viewed as the burden of the whole family. Maybe it means the Danüshould burden the corvee for she is younger than her husband, although she is 71 years old.

A lot of people over 60 were not householders. These peoples' name, rank, age, and their health information were written on the slips. Here are some examples:

Che's father named Ping, Knight of the Realm (*gongsheng*, 公乘), 99; Ping's wife named Si, danü, 70 (945).

车父公乘平，年九十九；平妻大女肆，年七十。

Pan's father named Ji, 71, with sick on zhui; Ji's wife named Ling, 53 (7686).

潘父机，年七十一，雄病；机妻陵，年五十三。

Pan's father named Si, 66, sick with dropsies; Si's wife named Yi, danü, 57 (8419).②

潘父司，年六十六，肿病；司妻大女益，年五十七。

The males who were over 60 were not described as danan, while all of the females were described as danü. Perhaps it was a rule that since large amounts of male adults

①Zoumalou Slips Group, 2003, 1102.

②Zoumalou Slips Group, 2003, 913 - 1069.

were danan, it could be taken for granted and omitted from the documents.

However, a few male adults who were over 60 were registered as Senior male (*laonan*, 老男), which is quite clear in the documents.

Laonan named Yin, 72 (5145).
老男殷，年七十二。

Laonan named Xie Fang, ?? years old, single (5152).
老男谢堅，年□□□，单身。

Laonan named Hu Gong, 61, with two feet swollen (5162).
老男胡公，年六十一，踵两足。

Laonan named Huang Shuo, 80 (5175).
老男黄硕，年八十。

Laonan named??, 72, with two feet swollen (5199).
老男□□，年七十二，踵两足。

Laonan named Zhao You, 65 (5211).
老男赵友，年六十五。

Lao (?) nan named Chen Zhou, 61 (5312).①
老（?）男陈州，年六十一。

There are a lot of interesting questions about the senior males entries. Unfortunately, their residence was not included. Did it mean that they came from the same village or nearby villages? As none of their families or relatives were documented in the same slips, it seems that they were single.② Some Han slips in Wuwei, Gansu province had mentioned that males who were over 60 without sons were *kun*, and females over 60 without sons were *gua*; they should not be asked for taxes when they sold something,

①Zoumalou Slips Group, 2003, 1001 -5.
②Ling Wenchao, 2010, 41.

and they should not be enrollment (*fu*, 傅). [1] It is possible the senior males without families or relatives were exempt from taxes and corvee labor, but the danan over 60 with families or relatives had to provide some corvee labor for the family.

Moreover, a lot of female over 60 were called danü, while a few were called senior females (*laonü*, 老女). The situation was almost the same as the males. A few females who were in their sixties were householders, but two examples were special: one document described a Yanggui Village householder named Wuqie, danü, 76 years old, exempted from corvee (1792). The other was Jiyang Village householder named Zhaoqie, laonü, 81 years old (10111). [2] We can conclude that there were some female householders in Wu Kingdom, but this did not imply the status of females was better than before, for the householders had a lot of duties in their families, despite their families or relatives being absent from the slips. It is possible that Zhaoqie's exemption from corvee labor was because she was a laonü, and other women cited as danü were required to perform corvee labor, with the exception of Wuqie. The causes for Wuqie's corvee exemption are not clear; perhaps due to old age or a poor family. Some slips mention that the single, the poor, and the elderly could be exempted from corvee duties. [3]

The Wu slips also include mention of laonü; their ages span from 60 to 90s. Some slips only documented one single woman, while others documented two. For the latter situation, the poor condition of the slips prevents discerning whether the two individuals were members of the same family. Nevertheless, these cases are worth discussing:

> Xing's wife named Mai, laonü, 64 years old; Xing's son named Ping, Knight of the Realm (*gongsheng*, 公乘), 15 (8931).
>
> 兴妻老女麦，年六十四；兴子公乘平，年十五。

> Someone's mother named ?, laonü, 91; His wife named ?, danü, 73 (4323).
>
> 母老女□，年九十一；妻大女□，年七十三。

---

①Heritage Work Group in Gansu Province, 1984, 35. "年六十以上毋子男为鳏，女子年六十以上毋子男为寡，贾市毋租，比山东复。复（第二）"

②Slips Museum in Changsha, 2011, 663. 阳贵里户人大女吴妾年七十六，不任役（1792）; Zoumalou Slips Group, 2003, 1102. 吉阳里户人老女赵妾年八十一（10111）。

③Slips Museum in Changsha, 2015, 668 –739. there were 61 households were exempted from the corvee because the single, the poor, and the old condition (192). "其六十一户孤寡穷老不任役（192）"、"其五户穷老不任役（1699）"、"其一户穷老女户不任役 下品之下（3620）"。

? 's mother named Qie, laonü, 62;? 's wife named Xun, danü, 15 (4332).[①]

□母老女妾，年六十二；□妻大女巡，年十五。

In the two of the above documents, we can see the other people were 15 years old, the age for the beginning of the adults. Unlike some slips of those aged over 15, they had not been asked for taxes (*suan*). As for the other 73 year old female categorized as danü in Slip 4323, I argue that while laonü were exempted from taxes and corvee labor in the Three Kingdom periods, distinguishing laonü and danü was not via age, but was related to their families, relatives, and the economic condition of the family. In other words, if a woman over 60 was single and poor, perhaps she was classified as laonü. If a woman over 60 lived with someone who was less than 15 or over 60, the eldest woman was classified as *laonü*and the other as an adult.

In total, the number of laonan and laonü was very small. Age was not the only classifier to distinguish the elderly, as their family situation was also taken into account. If they had families or relatives who could support them, they were classified as danan and danü, and were required to perfom corvee labor. On the contrary, if they had no families or relatives to support them, the government would exempt them from tax and corvee labor to ensure their basic living conditions; this applied to very few individuals.

Conclusion

Every culture classifies people into different age groups, such as the young, minors, adults, and the elderly. There were different classification systems in the Qin and Han dynasties. The classification was overly simplistic in the early Qin period, with height being the only norm to divide adults from minors, not only for taxation and corvee labor requirements, but also for political and legal purposes. Age group classification became more and more sophisticated, and the norm was gradually changed to using chronological age. For taxation and corvee labour requirements, the adults were distinguished from minors at the age of 15, which was chronologically younger than the previ-

①Zoumalou Slips Group, 2003, 1079. 兴妻老女麦年六十四，兴子公乘平年十五（8931）；Slips Museum in Changsha, 2008, 818. 母老女□年九十一，妻大女□年七十三（4323）；□母老女妾年六十二，□妻大女巡年十五（4332）。

ous height-based scheme (6 *feet* 6 *inches* was equated with being 18 years old). At times of severe economic circumstances, people who married before age 15 and those over 60 were also classified as adults, and were obliged to provide taxes and corvee labor to the government. In other political, legal, military, and cultural contexts a different norm was often applied, with adulthood starting at age 18 or older, depending on the time period.

References

(1) KINNEY B A. Representations of childhood and youth in early China [M]. Stanford University Press, 2004.

(2) BARBIERI-LOW J A. Artisans in early imperial China [M]. University of Washington Press, 2007.

(3) BARBIERI-LOW J A, YATES ROBIN D S. Law, state, and society in early imperial China: a study with critical edition and translation of the legal texts from Zhangjiashan tomb no. 247, vol. 2 [M]. Leiden: Brill, 2015.

(4) XIONG B Z. Remember the childhood: the history on Chinese children [M]. Taiwan, 2000.

(5) CHEN S CH. Yuelu academy slips, vol. 4 [M]. Shanghai Dictionary Press, 2015.

(6) CHEN W. The check and explanation on the liye Qin slips, Vol. 1 [M]. Wuhan University Press, 2012.

(7) HAN SH F. The discussion on the householders in Wu Kingdom from the Zoumalou Wu slips [J]. The materials on Wei Jin Nan Bei Dynasties, 2015, 31 (7).

(8) HERITAGE WORK GROUP IN GANSU PROVINCE. The researching papers on the Han slips [M]. People's Press in Gansu Province, 1984.

(9) HULSEWE. Remnants of Chin law: an annotated translation of the Chin legal and administrative rules of the 3rd century B. C. discovered in Yün-meng prefecture, Hu-pei province, in 1975 [M]. Brill, 1985.

(10) LI J M. Twenty titles in the Zhangjiashan Hanjian [J]. Study of Chinese History, 2002 (2): 37-47.

(11) LING W CH. Evolution of the Ding-Zhong system in the Qin, Han, Wei and Jin dynasties [J]. History research (Lishi Yanjiu, 历史研究), 2010 (4): 25-45.

(12) PENG W. A textual research of the height of Chinese people in the Qin-Han Period [J]. Journal of Chinese Humanities (文史哲), 2015, 351 (6): 20-43.

(13) YATES ROBIN D S. Social status in the Ch'in: evidence from the Yün-meng legal documents [J]. Harvard Journal of Asiatic Studies, 1987, 47 (1): 197-237.

(14) QIAN SIMA, DAWSON R. The first emperor: selections from the historical records [M]. Oxford University Press, 2007.

(15) SLIPS MUSEUM IN CHANGSHA. Zoumalou Wu slips, vol. 2 [M]. Heritage Press, Beijing, 2007.

(16) SLIPS MUSEUM IN CHANGSHA. Zoumalou Wu slips, vol. 3 [M]. Heritage Press, Beijing, 2008.

(17) SLIPS MUSEUM IN CHANGSHA. Zoumalou Wu slips, vol. 4 [M]. Heritage Press, Beijing, 2011.

(18) SLIPS MUSEUM IN CHANGSHA. Zoumalou Wu slips, vol. 8 [M]. Heritage Press, Beijing, 2015.

(19) LAU ULRICH, STAACK THIES. Legal practice in the formative stages of the Chinese empire: an annotated translation of the exemplary Qin [M]. Brill, 2016.

(20) SCHEIDEL W. Slavery and forced labor in early China and the Roman world [R]. Princeton/Stanford working Papers in Classics, 2013.

(21) WEN X. A discussion on room (室) and people in the room (室人) in the bamboo slips of Qin and Han dynasties: focusing on the slaves and maidservants [J]. Collected Papers of History Studies, 2013 (5): 29-36.

(22) YANG ZH H. A study on wooden tablets of Western Han dynasty (松柏西汉墓簿籍牍考释) [J]. Academic Forum of Nandu, 2010, 30 (5): 1-8.

(23) ZANG ZH F. The emergence of Suanfu (poll tax) and monetization of corvee in the Han dynasty ("算赋"生成与汉代徭役货币化), History research (Lishi Yanjiu, 历史研究) [J]. 2017 (4): 27-42.

(24) ZHENG SH B. Selected excavated slips in Hunan province [M]. Changsha, Yuelu Press, 2013.

(25) ZHU H M. Yuelu academy slips, vol. 3 [M]. Shanghai Dictionary Press, Shanghai, 2013.

(26) ZHU H L. Explanation on the Zhangjiashan Hanjian Ernianlüling [M]. Social Science Works Press, Beijing, 2005.

(27) ZOUMALOU SLIPS GROUP. Zoumalou Wu slips, vol. 1 [M]. Heritage Press, Beijing, 2003.